www.tredition.de

AF202941

Der Autor

Andreas Perk, geboren 1964 in Bielefeld, ist gläubiger Christ und war in verschiedenen Leitungsfunktionen von Industrieunternehmen tätig. Er bezeichnet sich selbst als kleinen Weltverbesserer und leidenschaftlichen Alltagsphilosophen. Heute ist er „hauptberuflich" Hausmann, nebenberuflich freiberuflicher Unternehmensberater und neuerdings auch „laienschaftlicher" Buchautor.

Mit seiner Frau Karen und seiner Tochter Luisa lebt er in Düsseldorf und Spenge, im Spannungsfeld zwischen Stadt und Land, zwischen rheinischem Frohsinn mit Drang zur Gelassenheit und ostwestfälischem Starrsinn mit Hang zur Verlässlichkeit.

Danksagung

Meiner Frau Karen danke ich für ihre große Geduld mit mir und ihre Bereitschaft, mir jederzeit ein offenes Ohr und einen wachen Geist zu schenken. Dankbar bin ich auch Liv, Andrea, Martin, Olaf und Volker, die mir während der Entstehung dieses Buches mit Rat und Tat zur Seite standen.

Andreas Perk

RICHTIGE HALTUNG, NACHHALTIGE RICHTUNG

Wie wir eine l(i)ebenswerte Zukunft sichern

www.tredition.de

© 2021 Andreas Perk

Verlag und Druck:
tredition GmbH, Halenreie 40-44, 22359 Hamburg

Umschlagmotiv: © AdobeStock, Ardea-studio
Umschlaggestaltung: dyadesign, Düsseldorf, www.dya.de

ISBN
Paperback: 978-3-347-32342-1
Hardcover: 978-3-347-32343-8
e-Book: 978-3-347-32344-5

Für Luisa

INHALT

Anmerkung

Aus Vereinfachungsgründen und zur besseren Lesbarkeit wird in diesem Buch nicht an jeder Stelle begrifflich die Genderkonformität eingehalten. Dennoch bekennt sich der Autor ausdrücklich zu der geschlechterbezogenen Gleichstellung der Rollenbilder im Berufs- und Alltagsleben.

VORWORT

Bald ist es so weit. Noch eine Woche und ich werde meinen 50. Geburtstag feiern. Eingeladen habe ich Verwandte, Freunde, Arbeitskollegen, Sportskameraden, Nachbarn und liebe Menschen, die mich auf meinem Lebensweg begleitet haben. Wie bei solchen Veranstaltungen üblich, plane auch ich eine kurze Begrüßungsrede. Sie soll meine gelebten 50 Jahre in irgendeiner Art und Weise rückblickend betrachten, möglichst amüsant, aber gerne auch etwas tiefgründiger.

Überraschenderweise kamen mir bei diesen Überlegungen in den folgenden Tagen mehr und mehr Fragen in den Sinn, die immer tiefer gingen und mich zunehmend in den Bann zogen:

Woran darf ich glauben? Gibt es eine letzte und ewig währende Wahrheit oder ist alles eine Frage der Relativität, der Bewertung durch mich oder die Allgemeinheit? Gibt es ein Richtig und Falsch in jeder Lage, ein Weiß und Schwarz oder immer nur Grautöne, ein Gut und Böse oder vielleicht ist alles doch nur eine Frage der Perspektive, der Situation und der Umstände? Was ist der Maßstab, woran richte ich mein Handeln aus? Was ist meine Orientierungslinie, was mein Kompass? Was treibt mich an oder lässt mich resignieren? Was verleiht mir Sinn, gibt mir Ziel und Aufgabe? Bin ich nützlich, wertvoll und hilfreich? Wem bedeute ich etwas oder bin ich einfach nur da? Was habe ich erreicht? Wer wird an meinem Grab weinen und warum eigentlich?

Fragen über Fragen und dennoch nur ein Auszug aus dem Gesamtkatalog, der mich einige Tage beschäftigte. Doch damit konnte ich nicht wirklich meine lieben Gäste belästigen. Wie man so schön sagt: Du darfst bei solchen Anlässen über alles reden, nur nicht über 5 Minuten. 50 Lebensjahre in 5 Minuten, dann noch unterlegt mit tiefgründigen Gedanken, das funktioniert sicher nicht. Aber eine Rückschau ist doch immer auch eine Bilanz, oder? Was habe ich erreicht, was hat gut geklappt, was würde ich heute anders machen? Zum Bergfest des Lebens stellen sich einfach solche Fragen, nur eben nicht auf dieser Feier.

So habe ich wenigstens nach einem roten Faden gesucht, der sich durch mein Leben zieht, und ich habe diesen dann auch gefunden. Verglichen mit anderen Menschen war ich immer spät dran: Spät eingeschult, spät eine erste Freundin, spät mein Studium beendet, spät geheiratet, spät ein Häuschen gebaut, spät eine Tochter bekommen, spät etwas beruflichen Erfolg erzielt und die späte Erkenntnis, das persönliche Glück lässt sich nicht an diesen Aspekten allein bemessen. Das habe ich in 5 Minuten halbwegs unterhaltsam unterbringen können, doch meine Fragenliste blieb weiterhin unbeantwortet.

Nun, kann ich diese Fragen auf einen Punkt bringen? Gibt es Antworten, auch ohne mich in philosophischen, erkenntnistheoretischen oder wissenschaftlichen Tiefen zu verlieren? Kann ich in einfachen Worten, verständlich und alltagstauglich formulieren, was es bedeutet richtig zu leben? Sollte es vielleicht doch besser heißen gut zu leben? Ist es gar vermessen, beschreiben und erklären zu wollen, was es bedeutet richtig zu leben? Zur Beantwortung dieser Fragen für mich selbst und für diejenigen Menschen, die nicht nur in den Tag hineinleben, sondern mithelfen wollen, eine liebens- und lebenswertere Zukunft zu gestalten, habe ich dieses Buch geschrieben.

Dieses Buch hat den Titel „RICHTIGE HALTUNG, NACHHALTIGE RICHTUNG". Ich würde mich sehr freuen, wenn die Leserinnen und Leser sich mit mir gemeinsam in den Zug setzen für eine Reise in die nachhaltige Postwachstumsgesellschaft und dabei mit zunehmender Wegstrecke auch zu der Einschätzung gelangen, dass dieser Titel treffend gewählt ist.

Richtig zu leben als Individuum und als Gemeinschaft bzw. Gesellschaft, dieses Thema ist so unerschöpflich wie letztlich unrealisierbar. Dabei die richtige Haltung einzunehmen und bei den Handlungen möglichst eine nachhaltige Richtung einzuschlagen, ist nach meiner festen Überzeugung in der heutigen Zeit die wahre Königsdisziplin des Lebens und zugleich dringend geboten. Dieses Buch erteilt keine Ratschläge, denn Ratschläge sind bekanntlich auch Schläge. Es dient auch nicht zur ideologischen Missionierung, hat aber unbedingt den Anspruch, durch logische Argumente ein geschlossenes Gedankengebäude zu errichten, um das richtige und nachhaltige Leben zu beschreiben und zu erklären. Dabei wissen wir natürlich alle, wir Menschen sind fehlbar und unvollkommen und leben bekanntlich nicht im Paradies. Man könnte eine Analogie in den Regeln des Straßenverkehrs finden. Diese Regeln entbehren nicht einer gewissen Logik und die Verkehrsteilnehmer haben schon aus eigener Sorge um ihre Gesunderhaltung eine Übereinkunft ihrer Gültigkeit getroffen, ohne diese Regeln zugegebenermaßen zu jeder Zeit und in jedem Einzelfall einzuhalten.

Das richtige Leben ist auch nicht zu verstehen als Vorschrift, als Befehl oder gar Diktat, sondern lässt sich nach meinem Verständnis ausschließlich ableiten aus dem schlichten Anspruch, die Menschheit und unseren Planeten auch für die kommenden Generationen zu bewahren, freilich nicht unbedingt in seiner derzeitigen Erscheinungsform.

Auch wenn niemand verlässlich in die Zukunft sehen kann und unsere Welt bekanntlich seit vielen Jahrzehnten immer wieder jedes Jahr neu am Abgrund steht, müssen wir bei allen stattfindenden Innovationen auf allen denkbaren Feldern unserer Existenz ins Kalkül ziehen, dass unsere Erde Grenzen hat, Grenzen des Wachstums, Grenzen an Ressourcen und natürliche Belastungsgrenzen. Dies wird kein noch so großer Ignorant oder Optimist bestreiten können.

Bereits 1972 haben Forscher des MIT eine Systemanalyse verschiedener Szenarien mittels eines Computermodells im Auftrag des Club of Rome durchgeführt. Das benutzte Weltmodell diente der Untersuchung von fünf Tendenzen mit globaler Wirkung: Industrialisierung, Bevölkerungswachstum, Unterernährung, Rohstoffausbeutung und Zerstörung von Lebensraum. Unter dem Fortschreiten des exponentiellen Wachstums dieser Faktoren und ihrer Verknüpfung in Regelkreisen ergeben sich sehr bedenkliche Entwicklungen für die Menschheit, so die Studie, die unter dem Titel „Grenzen des Wachstums" veröffentlicht wurde. Nicht alle, aber viele der prognostizierten Entwicklungen sind bisher eingetroffen, so z.B. die Verdoppelung der Weltbevölkerung seit 1972. Verschärfend hinzugekommen ist allerdings noch die Erderwärmung durch Treibhausgase, die in der Studie 1972 noch nicht berücksichtigt wurde oder werden konnte. Im Jahre 2004 veröffentlichten die Autoren ein 30-Jahre-Update mit leichten Veränderungen im Computermodell und aktualisierten Daten und errechneten anhand verschiedener Szenarien mögliche Entwicklungen ausgehend vom Jahr 2002 bis 2100. Die meisten dieser Szenarien endeten mit einem Überschreiten der Wachstumsgrenzen und dem anschließenden Kollaps bis spätestens zum Jahre 2100. Die Fortführung des „business as usual" der letzten 30 Jahre führe sogar zum Kollaps ab dem Jahr 2030. Erst die Simulation einer überaus ambitionierten Mischung aus Einschränkung des Konsums, Kontrolle des Bevölkerungswachstums, Reduktion des Schadstoffausstoßes und zahlreichen weiteren Maßnahmen ergibt eine nachhaltige Gesellschaft bei knapp 8 Mrd. Menschen, die ihre Systeme noch in Gleichgewichten hält, ohne deren Kipppunkte endgültig zu überschreiten.

Wenn man dieser Studie und ihren Berechnungen vertraut, und dies tue ich uneingeschränkt, dann ergeben sich daraus Implikationen für unser Glauben, Denken und Handeln, als Individuum, Gesellschaft und Menschheit. Ich verstehe meine Ausführungen in diesem Sinne nicht als Ideologie oder Angebot an den Menschen, in einer bestimmten Art und Weise zu leben, sondern geradezu als eine logische Konsequenz, wollen wir unseren Planeten und unsere Menschheit noch möglichst langfristig l(i)ebenswert erhalten.

Mit anderen Worten: Je besser es uns gelingt, richtig und nachhaltig zu leben, umso länger leben wir. Wenn es eine Rettung für uns als Menschheit geben kann, dann muss die Lösung viel einfacher sein, als uns die Wissenschaft, Politik, Empirie oder Medien immer weismachen wollen. Natürlich wird heute immer alles unter dem Aspekt zunehmender Komplexität und Dynamik betrachtet. Alles hängt irgendwie mit allem zusammen, alles ist interessengeleitet und manches von bösen Mächten bestimmt. Da ist sicher auch etwas Wahres dran. Würden wir denn, selbst wenn es nur Menschen mit gutem Willen und guten Absichten gäbe, die unsere systemischen Probleme durchschauen, unsere dringendsten Menschheitsfragen besser lösen? Und was heißt in diesem Sinne besser?

Für mich hieße es, die Lebensdauer unserer Menschheit zu verlängern. Ich bin überzeugt, die Grenzen unserer Problemlösungsfähigkeiten sind noch nicht erreicht. Vielfach wissen wir aber auch bereits, was es zu tun gilt, es hapert schlicht an der Umsetzung. Warum? Mentale Modelle und Denkmuster haben sich so verfestigt, dass Verhaltensänderungen für viele von uns nur schwer möglich werden. Wir Menschen haben eben auch paradoxe Züge, wir möchten gerne, dass vieles so bleibt wie es ist, aber zugleich auch alles immer besser wird.

Zurück zu den oben beschriebenen Grenzen des Wachstums. Wenn wir diese anerkennen, so müssen wir uns ein Kontinuum vorstellen mit einem Anfang und einem Ende. Das Ende wird also irgendwann erreicht sein, so zum Beispiel der letzte Tropfen Öl, den wir aus dem Boden holen. Wenn wir heute wirtschaftlich wachsen, dann tun wir das auf Kosten zukünftiger Generationen, die Produkte aus Öl dann durch andere Rohstoffe ersetzen müssen oder sogar gezwungen sind, gänzlich auf diese zu verzichten. Durch Wiederverwertung oder teilweisen Materialersatz kann dieser Prozess zwar verzögert, aber eben nicht vollkommen aufgehalten werden. In dieser Logik geht Wachstum und Wohlstandsentwicklung immer auch zu Lasten unserer Zukunft und führt zu einer permanenten Annäherung an die beschriebenen Grenzen.

RICHTIG GLAUBEN

WAS GLAUBEN BEDEUTEN KANN

Wie kann man überhaupt richtig glauben? Glauben ist doch keine Wissenschaft, nichts was Wissen schafft und damit schon gar nichts, was man in richtig und falsch unterscheiden könnte. Oder doch? Gab es nicht Kreuzzüge im Namen des Glaubens, sogar des christlichen Glaubens? Waren die nicht falsch? Überhaupt ist Glauben nicht etwas Höchstpersönliches, etwas Privates, das mindestens so viele Facetten und Ausprägungen hat wie es Menschen gibt auf Erden? Hat der Glauben notwendigerweise etwas mit Gott, Göttern oder Religionen zu tun? Kann man nicht einfach an das Gute glauben, an sich selbst, an den kategorischen Imperativ, vielleicht auch an Recht und Gerechtigkeit, an den Markt, an das Recht des Stärkeren, an die Macht des Geldes oder an die grundsätzliche Machbarkeit?

Eines dürfte allerdings allen Überlegungen gemein sein: Glauben liegt tief in uns drin und bestimmt unsere Werte, Haltungen, Motivationen, Einstellungen und bestimmt damit unser Denken und Handeln. Glaube wird in unseren Gesellschaften tradiert und vermittelt. Auch wenn es viele Quellen und Formen des Glaubens gibt, so kann man von einer Glaubensgemeinschaft im engeren und eigentlichen Sinne erst sprechen, wenn bestimmte Glaubenssätze oder Glaubensregeln von einer ausreichend großen Anzahl von Menschen auch geteilt werden.

Doch an was soll ich glauben, an was darf ich glauben? Kann ich das Falsche glauben oder das Richtige? Ich habe eine einfache Antwort gefunden. Ich glaube an Gott und an Jesus Christus und akzeptiere das Leben und Wirken Jesu sowie die Frohe Botschaft des Neuen Testamentes als Orientierungslinie und Kompass für mein Denken und Handeln. Dieser Maßstab, an dem ich mich messen darf und kann und dessen Anspruch ich niemals erreichen werde, gibt mir die Sicherheit, einschätzen zu können, ob ich das Richtige denke und tue. Dabei sind mir das Leben und Wirken Jesu Christi und besonders seine Botschaften handlungsleitend. Die Frage, ob es Gott gibt und ein Leben nach dem Tod, habe ich für mich auch geklärt, erscheint mir für die Frage richtig zu leben aber eher nachrangig.

Was sind nun die Glaubensüberzeugungen, die mein Leben tragen? Mein Menschenbild ist ein christliches Menschenbild. Nicht sehr überraschend sind auch die Grundrechte in unserem Grundgesetz ganz maßgeblich durch ein christliches Menschenbild geprägt, eine Auffassung, die leider immer weniger Berücksichtigung findet bei den populistischen Parteien und Strömungen und den zunehmenden nationalstaatlichen Abgrenzungsbemühungen sowie den damit verbundenen Radikalisierungen in Sprache und Handlungen.

Acht Punkte scheinen mir von zentraler Bedeutung zu sein, um ein christliches Glaubensverständnis und Menschenbild zu beschreiben.

MENSCHLICHES LEBEN IST EIN GESCHENK GOTTES

Ich gehe davon aus, dass der Mensch sich nicht aus einer Laune der Natur heraus zufällig im Rahmen der Evolution entwickelt hat, sondern ein Geschöpf Gottes ist, von ihm gewollt und mit allen Freiheiten ausgestattet, sein Leben und damit auch diese Welt zu formen. Alles was existiert ist grundsätzlich von Gott gewollt, aber das heißt nicht, dass er alles regiert indem er ständig eingreift. Dafür hat er Naturgesetze geschaffen, die den konkreten Ablauf der Dinge regeln. So entlässt Gott seine Schöpfung in die Eigengesetzlichkeit. Dazu gehört auch die Selbständigkeit der Entwicklung des Lebens, wie wir sie mit der Theorie der Evolution beschreiben. Zudem stellt sich die Frage: Wenn Gott jedes Mal in den Lauf der Naturgewalten eingreifen würde, dann hätten wir eine perfekte Welt, wo alles wie am Schnürchen läuft. Gott hätte, wie ein Marionettenspieler, alle Fäden in der Hand. Wo bliebe da noch Raum für Selbständigkeit und Freiheit der Menschen. Dieser Logik folgend wären wir dann bei einem wohlwollenden Gott dem Paradies sehr nahe, denn es gäbe keine Sünde und kein Fehlverhalten der Menschen mehr.

Ob der Mensch als Krone der Schöpfung mehr Würde genießt als andere Lebewesen aus Flora und Fauna kann man durchaus diskutieren. Der Mensch, mit dem „göttlichen" Auftrag versehen, die Schöpfung zu bewahren, hat damit mindestens aber auch den Auftrag, seine Lebensgrundlagen und Lebensmittel zu bewahren, wie Luft, Wasser und Nahrung aus Flora und Fauna. So betrachtet ist der Mensch nur ein Rädchen im Getriebe eines Ökosystems, wenngleich auch ein ziemlich entscheidendes, quasi das Schwungrad. Um die Würde des Menschen zu erhalten, muss man demnach auch die Würde von Flora und Fauna erhalten, in seiner Vielfalt und Symbiose. Das ist unser Auftrag, unsere Mission, wollen wir nicht dauerhaft unsere Lebensgrundlagen und damit auch unsere Menschenwürde zerstören. Dass Menschenwürde durch Krieg, körperliche und psychische Gewalt, Armut und Hunger, totalitäre Staatsgebilde, schlechte und ungesunde Lebensbedingungen, fehlende Teilhabe an gesellschaftlichen Möglichkeiten oder gesellschaftlichen Ausgrenzungen eingeschränkt oder gar vollständig zerstört wird, wird ein vernünftig denkender Mensch sicher nicht in Abrede stellen. Inwieweit die tragenden Säulen der Menschlichkeit wie Freiheit, Gleichheit und Gerechtigkeit auch die Menschenwürde berühren, möchte ich gerne in einem späteren Kapitel noch einmal beleuchten.

ALLE MENSCHEN SIND GLEICH

Natürlich sind nicht alle Menschen gleich, sondern als Individuum in jeder Hinsicht verschieden voneinander, in ihrem Genotyp wie auch im Phänotyp. In diesen Verschiedenartigkeiten liegen doch gerade der Reiz und die Stärke der Menschheitsentwicklung. Aus vollkommen identischen Puzzleteilen kann niemals ein schönes Bild entstehen und wer möchte schon seinen exakten Klon heiraten?

Auch wenn wir Vorbildern und Trends nacheifern oder nachlaufen, uns in Vereinen oder Interessengruppen versammeln, ich kenne keinen ernstzunehmenden Menschen, der seine Individualität wirklich vollständig aufgeben möchte, um als anderer Mensch weiterzuleben. Der ständige Vergleich mit schöneren, klügeren oder reicheren Menschen ist zwar wie ein ständiger Prozess des Antriebs, aber letztlich auch vergleichbar mit dem Lauf in einem Hamsterrad. Es lassen sich auf jeder erreichten Zielebene neue

Vorbilder finden und irgendwann geht uns die Luft aus beim permanenten „Vergleichslauf". Da bleibe ich doch lieber individuell.

Die Menschheitsentwicklung brachte uns allerdings auch wertvolle Errungenschaften, die es in jeder Hinsicht zu verteidigen gilt und die immer wieder zum Teil blutig erkämpft wurden. Sie sind Ausdruck einer entwickelten und aufgeklärten Gesellschaft und beschreiben das Fundament des Zusammenlebens der Individuen in ihrer Verschiedenartigkeit. Das, was den Zusammenhalt einer Gemeinschaft ausmacht und Gemeinschaft erst zu einer Gesellschaft formt, sind die gleichen Rechte und Pflichten, die all ihren Mitgliedern implizit und explizit zuteil werden. Diese Rechte und Pflichten schaffen einen gemeinsamen Nenner für das friedliche und glückliche Zusammenleben.

Dieses Konzept von gleichen Grundrechten und Grundpflichten soll der Willkür und dem Recht des Stärkeren zumindest vom Anspruch her einen Riegel vorschieben und Unrecht erst justiziabel machen. Im tiefsten Grund unserer Existenz sind wir Menschen also alle gleich(wertig), unabhängig von allen inneren und äußeren Merkmalen und dem, was wir in unserem Leben erreicht oder auch nicht erreicht haben. Irgendwie eine beruhigende Vorstellung, oder?

DER MENSCH LEBT NICHT VOM BROT ALLEIN

Der Mensch lebt nicht vom Brot allein. In einer entwickelten, westlichen Gesellschaft ist dies eine Binsenwahrheit. Der Mensch lebt nicht allein, auch dies ist eine Binsenwahrheit, es sei denn, wir betrachten einen Eremiten in seiner Höhle. Ein Mensch in völliger Einsamkeit würde wohl sterben. Dies konnte man auch bei Babys feststellen, die keinerlei menschlichen und liebevollen Kontakt hatten. Man könnte vielleicht sogar sagen: Der Mensch wird erst durch seinen Kontakt in Wort und Tat zu einer anderen Person zum Menschen, zu einem sozialen Wesen. Wir verfolgen Zwecke und Ziele, die in den meisten Fällen irgendwie wieder auf andere Personen gerichtet sind.

Welchen Sinn könnte es machen, wenn ich ein riesiges Vermögen anhäufe, mit dem ich keinen anderen Menschen verwöhnen, beeindrucken, neidisch machen oder bestechen kann. Mit anderen Worten: Der Mensch freut sich nicht gern allein und er liebt sich auch nicht gern nur selbst. Freude, Leid und Liebe wirken bekanntlich doppelt, wenn man diese Gefühle teilt. Echten, tieferen Sinn bekommt menschliches Handeln erst dann, wenn es auf andere Menschen bezogen ist, im Bösen wie im Guten. Wenn Menschen ihr Handeln als sinnhaft oder sinnvoll bezeichnen, gibt es ihnen große Genugtuung und tiefe Zufriedenheit.

Wir haben es alle in der Hand, unser Leben mit Sinn aufzuladen und in diesem Sinne richtig zu leben. Ich hätte eine Idee: Weniger Egoismus mehr Altruismus, tue Gutes und unterlasse Böses und zwar mit Blick auf jeden einzelnen Menschen im eigenen Umfeld und dem Fortbestand unseres Planeten im Großen und Ganzen. Man könnte meinen: Aussagen eines Gutmenschen mit Hang zur Vorschreiberitis. Ich könnte erwidern, das ist alternativlos, wenn man richtig leben will. Ich könnte auch erwidern, es ist unerreichbar und das ist sicher auch richtig, aber es ist der richtige Kompass, die richtige Orientierungslinie und der richtige Weg. Jeder hat die freie Entscheidung: Weitermachen oder etwas an dem eigenen Leben neu ausrichten und neue Wege gehen.

Tue Gutes und unterlasse Böses

Gutes tun und Böses unterlassen, das ist ein wirklich hehrer Anspruch. Wir wissen doch, wir sind alle Sünder, fehlerhaft und schwach, oft uneinsichtig und manchmal unbelehrbar und eventuell auch auf kurzfristige und maximale eigene Bedürfnisbefriedigung ausgerichtet. Aber was wäre denn zu tun, wenn wir Gutes tun wollten?

Das ist verhältnismäßig einfach. Wie schon Kennedy so schön formulierte: „Frage nicht, was dein Land für dich tun kann - frage, was du für dein Land tun kannst." Tue Gutes mit Blick auf dein Gegenüber und nicht mit Blick auf dich selbst. Gutes nützt und erfreut deinen Mitmenschen und schadet nicht der Natur und Umwelt. Böses führt immer zu irgendwie gearteten Verletzungen an Mensch und Natur. Natürlich ist diese Handlungsmaxime nicht wirklich einfach umzusetzen. Das Leben besteht allzu oft aus Ziel-

und Interessenkonflikten, selbst bei bestem Willen aller Beteiligten und vollkommener Informationstransparenz.

Dann gibt es nur einen richtigen Weg, nämlich das gegenseitige Plädieren und Erkunden, um im besten Fall eine Win-Win-Situation zu erzielen oder wenigstens einen Kompromiss, bei dem der verteilte Nutzen als genauso fair empfunden wird, wie die eingegangenen Abstriche der eigenen Anspruchshaltungen. Es muss sich dann erweisen, wie tragfähig diese Kompromisse auf längere Sicht sind. Doch wer Gutes im Sinn hat und Gutes für seinen Mitmenschen bewirken will, wird immer wieder bemüht sein, neue Kompromisse zu suchen und einzugehen oder bestenfalls eine langfristige Win-Win-Lösung zu finden. Gesellschaftlich betrachtet müssten wir demnach ein Wirtschaftssystem favorisieren, das die gesamten Bedürfnisse der Menschen und der Umwelt in den Mittelpunkt rückt, ohne eindimensionale Verengung auf monetäre Wirkungen und das permanente Wachstum von Produktion und Konsum. Wir sprechen dann von einer sozialen und ökologischen Marktwirtschaft in einer nachhaltigen Postwachstumsgesellschaft. Im 3. Kapitel werde ich dieses Thema näher ausführen.

STARKE TRETEN FÜR SCHWACHE EIN

Wir Menschen haben unveräußerliche Rechte. Das versteht sich von selbst. Doch was ist mit den Verpflichtungen, den freiwilligen oder den gesetzlich verordneten? Wenn wir schwachen Menschen helfen wollen, und dies ist ein zentraler Bestandteil des christlichen Menschenbildes und nicht nur dieses Menschenbildes, dann können dies wohl am besten die Starken leisten. Viele Menschen, die sich für hilfsbedürftige und schwächere Gesellschaftsgruppen engagieren, gewinnen schnell die Einsicht und Erkenntnis, dass Schwachen helfen zu können echt glücklich macht und dies bestenfalls sogar unter dem Deckmantel der Verschwiegenheit.

Eigentum und Reichtum verpflichten irgendwie zur Dankbarkeit und wie könnte man Dankbarkeit für das Erreichte besser zum Ausdruck bringen, als das Erreichte zumindest teilweise zu teilen. Sich stark zu machen für Schwache ist eine der zentralen Kernbotschaften des Christentums, vorgelebt von Jesus Christus und mit ewiger Gültigkeit versehen. Auch wenn es für viele heute keine Sorgen mehr bereitet, wenn es in der Bibel heißt: „Eher kommt ein Kamel durch ein Nadelöhr, als ein Reicher ins Himmelreich", so dürften die starken und vermögenden Menschen sicher dennoch keine Situation herbeiführen wollen, durch die ihnen die Freiwilligkeit ihrer Freigiebigkeit durch gesetzlichen oder auch gewalttätigen Zwang entzogen wird. Die Geschichte lehrt uns, dass große gesellschaftliche Umbrüche oder gar Revolutionen oft auch ganz, ganz viele Verlierer hinterlassen, zu denen dann in der Regel auch Teile der vermögenden und mächtigen Kreise einer Gesellschaft zählen.

LIEBE DEINEN NÄCHSTEN

Die Liebe, in Form der Nächstenliebe, ist wohl die zentrale Kernbotschaft, die uns Jesus Christus als Auftrag mit auf unseren Lebensweg gibt. Ein einfacher Begriff, der irgendwie doch nur schwer einlösbar scheint. Wie kann ich jemanden lieben, den ich überhaupt nicht mag? Wie kann ich jemanden lieben mit seinen vielen Schwächen und erst recht mit seinen herausstechenden Stärken? Wie kann ich einen Mörder, einen Kinderschänder oder meinen Nachbarn lieben, der mich andauernd mit seinem eigenartigen Verhalten nervt? Wie kann ich überhaupt jemanden lieben, wenn ich mich schon selbst nicht mag?

Das ist allerdings nicht von der Hand zu weisen. Nach allen bisherigen Erkenntnissen kann man andere Menschen wirklich nur lieben, wenn man mit sich selbst im Reinen ist und auch fähig ist zur Selbstliebe, natürlich in gesundem Maße.

Wie ich einen anderen Menschen wahrnehme ist meine Entscheidung, Bewertung und geistige Konstruktion. Mit der Bereitschaft zur Unvoreingenommenheit und Offenheit kann man an jedem Menschen liebenswerte Seiten erkennen, wenn man ernsthaft nach ihnen Ausschau hält. Letztlich gilt es, den eigentlichen Menschen hinter seinen Schwächen, Fehlern und Sünden zu erkennen und zu entdecken.

Natürlich ist Fehlverhalten oder gar das Böse, in welcher Manifestation auch immer, nicht als gut zu erklären oder umzuinterpretieren. Da wir aber alle Sünder sind, bleibt uns nichts anderes übrig, auch die Sünder zu lieben, wollen wir doch alle irgendwie geliebt werden. Zudem steht uns allen zu jeder Zeit der Weg zur Selbsterkenntnis, Umkehr, Wiedergutmachung oder Entschuldigung offen, mit der zu erhoffenden Konsequenz, dann auch wieder mehr Nächstenliebe geben und empfangen zu können.

Eine Umerziehung oder Indoktrination des fehlbaren Menschen frei nach der Devise, nur durch Druck wird aus Kohle Diamant, ist weder ein Ausdruck von Nächstenliebe noch von Vergebung. Die Sünde bleibt in jedem Falle bestehen, sie verändert vielleicht etwas ihre Erscheinungsform und ihr Gesicht. Wir sind und bleiben alle Sünder, auch wenn wir uns immer wieder redlich bemühen oder äußerem Druck ausgesetzt sind, uns „dringend zu bessern". Eben darum verdienen wir alle Nächstenliebe.

JEDER MENSCH IST FEHLBAR

Da wir alle fehlbar sind, müssen wir vergeben, wenn es weitergehen soll. Nicht nur einmal oder zweimal, sondern dauerhaft. Echte Vergebung ohne Vorbehalte für die Zukunft wäre wohl ein Idealzustand, manche würden sagen blauäugig. Wie kann ich jemandem vertrauen, der mich einmal hintergangen hat, wie kann ich jemandem glauben, der mich einmal belogen hat? Ich kann es tun oder lassen. Ich kann dem Menschen eine neue Chance, eine zweite oder dritte Chance geben, oder ich kann die Beziehung beenden. Wieviel Vergebungen bedarf es, bis der fehlbare Mensch zur Selbsteinsicht gelangt, die vergebene Tat nicht mehr zu begehen. Diese Fragen kann man wohl nur auf den jeweiligen Einzelfall beziehen und im Zweifel schon gar nicht prognostizieren.

Eines bleibt aber festzuhalten: Ohne Vergebung gäbe es keinen Frieden im Kleinen wie im Großen und schon gar keine Liebe und Nächstenliebe. Wir entscheiden selbst als Individuum und auch als Weltgemeinschaft, in welcher Welt wir leben wollen: In einer solchen, in der Misstrauen oder Vertrauen, Verachtung oder Achtung, Bestrafung oder Vergebung, Hass oder Liebe vorherrschen.

DIE ZEHN GEBOTE SIND NOCH IMMER GÜLTIG

Als Moses vor mehreren Tausend Jahren die 10 Gebote von Gott auf dem Berg Sinai empfing, konnte keiner ahnen, dass sie tatsächlich bis heute unsere Moralvorstellungen prägen, indem sie in einfachen Worten unsere richtige Beziehung zu Gott und den Menschen untereinander beschreiben. Somit sind diese Gebote zeitlos und von ewiger Gültigkeit, insbesondere für Menschen, die sich dem christlichen oder jüdischen Menschenbild verpflichtet sehen.

Nun sind wir bekanntlich alle Sünder und nicht willens und in der Lage, die Gebote immer und überall einzuhalten. Überhaupt hört es sich immer etwas druckvoll oder gar erdrückend an, wenn es da heißt: Du sollst oder sollst nicht .... Politisch korrekt würde man heute wohl eher ein Schild aufstellen mit der Aufschrift „Bitte die Wege benutzen", anstatt ein Verbotsschild mit dem Text „Nicht den Rasen betreten". Insbesondere mit Verboten tut sich der Mensch bekanntlich eher schwer, da sie seine Freiheit einengen und ihn im Falle eines Regelverstoßes schuldig werden lassen. Aber mal abgesehen von der Verpackung, der Inhalt ist und bleibt für Christenmenschen eine der wesentlichen Orientierungslinien.

So wie wir uns heute in allen Lebens- und Arbeitsbereichen freiwillig oder gezwungenermaßen messen lassen, kommen wir letztlich auch um die Messung unserer moralischen Denk- und Handlungsweisen nicht herum. Unter Moral verstehe ich dabei ein Normensystem, dessen Gegenstand das richtige Handeln von vernunftbegabten Lebewesen ist und das für sich das Anrecht auf Allgemeingültigkeit erhebt. Im Gegensatz dazu sind die bekannten sieben Hauptsünden Ausdruck einer gewissen Unmoral. Zu diesen gehören Hochmut, Neid, Zorn, Trägheit, Habgier, Völlerei und Wollust. Streng genommen handelt es sich hierbei gar nicht um Sünden, sondern eher um Haltungen, aus denen sündige Handlungen erwachsen können. Auch wenn sich diese Begriffe heute nur noch schwer in unseren modernen Sprachgebrauch integrieren lassen und jüngere Menschen diese vielleicht gar nicht mehr einordnen können, so haben sie heute genauso wie früher eine den Menschen, wie auch die Beziehung der Menschen untereinander, zerstörende Wirkung. Dies sollten wir uns immer wieder vor Augen führen, wenn wir unsere Welt in ihrer augenblicklichen Erscheinungsform genauer betrachten.

Mit Blick auf die Themenstellung dieses Buches, möchte ich mich nun auf zwei Gebote konzentrieren.

Du sollst nicht töten

Vier Worte, die es an Klarheit wohl in keiner Weise missen lassen. Dennoch werfen sie bei vielen verantwortlich denkenden und handelnden Menschen in so manchen Situationen und Krisen Fragen auf. Fragen, die das individuelle Gewissen aufs Tiefste berühren und die letztlich auch von keiner Instanz, sei sie kirchlich oder weltlich ausgerichtet, umfänglich beantwortet werden.

Du sollst nicht töten gilt zunächst nur auf Menschen bezogen, wenngleich es Tierschützer und Vegetarier durchaus auf alle größeren Lebewesen übertragen und manche Religionen auf alles, was da kreucht und fleucht.

Doch zurück zu den Menschen. Am leichtesten könnte man sicherlich noch mit dem Thema Todesstrafe verfahren. Wie in vielen demokratischen und zivilisierten Ländern bereits geschehen, wurde diese abgeschafft und durch lebenslange Gefängnisstrafen ersetzt. Nun gibt es aber auch Länder, wie die USA, in der gesellschaftliche Gruppen und Glaubensrichtungen, die sich einer sehr strengen christlichen Ausrichtung rühmen, wie z.B. die Evangelikalen, gerade die Todesstrafe massiv befürworten. Haben die irgendetwas nicht verstanden, dass sie klare Aussagen wie du sollst nicht töten biegen und brechen, bis sie ihren persönlichen Instrumentalisierungen ideal entsprechen. Diese Auffassung ist aus meiner Sicht nicht nur ein Missverständnis, sondern eher schon scheinheilig und verlogen und beleidigt alle vernünftig und ehrbar denkenden Christenmenschen.

Doch wie ist es mit Notwehr, wenn ich an Leib und Leben angegriffen werde? Darf ich mich persönlich dann verteidigen oder muss ich alles hinnehmen bis eventuell zu meinem bitteren Tod? Jesus Christus würde sagen: „Wenn dir einer auf die rechte Wange schlägt, dann halte auch die linke hin." Doch Selbstverteidigung, ohne den anderen willentlich zu töten, ist zumindest ein Ausweg, um das 5. Gebot nicht zu verletzen.

Doch wie ist es im Kriegsfalle? Darf ich mich als Gesellschaft, als Staat verteidigen? Darf ich gar einen gerechten Krieg führen, um Menschlichkeit und Frieden wiederherzustellen? Oder gibt es per se keinen gerechten Krieg, sondern nur einen gerechten Frieden? Rechtfertigt ein Barbarenstaat unter der Führung eines IS Terrorregimes den Einsatz militärischer Mittel, um diesen zu beseitigen?

Auch die Kirchen in Deutschland vertreten hierzu keine konkludente Auffassung. Wie wir alle wissen, gibt es eine Vielzahl von Militärseelsorgern, die quasi nicht nur den Soldaten, sondern auch dem Verteidigungssystem dienen. Die Geschichte lehrt uns auch, dass viele hochrangige Kirchenvertreter sich nicht nur im Mittelalter, sondern auch zu Zeiten des 1. und 2. Weltkrieges auf die Seite der kriegstreibenden Parteien gestellt haben.

Darf es also eine Ultima Ratio geben, die da heißt Militäreinsatz, um Schlimmeres zu verhindern oder der Barbarei ein Ende zu setzen? Diese Frage kann ich persönlich nicht guten Gewissens beantworten.

Ich weiß nur, dass wir grundsätzlich viel früher ansetzen müssen, um diesem Übel von Gewalt und Gegengewalt, von Terror und Terrorbekämpfung, von Aufrüstung und Abschreckung an die Wurzeln zu gehen. Eine Gesellschaft, die nach den Prinzipien Freiheit, Gleichheit und Gerechtigkeit lebt und sich einem christlichen Menschenbild verpflichtet fühlt, wird auch eine friedliche Gesellschaft sein. Sie kann geistige Brandstifter und notorische Kriegstreiber durch demokratisch legitimierte Mittel aus ihrer Gesellschaft ausphasen.

Wahnsinnige und Schwachmaten, die eine ganze Bevölkerung oder einen ganzen Staat gefangen nehmen, hätten dann keine Chance mehr, Gesellschaften zu infizieren, infiltrieren, manipulieren und instrumentalisieren. Ungeteilte und nicht legitimierte Macht befindet sich meistens in den Händen von Psychopaten, die es schaffen, ohne jedes Mitgefühl und ohne jeden Skrupel, ihre Position zu erkämpfen und mit aller Macht zu verteidigen.

In aufgeklärten und entwickelten Gesellschaften gibt es aber immer sich selbstorganisierende Kräfte sowie staatlich legitimierte Gewalten, die es in der Regel sehr schwierig machen, dass gefährliche Personen an die Hebel der Macht und des Militärs gelangen, um ihr Unwesen zu treiben und Gesellschaften zu versklaven. Wie es gelingen kann, eine versklavte Gesellschaft zu transformieren, zeigte Deutschland in zwei Etappen des 20. Jahrhunderts in beeindruckender Weise nach dem 2. Weltkrieg und nach dem Mauerfall. In einer entwickelten und demokratischen Gesellschaft sind todbringende Waffen, wenn sie tatsächlich zum Einsatz kommen, keine Heilsversprecher für ein besseres Leben, sondern eher die Totengräber für die positive Gesellschaftsentwicklung und daher von der weitaus größten Zahl der Bürger auch nicht gewollt.

Dennoch möchte ich an dieser Stelle noch einmal ausdrücklich erwähnen: Massenvernichtungswaffen, die die gesamte Menschheit in wenigen Tagen an den Abgrund ihrer Existenz befördern können, haben in unserer Welt nichts zu suchen. Es besteht immer die Gefahr, dass Potentaten, Diktatoren, Autokraten oder Wahnsinnige in ihren Besitz gelangen und dann eine Vernichtungsspirale in Gang setzen, die nicht mehr zu stoppen ist. Auch der Begriff atomarer Erstschlag gehört nicht in unsere Denkwelt und unseren Sprachschatz. Wie kann man so verrückt sein zu meinen, dass ein solcher Schlag irgendetwas Positives bewirkt. Massenvernichtungswaffen verbieten sich auch schon dadurch, dass ihre Leidtragenden immer die Unschuldigen und hilfsbedürftigsten Menschen sind, und zwar in Massen und nicht nur als Kollateralschaden. Auch bei dem Begriff Präventivschlag wird mir unverzüglich schlecht. Wer schlägt schon sein Kind in der Voraussicht, dass es in naher Zukunft einmal nicht gehorsam sein wird. Nur zur Klarstellung an dieser Stelle: Kinder und erwachsene Menschen sollten nach dem christlichen Menschenbild grundsätzlich nicht geschlagen werden.

Eines erscheint mir noch besonders wichtig zu erwähnen. Mit der zunehmenden Digitalisierung und Technisierung rücken der Auslöser von Waffengewalt und seine anvisierten Opfer räumlich immer weiter auseinander und das ganze Kriegs- oder Terrorgeschehen bekommt eine dem Videospiel (siehe Drohnen oder Langstreckenraketen) ähnliche anonyme Gestalt. Gewaltausübung hat dann kaum noch eine erkennbare moralische Wirkkomponente, da man als Verursacher, das was man anrichtet, nicht wirklich live und in Farbe miterlebt. Menschliches Mitgefühl und Einfühlungsvermögen setzen aber ein menschliches Antlitz voraus, in das ich mit meinen eigenen Augen direkt schaue.

Du sollst nicht lügen

Bekanntlich stirbt in einem Krieg immer zuerst die Wahrheit. Aber zu einem Krieg darf es gar nicht erst kommen. Lügen, ob bewusst oder unachtsam in die Welt gesetzt, können aber, wie uns die jüngere Geschichte lehrt, in den passenden Momenten eine unglaubliche Wirkung entfalten und Kriege auslösen bzw. fälschlicherweise begründen. Solche Lügen und bewusst platzierte Unwahrheiten haben eine besonders perfide Qualität und müssen zum Schutze der Menschheit mit aller Kraft entlarvt und aufgedeckt werden. Hierbei kommt den Medien und den Experten eine überragende Bedeutung zu. Lassen diese Gruppen sich aber im Sinne der Lügen instrumentalisieren, dann wird aus einer unabhängigen und nicht interessengeleiteten Medienarbeit ein Verbreitungsmedium von Fake News.

Fake News haben immer einen bestimmten Zweck, meistens eine Minderheitsmeinung populär zu machen und durch ständige Wiederholung als Wahrheit erscheinen zu lassen. Somit wird eine falsche Behauptung zu einer gefühlten Wahrheit, und das kann dann Handlungen provozieren, die in die genau falsche Richtung führen. Dies ist dann im wahrsten Sinne des Wortes gemein und gefährlich bzw. gemeingefährlich, stellt also eine Gefahr für das Gemeinwohl unserer Staaten oder Gesellschaften da. Menschengemachten Klimawandel gibt es nicht, das Artensterben ist auf normalem Niveau, Atomkraftwerke sind sicher, Globalisierung schadet dem Wohlstand, diese Maßnahme ist alternativlos, gern bemühte Aussagen, die es an Wahrheit doch ziemlich missen lassen.

Doch auch jeder Einzelne von uns muss sich fragen: Wo habe ich etwas geschwindelt, wo geflunkert, wo bewusst übertrieben, wo einfach etwas behauptet, wo eine kleine Notlüge formuliert, wo getäuscht und betrogen und wo auch bewusst gelogen, um meine Ziele besser zu verwirklichen. Das ist alles menschlich und passiert angeblich laut psychologischen Studien bis zu 200-mal am Tag. Die Richtigkeit dieser Aussage lasse ich jetzt einmal dahingestellt, vielleicht ist die Zahl aber auch übertrieben oder gar gelogen. Lügen werden dann problematisch, wenn sie so gehäuft auftreten und entlarvt werden, dass man dem notorischen Lügner kein Vertrauen mehr entgegenbringen kann oder möchte. Insbesondere bei wesentlichen Themen kann schon eine einzige Lüge die menschliche

Beziehung zerstören. Dann sagt man gerne: Wer einmal lügt, dem glaubt man nicht und in der Folge Vertrauen ist gut, Kontrolle ist besser. Es versteht sich von selbst, dass menschliche Beziehungen und menschliche Gemeinschaften auf Dauer nur auf Grundlage von Vertrauen funktionieren und gedeihen können und nicht auf Basis von Lüge, Täuschung und Tricksereien. Auch der einstmals mächtigste Mensch der Welt, der abgesehen von seinen Anhängern häufig als psychopathische Witzfigur mit mafiösen Zügen angesehen wird und seine Präsidentschaft nachweislich durch über 22.000 Falschaussagen, glatte Lügen und irreführende Behauptungen zu einer gefährlichen und spalterischen Phase der Desinformation machte, wird dafür in absehbarer Zeit durch die amerikanischen Gerichte sicher noch persönlich zur Rechenschaft gezogen. Falsche Aussagen werden auch dadurch nicht wahr, dass diese ständig wiederholt werden und aus dem Munde des Präsidenten der mächtigsten Nation der Welt stammen.

RICHTIG DENKEN

GLAUBEN, DENKEN UND WISSEN

Als Menschen sind wir Wesen, die in der Lage sind zu denken, manche etwas oberflächlicher, andere etwas tiefgründiger. Das Denken ermöglicht uns auch, zu glauben und Wissen zu erwerben. Um Wissen zu erwerben, müssen wir im Grundsatz zunächst an etwas glauben. Damit meine ich nicht notwendigerweise den Glauben an eine höhere Instanz oder Gott, sondern den Glauben an Hypothesen oder Theorien, also ein System wissenschaftlich begründeter, logischer und in sich widerspruchsfreier Aussagen, die dazu dienen, Ausschnitte der Realität und die zugrundeliegenden Gesetzmäßigkeiten zu beschreiben und insbesondere zu erklären. Somit sollte sich der Erklärungswert einer Theorie an der Realität messen lassen und eine Prognose ermöglichen, sodass eine Theorie empirisch bestätigt werden kann und damit zu durch Erfahrung gewonnenem Wissen wird.

Nach meinem Kenntnisstand gibt es keinen Wissensbereich, der heute vollständig ausgeforscht ist. Wissen kann immer noch vertieft werden, frei nach der Aussage „wir wissen, dass wir nichts wissen".

Glauben und Wissen sind daher keine Gegensätze, vielmehr bedingen sie sich gegenseitig. Ohne Glauben kein Wissen, ohne Wissen kein Glauben. Es ist dabei berechtigt zu fragen, ob das sogenannte Expertenwissen wertvoller oder mit höherer Wahrscheinlichkeit richtig ist, als das vermeintlich oberflächlichere Alltagswissen, was man gemeinhin auch als gesunden Menschenverstand bezeichnen könnte.

Wissen ist nur so lange richtig, bis es erstmalig widerlegt wurde. Die Erde ist eine Scheibe, nein sie ist doch wohl rund. Heißt das, es gibt keine letzten Wahrheiten, kein richtig und falsch mit ewiger Gültigkeit? Die Erdanziehungskraft existiert, aber nicht mehr im Weltraum. Die Ressourcen auf unserm Planeten sind endlich, die

Belastbarkeit der Erde hat Grenzen, es gibt einen menschengemachten Klimawandel. Ist das richtig oder falsch oder nur halbrichtig oder nur heute richtig und morgen schon wieder falsch?

Eines bleibt festzuhalten, wenn es um Wissen geht, ist die Frage nach richtig oder falsch legitim. Faktor A ist nicht nur etwas Ursache von Faktor C, sondern ganz oder gar nicht. Es kann natürlich auch zusätzlich noch Faktor B Ursache von Faktor C sein. Man kann aber bekanntlich nicht halbschwanger sein. Wissen verträgt demnach keine Grautöne, sondern nur schwarz oder weiß, meist unter bestimmten zugrundeliegenden Hypothesen. Man kann dann schlecht sagen, es gibt Vorteile und Nachteile in Ausprägung X oder Y. Es müsste dann wohl besser heißen, unter der Annahme, dass der menschengemachte Klimawandel Realität ist, ist ein Auto eben in seiner heute bekannten Ausprägung falsch für die Reduzierung der Erderwärmung, natürlich weiterhin toll für die individuelle Mobilität.

Im Grunde gibt es letztlich zwei Kernfragen des Lebens einen jeden Menschen, aber auch einer jeden Gesellschaft: Habe ich, haben wir die richtigen Dinge getan und habe ich, haben wir die Dinge richtig getan?

Es ist Zeitverschwendung und damit Zeichen der Unvernunft oder Dummheit, wenn wir falsche Dinge mit aller Kraft richtig tun. Doch was hilft uns das Falsche vom Richtigen zu unterscheiden? Letztlich nur ein logisch geschlossenes Gedankengebäude, das bestenfalls auf einem Fundament letzter, ewig gültiger Wahrheiten fußt und widerspruchsfreie Ableitungen hinsichtlich einer höchsten Zielsetzung erlaubt, nämlich das für jedes Individuum und die gesamte Menschheit Richtige zu tun, um das Überleben unserer Spezies nachhaltig zu sichern.

WAHRHEIT UND MEHRHEIT

Die Wahrheit ist ein hohes Gut, hat man sie erst einmal identifiziert. Dies erfahren wir gerade in den heutigen Zeiten von Fake News und bewusst geäußerter Lügen, um Menschen zu gewinnen, zu beruhigen oder auch zu beunruhigen. Die bewusste Lüge müssen wir deutlich vom Irrtum abgrenzen, der einem fälschlicherweise Fürwahrhalten entspricht und damit ein Motor aller Wissenschaften und von Erkenntnisgewinnung ist.

Ohne in eine philosophische Abhandlung über den Begriff Wahrheit abzuleiten, möchte ich nur auf die Bedeutungsnähe der Begriffe Wahrheit und Richtigkeit abstellen, die man auch synonym verwenden könnte. In beiden Fällen bedarf es mindestens einer Begründung und Erklärung, um einen Sachverhalt als richtig oder wahr auszuweisen.

Für Mehrheiten sind Begründungen und Erklärungen nicht unbedingt notwendig. Man muss nur Stimmen zählen, was in manchen Fällen schon problematisch genug erscheint. Ist Mehrheit damit immer gleich Wahrheit? Natürlich nicht. Mehrheit kann man durch Repression, Indoktrination, Werbung und Meinungs- bzw. Stimmungsmache mittels Lobbyaktivitäten kurzfristig beeinflussen, Wahrheiten hingegen nicht.

Bei „Wer wird Millionär?" kann man auch direkt miterleben, dass das Publikum manchmal nicht in der Lage ist, mehrheitlich die Wahrheit zu identifizieren. Es gibt Studien, die sagen, bei einer Volksbefragung würde sich die Mehrheit für die Einführung der Todesstrafe in Deutschland entscheiden, insbesondere dann, wenn es vorher in den Medien zu gehäufter Berichterstattung über einen Massenmörder gekommen wäre. Dies entspricht sicher nicht dem eingangs von mir beschriebenen christlichen Menschenbild und wäre in diesem Sinne nicht richtig, sondern falsch.

Die klugen Mütter und Väter unserer Verfassung haben schon gut daran getan, eine repräsentative Demokratie zu erschaffen, denn nicht alle Fragen sollten und dürfen von der gesamten Bevölkerung aus eben den beschriebenen Gründen direkt entschieden werden. Mehrheit ist eben nicht automatisch gleich Wahrheit. Nichtsdestotrotz ist eine höhere direkte bürgerschaftliche Beteiligung an Entscheidungsprozessen, insbesondere auf kommunaler Ebene, der richtige Weg, Menschen mehr Rechte und Pflichten einzuräumen für Themen, die sie unmittelbarer betreffen und gut einschätzen können. Dies wird ja bereits zunehmend in Kommunen und Städten praktiziert.

Vernünftiges Denken

Wie hoffentlich meinen bisherigen Ausführungen zu entnehmen ist, bin ich ein Freund und Verfechter des vernünftigen Denkens. Freilich bin auch ich immer wieder der Unvernunft erlegen, nicht nur, weil ich ein Mensch und voller Schwächen und Fehler bin, sondern weil natürlich die Unvernunft auch viel Spaß und Freude bereiten kann.

Vernünftiges Denken beschreibt die Fähigkeit des Menschen, Einsichten zu gewinnen, sich ein Urteil zu bilden, die Zusammenhänge und die Ordnung des Wahrgenommenen zu erkennen und sich in seinem Handeln danach zu richten. Unvernünftiges Denken und Handeln bedeutet damit, etwas wider besseren Wissens zu denken oder zu tun, sprich z.B. zu rauchen, wohlwissend dass dies Lungenkrebs befördern kann. Im Sinne dieses vernünftigen Denkens möchte ich nun gerne vier Denkweisen beleuchten, die für uns Menschen von besonderer Bedeutung sind, wenn es darum geht, Probleme zu beschreiben und zu lösen.

Dualistisches und dichotomes Denken

Wir Menschen haben im Laufe unserer Entwicklungsgeschichte gelernt, uns an unsere Umwelt und Mitwelt anzupassen oder sie nach unseren Vorstellungen zu gestalten. Um zu überleben oder besser zu leben, sind wir immer und überall gezwungen, Einschätzungen vorzunehmen. Ist das gefährlich oder angenehm, ist das giftig oder essbar, ist der mir gut gesonnen oder will er mich töten, liebt sie mich oder nicht, funktioniert das oder nicht?

Unser Denken bewegt sich, ob wir es wollen oder nicht, meistens in Schubladen oder zwischen zwei Polen. Zwei Seiten einer Medaille, rechts und links, oben und unten, gut und böse, richtig und falsch, Yin und Yan, Frau und Mann, Plus- und Minuspol, 0 und 1, Leben und Sterben und so weiter und so fort. Auch die Wissenschaften bedienen sich immer wieder Ansätzen, die ein dualistisches, dichotomes oder auch dialektisches Denken beinhalten.

Diese Gegensätze sind nur in gewisser Weise voneinander unabhängig oder schließen sich gar aus, ohne jede Teilmenge. Dennoch gibt es immer etwas Verbindendes. Ohne das eine kann auch das andere nicht sein. Daher kommt es schnell zu Konflikten zwischen den Polen bzw. mindestens zwei Zielen, die miteinander unvereinbar sind und damit nicht gleichzeitig und im selben Umfang erfüllt werden können.

Diese Zielkonflikte kann man nur auflösen, indem man die konkurrierenden Ziele in eine Rangordnung bringt oder bereit ist, Kompromisse zu schließen. Stehen sich beispielsweise zwei Ziele, Positionen oder Forderungen gegenüber, bleibt nur eine logische Kulturtechnik als Lösung, nämlich der Kompromiss, mit dem beide Parteien leben können, ohne ihr Gesicht zu verlieren, gleichwohl aber Teile ihrer eigenen Forderungen.

Ohne Kompromiss existiert letztlich keine Freiheit, denn der Stärkere benötigt keinen Kompromiss. Der Kompromiss ist eigentlich der geistige Bruder der Gleichheit und Gleichberechtigung und dient damit auch der Gerechtigkeit. Ein Kompromiss sollte sich nicht an Mehrheiten, sondern an Wahrheiten orientieren und immer das Ergebnis eines Prozesses sein, dem ein gegenseitiges Plädieren und Erkunden in respektvollem Miteinander vorausgeht.

Sollte man bei Zielen, die die menschlichen Existenzgrundlagen betreffen, überhaupt bereit sein, Kompromisse zu machen? In einer idealtypischen Betrachtung sicherlich nicht. Bei einer realistischen Betrachtung ist aber auch ein Kompromiss hinsichtlich z.B. der Zielausprägung hilfreich, weil somit zumindest das Ziel verfolgt wird und wir damit auf dem richtigen Weg sind. Somit ist der richtige Weg das Ziel. Wenn man schon aus Interessenkonflikten heraus keine Recyclingquote bei Flaschen von 100 % ad hoc erreichen kann, so bringt uns eine Quote von 50 %, die Jahr für Jahr weiter gesteigert wird, auch auf den richtigen Weg und zum richtigen Ziel. Dabei ist allerdings immer die Frage, wieviel Zeit uns noch bleibt, denken wir zum Beispiel an den Klimawandel und die damit verbundene Erhöhung der durchschnittlichen Erdtemperatur.

Dieses dualistische Gedankengut hat auch mit Blick auf das Thema dieses Buches eine große Bedeutung. Sollten die notwendigen Veränderungen initiiert werden durch Politik und Gesetzgebung oder durch die Konsum- und Verhaltensentscheidungen eines jeden Einzelnen. Hier zeigt sich wieder einmal das Henne-Ei-Problem. Politiker sagen: Eine Idee ist nicht umsetzbar, wenn wir nicht gewählt werden und der Einzelne sagt, ich bin ja doch machtlos, die Entscheidungen müssen von oben kommen. Beides ist richtig und falsch zugleich. Veränderung muss sowohl von oben als auch von unten initiiert werden. Mit der Zeit werden sich die Positionen von Politikern und ihren Wählern angleichen, quasi auf sich zu oszillieren. Wir dürfen nur nicht auf den jeweils anderen warten, dann haben wir den absoluten Stillstand.

TELEOLOGISCHES DENKEN

Der Mensch ist bekanntlich ein vernunftbegabtes Wesen, auch wenn er es allzu oft an Vernunft missen lässt. Anders als im Tierreich, wo die Tiere ihren Instinkten und ihren evolutionär herausgebildeten Eigenschaften und Fähigkeiten folgen, um sich selbst und ihre Art zu erhalten, ist der Mensch zur Einsicht fähig, kann sich selbst reflektieren und sich Ziele setzen, die zu weit mehr in der Lage sind, als nur die eigene Existenz zu sichern. Leider sind diese Ziele heute auch mehr und mehr darauf ausgerichtet, die eigenen Existenzgrundlagen zu gefährden oder gar zu zerstören, auch wenn diese Nebenwirkungen von den meisten Menschen sicher nicht intendiert sind.

Als Zweck wird gemeinhin der Beweggrund einer zielgerichteten Handlung oder eines Verhaltens bezeichnet. In kausalen Zusammenhängen ist der Zweck das Ergebnis von Ursache und Wirkung. Grundsätzlich besteht kein Widerspruch zwischen Kausalität und Teleologie, da nur der Schwerpunkt der Beobachtung verlagert wird. Entweder wird eine Entwicklung als Ergebnis von Ursache und Wirkung, oder aber als notwendige Bewegung auf ein vorbestimmtes Ziel, ein Telos hin verstanden.

Eine Handlung ist für mich dann moralisch richtig, wenn sie den Gesamtnutzen, d.h. die Summe des Wohlergehens aller Betroffenen maximiert. Im Blick hat man demnach das größtmögliche Glück für die größtmögliche Zahl. In diesem Sinne wird der moralische Anspruch durch Altruismus geprägt und zweckgerichtetes Handeln dient nicht der Erfüllung individueller Präferenzen und damit der Maximierung des persönlichen Wohlergehens, sondern der Vergrößerung des Gemeinwohls. Wenn der Zweck unseres gemeinsamen individuellen Handelns die Steigerung des gemeinsamen Wohlergehens, man könnte auch sagen des Wohlstands sein soll, dann müssen wir uns als vernunftbegabte Wesen fragen, zu welchem Preis und auf welche Kosten dies passiert, und ob wir mit unserem bezweckten Handeln nicht einen Zustand herbeiführen, den wir im Sinne einer Ursache-Wirkungsbetrachtung gar nicht wirklich beabsichtigen.

Dabei handelt es sich wohl um eine kühne Vorstellung, zu meinen, dass die freie Marktwirtschaft alles individuelle Handeln schon so steuert, dass das Gemeinwohl automatisch wächst. Gelernt haben wir aber inzwischen, dass der Markt keine moralischen Standards kennt, Verlierer und Gewinner produziert, und allzu oft sind zu viele Menschen und eben auch die Natur die Verlierer.

Die Freiheit des Marktes muss also notwendiger Weise durch Spielregel eingeschränkt werden, die die Natur und die Menschheit schützen. Eine Marktwirtschaft muss demnach zwingend sozial und ökologisch sein, wollen wir nicht unsere Lebensgrundlagen endgültig zerstören und sozialen Unfrieden oder gar Krieg heraufbeschwören. Unser Anspruch muss es daher sein, auf diesem Weg möglichst alle Menschen mitzunehmen und dabei unsere Lebensgrundlagen nachhaltig zu schützen. Ob die zentrale Zielsetzung der Wohlstandsmehrung durch stetig steigendes Wirtschaftswachstum weiterhin Bestand haben kann, werde ich ausführlich im weiteren Verlaufe des Buches reflektieren.

Eines ist aber wohl sicher: Richtige Ziele müssen gemeinsam festgelegt und vor allen Dingen gemeinsam geteilt und umgesetzt werden. Dies funktioniert am besten, wenn die gesamte Weltgemeinschaft an einem Strang zieht und zwar in dieselbe Richtung. Das Richtige tun und die Dinge richtig tun und zwar gemeinsam mit aller Kraft und möglichst sofort, darauf kommt es an. Das spart Ressourcen und wertvolle Zeit.

Was sind nun aber die richtigen Ziele, die wir als Individuen und Menschheit verfolgen sollten? Die Antwort ist relativ leicht. Es sind alle Ziele, die es uns ermöglichen, die menschlichen Existenzgrundlagen zeitlich unbefristet zu sichern und unseren Planeten Erde heute und morgen lebens- und liebenswert zu erhalten. Diese Ziele sollten und müssen Vorrang vor allen anderen Zielen haben, insbesondere vor denjenigen, die unsere Existenzgrundlagen nachhaltig gefährden.

Gerade deshalb bedarf es für bestimmte übergeordnete existenzielle Zwecke der Menschheit weltweit gültiger Standards und Zielsetzungen und Institutionen sowie Organisationen, die sich mit ihrer Einführung und Durchsetzung beschäftigen.

Wenn Sie das nächste Mal Wildgänse in der typischen V-Formation am Himmel fliegen sehen, könnte es Sie interessieren, was Wissenschaftler als Erklärung für dieses Verhalten gefunden haben. Jeder Vogel erzeugt durch seinen Flügelschlag einen Auftrieb für den Vogel unmittelbar hinter sich. Durch das Fliegen in dieser Formation erhält der ganze Flug wenigstens 71 % mehr Flugkraft, als wenn jeder Vogel für sich alleine fliegen würde. Wenn die führende Gans müde wird, sucht sie sich einen Platz weiter hinten und eine andere übernimmt vorübergehend die Führung. Die Gänse hinten stoßen ihre Schreie als mentale Kraftquelle aus, um die vorne zu ermutigen, das Tempo beizubehalten.

Menschen, die ein gemeinsames Ziel und Gemeinschaftssinn haben, erreichen das, was sie anstreben, schneller und leichter, wenn sie einander helfen und unterstützen. Dies spricht nicht nur für die menschliche Arbeitsteilung, sondern auch für gemeinsam geteilte Ziele oder etwas höher aufgehängt für gemeinsam geteilte Visionen der Zukunft. So wird erst aus dem Ganzen mehr als die Summe seiner Teile und aus individuellen Lernprozessen werden kollektive Lernprozesse. Ziele müssen dabei richtig gewählt und S.M.A.R.T. sein, mit anderen Worten spezifisch und eindeutig definiert, zudem messbar und akzeptiert sein. Natürlich muss die Erreichung des Zieles auch möglich und realisierbar sein und letztlich zeitlich terminiert.

KAUSALES UND ANALYTISCHES DENKEN

Es liegt in der Natur des Menschen, Fragen zu stellen. Schon Kinder können in ihren ersten Lebensjahren Fragen formulieren, die

38

einem den Schweiß auf die Stirn treiben und meistens mit warum beginnen. Irgendwie haben wir eine evolutionär bedingte Disposition, den Dingen auf den Grund zu gehen, freilich die einen mehr als die anderen, und bei manchen von uns scheitert die Ursachenforschung bereits an der Oberfläche des Problems. Kausalität und Analyse sind die eigentlichen Treiber von Wissbegierde, Wissenschaft und Forschung. Wenn wir etwas erklären können, bereitet es uns ein kleines Glücksgefühl und wenn die Erklärung auch noch richtig ist und sich beweisen lässt, fühlen wir uns nicht selten wie Könige oder Königinnen. Die letzten Ursachen bleiben aber meisten immer noch im Verborgenen, so dass Wissenschaftlern und Forschern die Themen einfach nicht ausgehen.

Dennoch, unsere Gesellschaft hat sich entwickelt durch die Früchte dieser Forschung über die letzten Jahrhunderte und zwar in immer schnelleren Innovationszyklen. Sie hat uns Maschinen, Computer, Mobilität, Elektrizität, neue Werkstoffe und ein nahezu unendliches Maß an Wissen und Informationen beschert. Sie hat unser Leben freier und zugleich abhängiger gemacht, hat unser Leben gesünder und zugleich kranker gemacht, in jedem Fall hat sie unsere durchschnittliche Lebenserwartung verlängert und uns deutlich mehr Lebens- und Konsumoptionen eröffnet. Die Früchte dieser Forschung haben unseren Planeten aber auch über Gebühr belastet und beschmutzt, und heute müssen wir mehr denn je und dringlicher als bisher die Ursachen dieser negativen Folgen unseres ungezügelten Handels beseitigen oder zumindest die negativen Begleiterscheinungen so gut es geht eingrenzen und beschränken.

Forschung und Entwicklung sollte sich heute demnach verstärkt darauf konzentrieren, den Zustand unserer Welt in allen Bereichen mit Blick auf die langfristige Existenzerhaltung von Mensch und Natur zu verbessern bzw. im schlechtesten Fall für die Zukunft auf dem heutigen Niveau zu stabilisieren. Alle anderen Forschungen mögen auch ihren Zweck haben, sind aber mindestens nachrangig, wenn nicht sogar obsolet. Wir müssen dringend alle Kräfte, die guten Willens und in der Lage sind, etwas Positives für unseren Planeten und die Menschheit zu bewirken, bündeln, um möglichst gemeinsam die dringlichsten Herausforderungen zu beschreiben, zu verstehen und zu lösen. Kausales und analytisches Denken sind dafür natürlich genauso unumgänglich wie das Systemdenken.

OHNE SYSTEMDENKEN KEINE RICHTIGE LÖSUNG

Systemdenken verbindet die oben genannten Denkweisen in einem gesamtheitlichen Konzept. Von Systemen zu sprechen, ist heute in nahezu allen Disziplinen gängige Praxis. Dabei besteht ein System stets aus seinen Elementen, die miteinander auf vielfältige Art und Weise in Beziehung stehen. Die Systemtheorie ist eine interdisziplinäre Betrachtungsweise, in der grundlegende Prinzipien und Aspekte zur Beschreibung und Erklärung komplexer Phänomene herangezogen werden.

Bei den Themenfeldern, die in diesem Buch behandelt werden, haben wir es immer mit komplexen Systemen zu tun, deren Eigenschaften sich nicht vollständig aus den Eigenschaften ihrer Systemelemente erklären lassen. Zudem stehen die Systemelemente in nichtlinearen, dynamischen Beziehungen zueinander, die eine Reihe von Phänomenen aufweisen, die man Chaos nennt. Eines dieser Phänomene ist der Schmetterlingseffekt, der eine Hebelwirkung beschreibt, bei der beliebig kleine Änderungen unvorhersehbar große Effekte haben können. Solche Systeme sind z.B. das Wetter, das Klima, das Bevölkerungswachstum oder Wirtschaftskreisläufe.

Als offen ist ein System definiert, das sowohl Energie als auch Materie mit seiner Umgebung austauschen kann, wie ein offener Kochtopf, der sowohl Energie in Form von Wärme als auch Materie in Form von Wasserdampf mit seiner Umgebung austauscht. Physikalische Systeme, lebende Systeme oder soziale Systeme sollten wir daher als offene Systeme begreifen, genauso wie alle im 3. Kapitel dieses Buches betrachteten Systeme. Letztlich kommt es aber immer auch darauf an, wie wir Menschen als Problemlöser die Systemgrenzen definieren und ob wir ein System eher als offen oder geschlossen begreifen.

In einer idealisierten und sehr präzisen Betrachtung hängt auf unserem Planeten irgendwie immer alles mit allem zusammen, es ist nur die Frage, in welcher Intensität, in welcher Wirkrichtung und über welche Wirkungskette, mit welcher zeitlichen Verzögerung, in welchen dynamischen Veränderungsraten und als verstärkender oder ausgleichender Feedbackprozess? In diesem Sinne sind alle Handlungen, die der Mensch ausführt, Teil von Systemen, in denen oder an denen er mitwirkt und somit hinterlässt er zu jeder Sekunde auch seinen ökologischen Fußabdruck. Zurzeit ist der ökologische Fußabdruck der Menschheit im Übrigen so groß, dass wir für unsere Lebensweise 1,7 Erden benötigen.

Auch ohne uns Menschen findet auf der Erde ein permanenter Prozess der Angleichung statt, in dem sich Stoffe vermischen. Man nennt diesen Vorgang natürliche Entropie. Alles strebt zu einer Struktur mit größerer Wahrscheinlichkeit, zu mehr Unordnung oder besser gesagt größtmöglicher Komplexität und Vermischung. Auch wir Menschen tragen zu diesem natürlichen entropischen Prozess bei, indem wir entropiearme Stoffe wie Zucker und Fett aufnehmen und diese in deutlich komplexerer Form als Kohlendioxyd, Schweiß, Körperwärme, Speichel, Ausscheidungen usw. wieder an die Umwelt abgeben. Doch mit der Produktion und dem Konsum von Gütern und Dienstleistungen erhöhen wir in unvorstellbarem Maße die natürliche Entropie durch eine menschenverursachte Entropie, da wir fossile Brennstoffe, Rohstoffe, Flächen und Wasser verbrauchen, Abfälle und Abgase in unvorstellbarer Größenordnung erzeugen und diese in Böden, Luft und Gewässer wieder eintragen.

Das Systemdenken hilft uns dabei, Ganzheiten zu erkennen und schafft die Voraussetzung zur Wahrnehmung von Veränderungsmustern und Veränderungsprozessen statt von statischen Schnappschüssen. Um die wachsende Komplexität und Dynamik unserer menschengemachten Systeme besser zu bewältigen oder gar in die richtigen Bahnen zu lenken, ist das Systemdenken ungemein nützlich. Es geht dabei weniger um die Detailkomplexität als um die dynamische Komplexität, die die wichtigsten zeitlichen Wechselwirkungen und Veränderungsmuster in den Fokus rückt. Wie kann man Teufelskreise, Eskalationsspiralen oder Schneeballeffekte durchbrechen und in umgekehrter Richtung laufen lassen? Wie kann man mit einer kleinen Maßnahme einen positiven Veränderungsprozess in die richtige Richtung in Gang setzen und somit eine große Wirkung entfalten? Die Wirklichkeit besteht eher aus Kreisen und Rückkoppelungsprozessen, denn aus linearen und geraden Linienverläufen. Beim Systemdenken ist das Feedback ein Axiom, nachdem jeder Einfluss sowohl Ursache als auch Wirkung zugleich ist, nichts wird jemals nur in eine Richtung beeinflusst. Das gilt auch für das Zusammenspiel von Mensch und Natur. Die

Bedeutungsnähe zur dichotomen, dualistischen Denkweise ist hier deutlich erkennbar.

Da unsere menschengemachten Systeme, wie z.b. das Wirtschaftssystem, Politische System, Bildungssystem, Gesundheitssystem, Verkehrssystem, Ernährungssystem, Sozialsystem und Digitale Systeme allesamt eine maßgebliche, ja geradezu existenzielle Rolle für den Erhalt einer lebens- und liebenswerten Welt spielen und alle natürlich auch einen immensen Einfluss auf unser Ökosystem ausüben, möchte ich mich gerne im 3. Kapitel dieses Buches vertieft mit dem richtigen Handeln in diesen Systemen befassen.

Angesichts der wachsenden Komplexität dieser Systeme könnte man leicht das Gefühl der Zuversicht verlieren und in Hilflosigkeit erstarren. Wir sind doch gefangen in dem System mit seinen vielen Systemzwängen, gegen das System bin ich machtlos.

Durch die konsequente Anwendung von Systemdenken können wir aber die grundlegenden Strukturen von komplexen Situationen und Problemen erkennen und zwischen Veränderungen mit starker oder geringer Hebelwirkung unterscheiden. So lernen wir die Welt ganzheitlich wahrzunehmen und die richtigen Dinge zu tun bzw. die Dinge richtig zu tun. Dabei hilft es oft auch einige Schritte zurückzutreten, um den Wald vor lauter Bäumen wieder zu sehen.

Es wird von zentraler Bedeutung sein, die oben beschriebenen Systeme so zu beeinflussen und zu justieren, dass sie nachhaltig, resilient und selbststeuernd werden oder bleiben und dem Ökosystem keinen weiteren unumkehrbaren Schaden zufügen.

ZIVILISATORISCHE GRUNDBEGRIFFE FÜR POSITIVE DENKMUSTER

Nach der Darlegung der grundsätzlichen Denkmodelle zur Behandlung von Problemstellungen komplexer und dynamischer Art, möchte ich nun gerne vertieft auf dieser Grundlage auf drei zivilisatorische Grundbegriffe eingehen, die sich annähernd alle demokratisch verfassten Gesellschaften auf ihre Fahne geschrieben haben, wenn auch mit unterschiedlicher Konnotation und Schwerpunktsetzung. Diese Begriffe, Grundwerte oder Konzepte können wir unmittelbar aus dem bereits beschriebenen christlichen Menschenbild ableiten. Sie sind in ihrer konkreten systemischen Ausgestaltung und Institutionalisierung geradezu identitätsstiftend und die DNA dieser Gesellschaften. Wie es so schön heißt: Die Bedeutung von Menschen und Nationen zeigt sich nicht am Wert ihres Reichtums, sondern am Reichtum ihrer Werte.

Es geht um die Begriffe Freiheit, Gleichheit und Gerechtigkeit. Diese bilden quasi die Begründung und den Zweck, die Ursache als auch die Wirkung und den Maßstab zur Justierung in richtige und falsche Handlungen, mit Blick auf die in diesem Buch betrachteten gesellschaftlichen Systembereiche. Doch wie müssen wir diese Begriffe im Lichte des christlichen Menschenbildes verstehen? Wie verhalten sie sich zueinander? Wie wirken sie auf die beschriebenen Systeme? Zu diesem Thema könnte man ganze Bibliotheken füllen, daher möchte ich mich gerne im Lichte unserer akuten Menschheitsprobleme auf die aus meiner Sicht bedeutendsten und dringlichsten Zusammenhänge beschränken.

FREIHEIT RICHTIG VERSTANDEN

Gänzlich frei zu sein ist eine Utopie. In unserer Welt unterliegen wir, ob wir es wollen oder nicht, systemischen Zwängen, Zwängen aus Existenzgründen, inneren Zwängen durch schlechtes Gewissen und wenn es ganz schlecht läuft sogar äußeren Zwängen, grundsätzlich nicht frei sprechen und handeln zu können. Es ist auch wahr, dass Freiheit unterschiedlich bewertet wird. So fühlt sich in der Regel ein Mönch im Kloster erst so richtig frei, während ein Weltenbummler darin eher ein Gefängnis sieht.

Bei uns in den westlichen und demokratischen Gesellschaften gilt die Maxime: So viel Freiheit wie möglich und so wenig Einschränkungen wie notwendig. Wodurch ist diese Notwendigkeit bedingt, wo sind die Grenzen der persönlichen Freiheit? Wie es immer so schön heiß „Freiheit ist die Freiheit des anders Denkenden". Eigentlich liegt es auf der Hand: Freiheit kann nur so lange Bestand haben, wie es die Freiheit des anderen Menschen nicht einschränkt, sonst gäbe es einen Freiheitsbegriff, der durch den Stärkeren geprägt ist. Dies würde dann natürlich auch diametral im Widerspruch zu dem beschriebenen Menschenbild stehen und zudem dem Gleichheitsprinzip zuwiderlaufen. Freiheit des Einzelnen oder der Gesellschaft darf auch nicht so weit gehen, dass unsere Umwelt Schaden nimmt, denn das würde wieder die Freiheit der Menschen beeinträchtigen, die unter den Umweltschäden leiden müssen. Freiheit findet demnach seine Grenzen in der Freiheit des Anderen und in der Schadensfreiheit unserer Umwelt. In diesem Sinne sind die politischen Instanzen auch verpflichtet, Verbote auszusprechen, nämlich insbesondere dann, wenn die Freiheit weniger zu Lasten der Allgemeinheit geht und diese dadurch nachweisbar Schaden nimmt. Übrigens Verbote erfreuen sich zunächst meistens einer großen Ablehnung und daher nehmen Politiker den Begriff Verbot nur äußerst ungerne und entsprechend selten in den Mund. Doch die Erfahrung lehrt: Menschen gewöhnen sich an Verbote und akzeptieren diese mit der Zeit, selbst wenn sie diese hin und wieder unterlaufen.

Der Freiheitsbegriff muss in vielen Fällen auch verhandelt werden. Denken wir nur an das im Grundgesetz verbriefte Recht auf Freiheit der Wohnsitzwahl. Etwas weiter gefasst gilt dies sicher nicht für die gesamte Weltbevölkerung, die dringend nach Deutschland ziehen möchte. Nur durch einen politischen und öffentlichen Diskurs kann man hier klären, ab welchem Zeitpunkt oder Migrationsumfang die Freiheit der Inländer durch die Freiheit der Ausländer eingeschränkt wird bzw. in welcher Form und in welchen Bereichen überhaupt. Das ist für eine Gesellschaft mühsam und tut weh, ist aber unausweichlich, wenn man sich einem christlichen Menschenbild verpflichtet fühlt.

Sicherlich müssen wir auch bedenken, dass es selbstgewählte Unfreiheiten gibt, weil man sich zum Sklaven einer Sache, einer Idee oder eines Menschen macht. Schwieriger ist es immer, wenn es zu einer Freiheitsberaubung kommt und man als Individuum machtlos ist, diese zu beseitigen. Ohne funktionierende Rechtssysteme oder freie Medien kann der Verlust der Freiheit schnell kommen und dauerhaft bleiben. Ein Hoch auf Gesellschaften, die sich die Freiheit auf ihre Fahnen geschrieben haben.

GLEICHHEIT UNTER UNGLEICHEN

Wie schon in Kapitel 1 ausgeführt sind wir Menschen alle einzigartig und im Genotyp bzw. Phänotyp in der Regel deutlich voneinander verschieden. Viele wollen auch gar nicht so sein wie die anderen, sondern ihre Individualität möglichst klar herausstellen und sich in ihrem Erscheinungsbild und Verhalten erkennbar absetzen von ihren Mitmenschen. Doch andererseits erwarten wir, wenn es um Rechte und Pflichten des Einzelnen geht, eine Gleichbehandlung. Wir wollen zumindest nicht benachteiligt werden, manche haben sogar Probleme mit einer Bevorteilung. Irgendwie ist es ganz tief in uns drin, ein Gefühl für Freiheit, Gleichheit im Sinne einer Gleichbehandlung und der Wunsch nach Gerechtigkeit. Ein Dreiklang unserer Zivilisation. Daher steht auch jegliche Form von Diskriminierung bei dem weitaus größten Teil der Bevölkerung in einem sehr schlechten Lichte. Diskriminierung aufgrund von Alter, Behinderung, Geschlecht, Herkunft, Hautfarbe, Rasse, Religion oder was auch immer ist heute ein Merkmal einer nicht intakten oder auch nicht vollständig demokratischen Gesellschaft. Stark empfundene oder auch tatsächlich vorhandene Ungleichheiten gibt es aber auch immer wieder in Bezug auf die Einkommens- und Vermögensverhältnisse und dem Zugang zu Bildungs- und Gesundheitssystemen, in der Lebenserwartung und der politischen Teilhabe. Dies gilt sowohl für hoch entwickelte Länder als auch für Entwicklungsländer.

Zumindest unter den Menschen, die Ungleichheiten erfahren oder unter ihnen leiden, gibt es ein tief empfundenes Gefühl von Ungerechtigkeit und den starken Wunsch, diese zu beseitigen. Doch selten haben diese Personenkreise eine Lobby oder sind in der Lage, sich entsprechend zu organisieren, um dagegen vorzugehen. Daher bedarf es immer dringender gesetzlicher Normen und Regeln, aber auch Einrichtungen, Verbände, Organisationen und politischer Parteien, die sich für die Interessen der Benachteiligten einsetzen und stark machen. Nur so kann die Schere zwischen arm und reich, zwischen Entrechteten und Ermächtigten, zwischen Menschen mit wenig Lebensoptionen und solchen mit vielen Lebensoptionen wieder zusammengehen. Doch wir wissen alle, auch die Starken organisieren sich, um stark zu bleiben und ihre Positionen zu sichern. Da sie über die notwendigen Ressourcen, das erforderliche Know-how und funktionierende Netzwerke verfügen, schaffen sie es immer wieder erfolgreich und zum Teil sehr subtil, die Bemühungen für die Benachteiligten zu unterminieren. Wollen wir den sozialen Frieden und den Zusammenhalt in Deutschland wahren, sollten wir tunlichst darauf achten, dass die Ungleichheiten abnehmen und ein Maß an Ungleichheit anstreben, das von dem überwiegenden Teil der Bevölkerung auch akzeptiert wird.

VIER GLEICHWERTIGE GERECHTIGKEITSBEGRIFFE

Auch die Frage von Recht und Gerechtigkeit beschäftigt die Menschheit schon solange, wie sie in ihrer zivilisierten Erscheinungsform existiert. Mit den ersten ausgesprochenen Todesstrafen in der Frühzeit der menschlichen Existenz über den Schuldspruch von Pontius Pilatus, der letztlich das Volk entscheiden ließ, Jesus zu kreuzigen, bis hin zu den Thing Stätten der Germanen und unseren heutigen elaborierten und zum Teil überbordenden Rechtssystemen der westlichen Welt.

In allen Fällen ging es den Menschen um Recht und Gerechtigkeit und zwar in all seinen Facetten und bekanntlich nicht immer wahrheitsgetreu und an der moralischen Gerechtigkeit orientiert. Ist der Gerechtigkeit mit immer mehr Gesetzen und Juristen besser gedient? Wohl kaum. Die deutsche Steuergesetzgebung soll die umfänglichste der Welt sein. Empfinden daher die deutschen Steuerzahler mehr Steuergerechtigkeit als Bürger anderer Länder? Das ist mir nicht bekannt.

Die letzte Gerechtigkeit kann und wird es niemals geben, genauso wenig wie die vollkommene Freiheit. Wir leben bekanntlich nicht im Paradies. Bei allen Gesetzen, Gesetzesauslegungen, Gesetzesbeugungen, richtigen und falschen Rechtsprechungen im Sinne einer formal richtigen Rechtsauslegung bleibt festzuhalten: Formelle Gerechtigkeit nach Recht und Gesetz ist eben nicht zwangsläufig moralische Gerechtigkeit nach gesundem Menschenverstand und persönlichem Gerechtigkeitsempfinden. Wird zum Beispiel eine Frist nicht gehalten, kommt es eben nicht zu den zu erwartenden Rechtsfolgen, die moralisch gerecht wären.

Eines steht aber wohl außer Frage: Die Zahl der Juristen in Deutschland, die sich dem Thema Recht und Gerechtigkeit verschrieben haben, ist nicht eben gering. Wir haben ca. 166.000 zugelassene Rechtsanwälte und Rechtsanwältinnen. Hinzu kommen noch Richter und Staatsanwälte und eine nicht kleine Zahl an Juristen in Behörden, Verbänden und privaten Unternehmen, nicht zu vergessen die vielen Staatsbediensteten, wie z.b. Polizisten und Verwaltungsangestellte sowie Politiker, die sich auch alle diesem Thema unmittelbar oder mittelbar widmen. Recht und Gerechtigkeit haben also für uns eine herausragende Bedeutung und das zu Recht.

Die Konzentration auf das Thema Gerechtigkeit führte uns bekanntlich in der modernen Zeit zu einer Gewaltenteilung, die Gesetzgebung, Gesetzesausführung und Gerichtsbarkeit ermöglichen und damit die demokratisch verfassten Gesellschaften legitimieren.

Nun gibt es schier unendlich viele Felder menschlicher Existenz, die man durch Gesetzesnormen regeln könnte und auch regelt. Ich möchte mich aber gerne auf vier Gerechtigkeitsthemen konzentrieren, die für meine Ausführungen aus meiner Sicht von besonderer Bedeutung sind: die Chancengerechtigkeit, die Verteilungsgerechtigkeit, die Leistungsgerechtigkeit und die Generationengerechtigkeit, alle mit gleicher Wertigkeit und ohne Rangfolge. Natürlich hängen alle Gerechtigkeitsbegriffe auch miteinander zusammen und können nur in der Verbindung untereinander verstanden werden. Alle vier Gerechtigkeitsbegriffe zusammen genommen sind für mich ein Ausdruck der sozialen Gerechtigkeit, die das Fundament bildet für ein gedeihliches und friedvolles Zusammenleben der Menschen in einer Gesellschaft.

Chancengerechtigkeit

Chancengerechtigkeit für Mensch und Natur, was bedeutet das? Kein Mensch darf seiner Möglichkeiten, Gelegenheiten und Talente beraubt werden, indem es Eintrittsbarrieren, zu Wissen und Informationen, gesellschaftlicher Teilhabe und Angeboten, zu öffentlichen und privaten Gütern und zu gesellschaftlichen Gruppen gibt. Mit anderen Worten stehen allen Menschen grundsätzlich alle

Lebensoptionen offen, solange sie nicht die Freiheit anderer beeinträchtigen und auf lauterem Wege erworben werden. Demnach hat jeder grundsätzlich die gleiche Chance, reich oder arm, schön oder hässlich, schlau oder dumm zu werden, selbstverständlich auf unterschiedlichen Wegen und mit unterschiedlichen Mühen. Die Politik ist hier gefordert, die Rahmenbedingungen so zu setzen, dass dies selbst bei sehr unterschiedlichen Startbedingungen der Menschen möglich wird.

Die Natur kann nicht sprechen und ihre Bedürfnisse artikulieren. Dafür benötigt sie den Menschen. Chancengerechtigkeit bedeutet für die Natur, eine Chance zu haben bzw. wieder zu bekommen, ihre Biodiversität zu wahren und die Gleichgewichte ihrer Ökosysteme aufrecht zu erhalten, mit dem Ergebnis, dass Luft, Wasser und Nahrung uns Menschen auch in ferner Zukunft in gesunder Form und ausreichendem Maße zur Verfügung stehen.

Leistungsgerechtigkeit

Die westliche Welt, aber auch asiatische Regionen sind durch ausgewiesene Leistungsgesellschaften geprägt. Leistung, was immer das auch genau bedeutet, ist heute gleichzusetzen mit einem goldenen Kalb, um das man tunlichst tanzen muss, um Reichtum, Ehre und Macht zu erlangen. Die entwickelten Gesellschaften proklamieren individuelle Arbeitsleistung und volkswirtschaftliche Wirtschaftsleistung als notwendige Wirkmechanismen, um persönliches und gesellschaftliches Wohlergehen zu erzielen. Etwas provokativ könnte man sagen: Leistungsträger werden verehrt und honoriert, Leistungsschwache an den Pranger gestellt und ignoriert. Der Mensch ist nur was wert, wenn er etwas leistet. Dies ist natürlich nicht vereinbar mit dem christlichen Menschenbild, wie es eingangs im Buch beschrieben ist. Demnach hat jeder Mensch einen unveräußerlichen Wert an sich, ohne Berücksichtigung erbrachter oder nichterbrachter Leistungen.

Meist wird Leistung in einem eher engen Sinne verstanden, als Arbeitsleistung, der eine Entlohnung bzw. Belohnung folgt, die möglichst gerecht sein sollte. Wie man heute von den eher liberalen Kräften der Gesellschaft hört, muss sich Leistung wieder lohnen, dies impliziert, dass sie sich derzeit scheinbar nicht lohnt. Die

Maxime und das Glaubensbekenntnis der Leistungsgesellschaft ist ein ständiges schneller, höher, weiter und je mehr von diesen quantitativen Faktoren durch Arbeitsleistung erreicht wird, umso höher darf bzw. muss auch die Entlohnung ausfallen. Das wird dann gemeinhin als gerecht empfunden.

Was ist nun genau die Leistung und wie kommt es zu ihrer Bewertung und zu ungerecht empfundenen Ausprägungen einer Leistungshonorierung?

Langläufig wird Leistung mit Arbeitsleistung gleichgesetzt und zwar meistens in Form von abhängigen Beschäftigungsverhältnissen und den damit verbundenen Einkommensklassen. Letztlich wird Leistung dadurch messbar und somit vermeintlich vergleichbar gemacht. Diese kann man für einzelne Personen z.B. an einem Notenbild, an einem Bekanntheitsgrad, an einer Führungsspanne, an einer Nachfragehöhe, an gewonnenen Wettbewerben und Turnieren oder auch an dem erzielten Einkommen ableiten. Insbesondere die Höhe des Einkommens suggeriert bereits eine bestimmte Leistung, da Menschen gelernt haben, dass Einkommen und Arbeitsleistung in bestimmter Weise korrelieren. Nichtsdestotrotz wird dieses Verhältnis in manchen Fällen als ungerecht empfunden.

Es besteht wohl ein gesellschaftlicher Konsens, dass es Unterschiede in der Leistungsentlohnung geben darf und muss, die Frage ist nur in welchem Ausmaß. Es besteht wohl auch Konsens darüber, dass Unterschiede einer in die Ausbildungsphase (Schule, Beruf, Studium) eingebrachten Leistung auch zu unterschiedlichen Einstiegsgehältern für die verschiedenen Berufsbilder führen kann und sollte. In der Privatwirtschaft und bei öffentlichen Arbeitgebern gibt es daher auch Tarifgruppen bzw. Tarifklassen, die zwischen Arbeitgeber- und Arbeitnehmerseite über Jahrzehnte ausgehandelt wurden und damit einer gewissen Gerechtigkeit nicht entbehren.

Allerdings ist dieses Einkommen dann auch kein Knappheitsindikator, wie ein Preis, der sich im freien Spiel der Marktkräfte automatisch zwischen Angebot und Nachfrage herausbildet. In einem solchen Fall würde nämlich der Preis für Grundschullehrer kräftig steigen, wenn eine solche Knappheit herrscht wie derzeit. Es würden sich dann mehr Menschen für den Ausbildungsweg zum

Grundschullehrer entscheiden oder andere Lehrer in den Grundschuldienst wechseln, bis die Knappheit beseitigt ist. So zumindest die reine Lehre.

Überall da, wo es keine Tarifbindung zwischen Arbeitgebern und Arbeitnehmern gibt, existiert auch die Gefahr, dass Gehaltsniveaus ins exorbitante steigen, weil es für bestimmte Positionen eine empfundene große Angebotsknappheit gibt und die Nachfrage sehr dringend gedeckt werden muss oder die Nachfrage von sehr vielen Menschen kommt. Ist zum Beispiel ein Unternehmen dringend auf der Suche nach einem neuen Vorstandschef, weil der ehemalige gefeuert wurde, und muss der Kandidat erst von einem Wettbewerber abgeworben werden, kann es schon einmal teuer werden. Dies hat natürlich gar nichts mehr mit der erbrachten Leistung des Managers zu tun, sondern allenfalls mit einer Leistungserwartung aufgrund seiner Vita. Der Preis, der sich für diese Leistungserwartung herausbildet, ist zudem nichts anderes als ein Marktpreis aus dieser speziellen Rekrutierungsmaßnahme, eines anonymen Marktes ohne moralische Dimension und damit auch ohne Anspruch auf Leistungsgerechtigkeit.

Auch ein Manager hat in der Regel eine normale Ausbildung genossen und ist jeden Tag für eine gewisse Stundenanzahl zur Arbeit gegangen. Er unterliegt auch keinen höheren körperlichen und geistigen Belastungen als die meisten Menschen in anderen Berufen. Einzig seine Entscheidungen haben eine höhere Reich- und Tragweite, allerdings meistens ohne eigenes finanzielles Risiko eingehen zu müssen und für Fehlentscheidungen persönlich haftbar zu sein, wie dies bei selbständigen Unternehmern häufig der Fall ist. Also, wenn ein Einkommen für Arbeitsleistung frei verhandelbar ist, kann es bei bestimmten Nachfragesituationen zu Preisen führen, die von Menschen als ungerechtfertigt, unanständig oder unverschämt empfunden werden. Bekannte Beispiele sind dann bei herausragenden Künstlern, Sportlern oder Managern zu finden.

Leistungsgerechtigkeit im Arbeitseinkommen kann es in meinem Verständnis nur geben, wenn es einen breiten gesellschaftlichen Konsens gibt über ein Mindesteinkommen aus Arbeitsleistung, das ein menschenwürdiges Leben mit Chancengerechtigkeit und Teilhabe ermöglicht, aber auch ein Konsens über ein Maximaleinkommen aus abhängiger Beschäftigung. Für Menschen mit höheren Einkommen ist ein weiterer Gehaltszuwachs eher weniger relevant und nur von sehr kurzfristiger motivationaler Bedeutung. Macht es uns wirklich langfristiger glücklich, wenn wir statt 100.000 EUR jetzt 110.000 EUR verdienen? Eher ist es doch so, dass viele, die deutlich weniger verdienen, langfristig unglücklich sind, wenn sie sich aus ihrer Sicht mit ungerechtfertigt hohen Einkommensträgern vergleichen. Lieber viele Menschen langfristig etwas glücklicher machen, als einen Menschen nur kurzfristig. Dies wird weder Initiative noch Engagement von Menschen, die oft als Leistungsträger bezeichnet werden, einbremsen, denn Gott sei Dank ist nicht das monetäre Einkommen der einzige Antrieb des Menschen, sonst gäbe es nämlich keinen einzigen Menschen im Ehrenamt, anstatt heute in Deutschland rund 15.000.000 und damit mehr als jeder sechste Deutsche.

Ein Maximaleinkommen könnte sich am 5 – 7-fachen des Minimaleinkommens orientieren. Ein gutes Beispiel hierfür ist der baskische Mondragon Konzern, der als weltgrößte Industriegenossenschaft 12 Mrd. EUR Jahresumsatz erzielt und weltweit mehr als 80.000 Menschen beschäftigt. Hier dürfen die Chefgehälter das Fünffache der normalen Löhne nicht übersteigen, während anderswo schon einmal der Faktor 300 angesetzt wird. Die katholische Soziallehre hat hier ihre Spuren hinterlassen. Ein Maximaleinkommen trägt genauso zu sozialem Frieden, Vertrauen in Arbeitsleistung und Staat, als auch zu einer höher empfundenen Leistungsgerechtigkeit bei, wie ein Mindesteinkommen. Gerade die Ausreißer nach oben und unten sind dabei immer die wesentlichen Auslöser dieser Empfindungen von Leistungsungerechtigkeit.

Wir haben bisher auch noch nicht gefragt, um welche konkrete Leistung es geht, die hier honoriert wird. Handelt es sich vielleicht um Blindleistung, Falschleistung oder gar Leistungsverweigerung. Erbringe ich eine Leistung in einem Feld, das dem Menschen und der Natur wirklich nützt, oder trage ich mit meiner Leistung eher zum Schaden von Natur und Mensch bei, indem ich beispielsweise Wegwerfartikel oder unnützes Zeug produziere, Verschwendung von Ressourcen betreibe, die Gesundheit gefährde oder Natur vernichte? Der Mafia Boss hat in der Regel vergleichbare Tätigkeiten wie ein Unternehmenslenker und benötigt dazu ähnliche Qualifikationen und Kompetenzen. Meistens erzielt er gar ein höheres Einkommen als der Unternehmenslenker für seine Arbeitsleistung, aber dennoch sind, wie wir alle wissen, die Arbeitsleistungen nicht wirklich vergleichbar.

Bei dem Thema Leistungsgerechtigkeit lohnt auch ein kurzer Blick auf das leistungslose Einkommen. Dies gibt es in Form von Grundsicherung bzw. Sozialleistungen des Staates, aber auch in Form von Erbvermögen, Spekulationsgewinnen, Einkünften aus Kapital und Unternehmensbeteiligungen oder Einkünften aus Miete und Verpachtung. In diesem Zusammenhang geht es jedoch eher um das Thema Verteilungsgerechtigkeit.

Der größte Reichtum in Deutschland und der Welt wird jedoch durch Selbständigkeit, Unternehmertum und geerbtes Vermögen erzielt. Eigenkapital, Fremdkapital und Menschen, die für den Unternehmer tätig werden, machen letztlich erst den Reichtum möglich. Man könnte auch sagen: Wirklich reich kann man mit abhängiger Erwerbsarbeit nicht werden, es sei denn, man verfügt, wie oben beschrieben, über herausragende Fähigkeiten, die von einer Vielzahl von Menschen über eine gewisse Zeit nachgefragt werden.

Es ist ein Fakt, die Schere zwischen Reich und Arm geht weltweit und in Deutschland immer weiter auseinander und damit auch die empfundene Leistungsungerechtigkeit. Wieviel darf ein Unternehmer überhaupt maximal verdienen oder sollten die Grenzen offenbleiben? Was ist die vernünftige Risikoprämie für sein eingesetztes Eigenkapital? Sollte er bei wirtschaftlichem Erfolg den Mitarbeitern, Lieferanten, Kunden und dem Staat nicht mehr zurückgeben von dem, was er privat als Gewinn entnimmt? Ziel sollte es schon sein, den Reichtum in irgendeiner Form zu begrenzen, ohne freilich den Fortbestand des Unternehmens dadurch zu gefährden.

Wir müssen uns letztlich auch vor Augen führen: Oligarchen, Monopole, Global Player, systemrelevante Banken und Schlüsselindustrien bestimmen durch ihre Manager, Eigentümer und Lobbyvertreter in ganz erheblichem Maße die politischen Entscheidungsprozesse mit und formulieren teilweise sogar Gesetzesvorlagen und Gesetzestexte. Daher heißt es eben auch Geld regiert die Welt. Wollen wir in einer solchen Welt leben, oder wollen wir lieber in einer Welt leben, in der gewählte Volksvertreter die Interessen möglichst aller Menschen vertreten, insbesondere auch der Schwachen und Entrechteten und derjenigen, die den massiven Mitteleinsatz für Lobbyarbeit nicht aufbringen können?

Natürlich erbringen wir auch Leistungen ohne Erwartung auf eine monetäre Gegenleistung. So zum Beispiel bei der Kindererziehung und häuslichen Arbeit, bei der häuslichen Pflege von kranken und pflegebedürftigen Menschen, in allen denkbaren Einsatzfeldern des Ehrenamtes oder als Nachbarschaftshilfe und Hilfe für Freunde, Bekannte und Verwandte. Diese Leistungen fallen meistens nicht unter den Begriff der Leistungsgerechtigkeit, weil eben gerade nicht die Frage einer Entlohnung gestellt wird, sondern eine Sinnerfüllung in Verbindung mit Anerkennung und Dankbarkeit die monetäre Gegenleistung ersetzt.

Welche Leistungen und entgeltlichen Arbeitsleistungen sollte man besonders wertschätzen und honorieren, vielleicht sogar staatlich und zeitlich begrenzt fördern? Die Antwort ist recht einfach. Alle diejenigen, die den Menschen direkt zu Teil werden und der Umwelt nicht schaden, beziehungsweise sogar die Umweltbedingungen verbessern. Dazu gehören z.B. wirksame Arbeitsleistungen des Bildungssystems, des Gesundheits- und Pflegesystems, der gesunden Lebensmittelerzeugung, Arbeitsleistungen zur Erzeugung nachhaltiger Produkte, zur Schonung von Ressourcen bzw. zur Ermöglichung ihrer Wiederverwertung, zur Energieeinsparung, zur Vermeidung von Müll und Wegwerfprodukten, Arbeitsleistungen zur Renaturierung, zur Sicherung des Weltfriedens usw.

In diesem Sinne könnte man von einer Art qualitativen Leistungsgerechtigkeit sprechen, deren Bewertungsmaßstab nicht die quantitativen Größen eines mehr oder weniger freien Marktes sind, sondern eher die existenziellen Notwendigkeiten unserer Menschheit und unserer Umwelt. In dieser Form der Betrachtung müsste man den Begriff Leistung quasi neu definieren und Investmentbanker, einige Firmenlenker, Wirtschaftsanwälte und Betreiber von Fastfoodketten müssten sich fragen lassen, was sie zu einem so verstandenen neuen Leistungsbegriff eigentlich beitragen, und ob sie damit dann noch gerecht entlohnt sind.

Verteilungsgerechtigkeit

Gerade Leistungsträger oder Menschen, die sich dafürhalten, haben häufig so ihre Probleme mit dem Begriff Verteilungsgerechtigkeit. Das kann man auch gut nachvollziehen. Leistungsträger benötigen keine Verteilungsgerechtigkeit, da sie in vielen Bereichen tatsächlich für sich selbst sorgen können oder es in einer oberflächlichen Betrachtungsweise zumindest meinen zu können. Für Verfechter der Leistungsgerechtigkeit sind Steuern zwar irgendwie nötig, aber meistens zu hoch. Zudem könne man nur das verteilen, was die Leistungsträger erarbeitet haben. Was Verteilungsempfänger erhalten, ist in diesem Sinne nicht verdient, vielmehr ein Geschenk von freigiebigen Leistungsträgern. Dieses Denkmodell liegt vielen Diskussionsrunden und politischen Aussagen entweder implizit oder auch explizit zu Grunde. Wie die echten oder vermeintlichen Leistungsträger zu ihrem Einkommen oder Vermögen gelangten, bleibt bei diesen Gedankengängen meistens vollständig unerwähnt.

Die Verteilungsgerechtigkeit fragt nicht nach verdient oder unverdient. Es geht eben nicht um das Thema Leistungsgerechtigkeit, sondern um das christliche Menschenbild. An der Kaffeetafel von Tante Trude bekommt jeder zunächst ein möglichst gleich großes Tortenstück, es sei denn, der Gast der Kaffeetafel möchte etwas abnehmen und bittet daher nur um ein halbes Stück. Ganz ohne Begründung kommt es dann automatisch zu einer Verteilung gleich großer Kuchenstücke und keiner fragt, ob man heute schon fleißig war und sich das Stück eigentlich verdient hat. Und überhaupt, wer legt eigentlich das Maß an bei verdient oder nicht verdient.

Es geht bei der Verteilungsgerechtigkeit also meistens schlichtweg immer um das Thema Kuchenstücke und zwar aus monetärer Sicht. Da die Geldmenge auf der Welt und in Europa ständig wächst, wird der Kuchen zwar immer größer, aber die Unterschiede zwischen den Stücken auch. Will man die Schere zwischen Arm und Reich etwas schließen, kommt man um eine monetäre Umverteilung nicht herum. Die einen müssen mehr erhalten, andere mehr abgeben, so einfach ist das nun mal. Dies kann man in einem marktwirtschaftlichen und demokratischen System machen, indem man Mindesteinkommen erhöht und/oder Maximaleinkommen senkt und leistungslose Einkunftsarten wie Kapitaleinkünfte und Miet- und Pachterträge, sowie Erbvermögen, die nicht in Unternehmen gebunden sind, Luxusgüter, Flächenverbräuche durch Immobilien usw. mit höheren Steuern, Abgaben und Gebühren belastet als bisher. Bei all diesen Überlegungen geht es natürlich immer um Grenzziehungen, sprich um Schonvermögen und Einkommenshöhen, die von dieser Umverteilung unberührt bleiben sollten. Eines muss allerdings erreicht werden: Die Spitzen unten wie oben müssten in erkennbarem Maße geglättet werden. Zudem sollten Steuersparmodelle und Gesetzeslücken geschlossen werden, die zur Steuerhinterziehung und Steuerverkürzung animieren und insbesondere großen Unternehmen in Deutschland ermöglichen, Ertragssteuern quasi in unserem Land gar nicht mehr zu zahlen. Dies geht natürlich nur mit einer drastischen und radikalen Vereinfachung der Steuergesetzgebung, die jederzeit umgesetzt werden könnte. Konzepte gibt es bereits genug, allein der Wille hierfür scheint bei den politischen Parteien in Deutschland zu fehlen.

Generationengerechtigkeit

Wenn wir an unsere Zukunft denken, kommen wir um die genauere Betrachtung des Begriffes Generationengerechtigkeit nicht herum. Jeder Mensch, der Kinder hat, möchte gerne, dass es diesen einmal besser geht oder zumindest nicht schlechter. So legt man sich ins Zeug, um den Kindern vieles zu ermöglichen, zumindest gute Bildung und im besten Falle auch Optionen, die sie fördern und fordern. Unsere Kinder sind uns unendlich wichtig und wertvoll, wenn man das Familienleben in Deutschland näher betrachtet.

Doch welche Lobby haben Kinder in den Medien und der Politik wirklich? Was tuen der Staat und die Gesellschaft für ihre Betreuung, Gesunderhaltung, Bildung und Ausbildung und tuen sie genug? Was passiert, um die Lebensgrundlagen unserer nachfolgenden Generationen zu erhalten. Die Initiative Fridays for Future sagt dazu: Viel zu wenig und sie hat natürlich vollkommen recht damit. Viele Menschen denken ungerne an die Zukunft, und wenn doch, dann lieber in rosigen Farben. Ein Schnitzel heute frisch auf den Tisch ist uns allemal lieber, als Kaviar in ferner Zukunft, von dem wir noch nicht einmal wissen, ob er uns schmecken wird. Es liegt in der Natur des Menschen, im Hier und Jetzt zu leben und die Zukunft Zukunft sein zu lassen, denn wir haben ja noch so viel davon. Bei unseren akuten Tagesproblemen können wir globale Probleme mit Langfristwirkungen so gar nicht gebrauchen und erst recht dann nicht, wenn wir Lösungen nur mit großer Mühe finden und die Konsequenzen dieser Lösungen den Menschen vermeintlich nur schwer vermittelbar erscheinen. Denken wir in diesem Zusammenhang z.b. an das Tabuwort Verzicht.

Eine echte Lobby für die Zukunft gibt es scheinbar nicht, zumal Politiker gerne von Legislaturperiode zu Legislaturperiode denken und dabei auch ihrer Wiederwahl zu häufig Vorrang einräumen vor der Lösung drängender Menschheitsfragen. Was es braucht, ist ein breiter gesellschaftlicher Konsens, der die Frage der langfristigen Zukunftssicherung unserer Menschheit und unseres Planeten als übergeordnetes Primärziel definiert und unter das sich alle anderen gesellschaftlichen und politischen Zielsetzungen unterordnen bzw. einordnen müssen. Diese Conditio sine qua non muss demnach handlungsleitend sein für alle Menschen und politischen Instanzen und zwar zeitlich unbegrenzt. Diese bilden die Rahmenbedingung der menschlichen Existenz über Generationen hinweg bis auch noch über das Jahr 3000 hinaus. In diesem Sinne ist Generationengerechtigkeit nicht ausreichend darin beschrieben, dass es zu einem Ausgleich zwischen der jungen und der alten Generation in unserer jetzigen Zeit kommen sollte. Vielmehr sorgt Generationengerechtigkeit dafür, allen nachfolgenden Generationen noch eine lebens- und liebenswerte Welt zu hinterlassen. Generationengerechtigkeit in diesem Sinne verstanden ist ohne die Idee der Nachhaltigkeit auf einem begrenzten Planeten nicht vorstellbar. Können wir das schaffen, wollen wir das schaffen? Wir müssen es schaffen und zwar um den Preis von Veränderung, Veränderung unseres eigenen Verhaltens und des Verhaltens der von uns Menschen gestalteten Systeme. Wie das aussehen kann, möchte ich gerne im 3. Kapitel dieses Buches beschreiben.

GEMEINSAME VISION – WORUM ES WIRKLICH GEHT

Die Weltgemeinschaft, Staatengemeinschaften, Nationalstaaten, wie auch einzelne Menschen benötigen eine Vision, die nicht nur die nahe Zukunft der nächsten oder übernächsten Generation beschreibt, sondern einen Planeten, der auch auf lange Sicht noch lebens- und liebenswert ist. Nun spricht es leider nicht für die Natur des Menschen, für seine Zukunft immer ausreichend vorzusorgen, vielleicht dann noch weniger, wenn sie keine Nachkommen haben. Der kurzfristige Lustgewinn ist nun einmal wesentlich attraktiver, als ein in ferner Zukunft liegender Glücksmoment. Dennoch zeigt z.b. die ökologische Landwirtschaft oder die verantwortlich betriebene Forstwirtschaft, dass man auch gut leben kann, wenn man nachhaltig wirtschaftet und der Natur ausreichend Zeit und Raum gibt, das ökologische Gleichgewicht zu wahren und sich zu regenerieren.

Auch sind unsere politischen Systeme nur auf eine Legislaturperiode ausgerichtet und bestimmte nicht demokratisch legitimierte Machthaber setzen in der Regel auch auf kurzfristige Ziele, um ihren Machterhalt zu sichern. Das ist quasi ein Fehler im System, der nur durch eine Bewusstseinsänderung bei den Bürgerinnen und Bürgern beseitigt werden kann. Man kann nämlich auch kurzfristige Ziele in Angriff nehmen, ohne die langfristigen Ziele aus dem Blick zu verlieren. Wenn wir uns dadurch auch notwendiger Weise um Konsummöglichkeiten berauben, wenn wir nicht mehr unkritisch der permanenten Wachstumsdoktrin folgen, so bekommen wir doch auch vieles neu geschenkt, was uns bis dato fehlte. Dies stelle ich im Kapitel „ein alternatives Wirtschaftssystem ist möglich", ausführlicher dar.

Die langfristige Existenzsicherung der Menschheit hängt unzweifelhaft von bestimmten Faktoren ab, die unersetzbar sind oder aber endlich und begrenzt. Dazu gehören neben intakten Ökosystemen, die Vielfalt der Ökosysteme, die Vielfalt der Arten sowie die genetische Vielfalt aller Lebewesen. Unmittelbar verknüpft hiermit ist ein verträgliches Klima, sauberes Wasser, saubere Luft, ausreichend gesunde Nahrung und fruchtbare Flächen zu ihrer Erzeugung, die Verfügbarkeit wichtiger Rohstoffe wie Sand, Öl oder seltene Erden, als auch Energieträger möglichst aus regenerativen Quellen. Aber auch die Vermeidung von Krieg, Terror, menschengemachten Katastrophen, die Auslöschung hoch ansteckender und gefährlicher Krankheiten sowie der Erhalt einer fairen Arbeitsteilung, national wie international und eines funktionierenden Finanzsystems gehören dazu. All diese überlebensnotwendigen Zielsetzungen auch in ferner Zukunft noch zu erreichen bzw. sicherzustellen beschreibt unsere Vision. Diese Vision darf nicht eine Utopie von wenigen Gutmenschen oder Weltverbesserern sein und bleiben, sondern müsste das Denken und Handeln möglichst aller Menschen in allen Teilen der Welt gleichermaßen bestimmen. Ohne eine geteilte gemeinsame Vision bleibt vieles nur Stückwerk und das Denken und Handeln wäre in zu engen gedanklichen und regionalen Grenzen verhaftet.

So hat auch die UN 2015 Ziele für eine nachhaltige Entwicklung unserer Welt formuliert, die unter der Bezeichnung Sustainable Development Goals (SDG) international bekannt sind. Doch welche Bedeutung diese in den beteiligten 193 Staaten wirklich erlangen ist sehr fraglich. Die 17 benannten Ziele beinhalten ökonomische, ökologische und soziale Aspekte und wurden mit Blick auf das Jahr 2030 formuliert. Immer wieder taucht der Begriff Nachhaltigkeit auf, der aber nicht wirklich spezifiziert und operationalisiert wird. Zudem lassen sich die oben genannten 17 Ziele zum Teil nicht alle gemeinsam erreichen, da sie sich schon logisch widersprechen. Es handelt sich vielleicht um gute Absichten, bisher jedoch ohne ausreichende Wirksamkeit, quasi eine Beruhigungspille für die Weltbevölkerung, verabreicht von den Regierenden und Staatenlenkern.

Insbesondere die entwickelten Länder hängen ihren Zielen hinterher, auch wenn sie ihrer Erfüllung noch am nächsten kommen. Die Bertelsmann Stiftung betont in ihrem Sustainable Development Report 2019, dass Industrieländer durch ihre Konsumvorlieben und Lebensstandards hohe ökologische und wirtschaftliche Kosten für Drittländer verursachen. Im Zwischenergebnis seien leider zu viele Worte und zu wenige Taten festzustellen. Gerade im Bereich Klimaschutz und nachhaltiger Konsum sind die OECD Länder weit entfernt von den Zusagen ihrer Regierungschefs. Was genau unter nachhaltigem Konsum zu verstehen ist, bleibt weitestgehend offen. Es ist mir bis dato auch nicht bekannt, wie nachhaltiger Konsum überhaupt genau vonstattengehen kann bzw. operationalisierbar wird. Es ist in jedem Falle ein sehr komplexes Konzept, wenn man es ernst meint, denn der Mensch hinterlässt bei seiner Produktion und seinem Konsum von Produkten und Dienstleistungen unendlich viele Spuren in der Umwelt und eben nicht nur CO_2- oder Wasser-Fußspuren.

Es ist leider nicht so einfach, dieses Konzept der Nachhaltigkeit, das bekanntlich aus der Forstwirtschaft stammt, auf Prozesse unseres Wirtschafts- und Alltagslebens zu übertragen. Nachhaltigkeit beschreibt dabei ein Konzept, bei dem nur so viele Bäume in einem Zeitraum gefällt werden dürfen, wie im selben Zeitraum wieder nachwachsen können. Dabei soll die Biodiversität möglichst gewahrt bleiben, dass bedeutet, auch die Anzahl und Vielzahl der Bäume soll dabei erhalten bleiben. Das gleiche Prinzip findet man bei den Fangquoten in der Fischerei und den Schonzeiten bei der Jagd.

Dort, wo der Mensch in Ökosysteme eingreift, muss das System in der Lage sein, seine Funktionsfähigkeit, seine Kreisläufe und Biodiversität zu erhalten, in anderen Worten seine Überlebensfähigkeit zu wahren, was nicht bedeutet, dass es nicht auch zu Veränderungen in Populationen von Tieren und Pflanzen über längere Zeiträume kommen kann. Typische Merkmale von Ökosystemen sind biologische Kreisläufe von Nahrungsketten, die über Produzenten, Konsumenten und Destruenten laufen und Kreisläufe von Leben und Sterben beschreiben.

Die mit dem Nachhaltigkeitskonzept eng in Verbindung stehenden Begriffe der Effizienz, Konsistenz und Suffizienz ernst zu nehmen und mit konkretem Leben zu erfüllen, bedeutet für das Individuum, die Unternehmen und den Staat eine Herkulesaufgabe mit immensem Veränderungsbedarf. Effizienz richtet sich auf eine ergiebigere Nutzung von Energie und Materie also auf die Produktivität von Ressourcen und ist bereits geübte Praxis in der Wirtschaft und den Privathaushalten. Suffizienz dagegen ist nicht ganz so beliebt und nachgefragt, denn sie bedeutet Verzicht, Konsumverzicht, Verzicht auf Verschwendung und Verschmutzung, kurz gesagt weniger von allem. Die Königsdisziplin der Nachhaltigkeit ist die Konsistenz oder auch Ökoeffektivität, die einen Wirtschaftskreislauf, einen technischen Kreislauf oder biologischen Kreislauf beschreibt. Abfälle sind keine Reststoffe mehr, die als Müll in der Umwelt verbleiben, sondern Rohstoffe und Nährstoffe, die den Kreislauf von Produzenten, Nutzern (Verbrauchern) und Aufbereitung (Verrottung) in Gang halten. Im Kapitel „Soziale Systeme" gehe ich auf dieses Konzept und seine Implikationen für eine nachhaltige Postwachstumsgesellschaft noch näher ein.

Mit Blick auf die derzeitige Verfasstheit unseres Planeten sagen die Pessimisten: „Schlimmer kann es nicht mehr werden", Optimisten hingegen sagen: „Doch!". Andererseits zeigt Martin Schröder in seinem Buch „Warum es uns noch nie so gut ging" sehr anschaulich und vor allen Dingen empirisch fundiert, dass wir in der Tat, wenn wir Vergleiche mit unseren vergangenen Zeiten anstellen, eigentlich keinen Grund haben, besonders in Sorge zu sein oder zu klagen. Viele für den Menschen wichtige Faktoren, wie z.B. die Lebenserwartung, Gesundheit, Sicherheit, Wohlstand und Zufriedenheit sind nach objektiven Fakten und repräsentativen Umfragen beurteilt besser geworden, wenngleich es unendlich viele Themenfelder gibt, deren Probleme uns zurecht beschäftigen und nicht ruhen lassen. Es sind immer wieder die typischen Wahrnehmungsfehler der Menschen, die diese Fakten in ihren Köpfen anders erscheinen lassen, in Deutschland aber auch weltweit. Hier spricht man vom rosa Blick in die Vergangenheit, dem Negativitätsbias und dem Verfügbarkeitsbias.

Und eines ist auch klar: Wenn wir Trends, die exponentiell verlaufen, ungebremst in die Zukunft fortschreiben, wird jedes System kollabieren. Doch die Vergangenheit zeigt auch, dass dieses nur sehr selten passiert, da menschliche Intelligenz und technologische Entwicklungen exponentielle Verläufe durchaus bremsen oder in lineare Verläufe transformieren können. Das Waldsterben, das Ozonloch, die weltweite Kindersterblichkeit, die weltweite Armut und der weltweite Hunger haben allesamt abgenommen, entgegen anderslautender Prognosen vieler Experten. Gerade einige exponierte Vertreter dieser Experten, nämlich Nobelpreisträger, zeichneten dabei nicht selten die dunkelsten Szenarien unserer Zukunft. Mit diesen Entwicklungen dürfen wir uns allerdings noch lange nicht zufriedengeben, denn es besteht weiterhin noch sehr viel Ungerechtigkeit und großer Verbesserungsbedarf für diese äußerst wichtigen Themen.

Ich bin mir dennoch sicher, wir haben noch Möglichkeiten umzusteuern, der Point of no Return ist noch nicht erreicht. Wir können den Weltuntergang noch absagen. Andererseits haben wir noch nie in so einer tollen Welt gelebt, mit so viel Freiheit, Wissen, Lebenserwartung, mit so vielen medizinischen Möglichkeiten sowie Lebens- und Konsumoptionen, zumindest wenn wir die entwickelten Länder betrachten. Natürlich haben wir auch und vor allen Dingen auf Kosten unserer Natur und unserer Zukunft gelebt, auch das steht außer Frage. Es gilt daher nun dringend einige Weichen neu zu stellen, die richtigen Dinge zu tun und die Dinge richtig zu tun, um unsere Vision nicht als Utopie erscheinen zu lassen, sondern in absehbarer Zeit zu erreichen und dauerhaft zu bewahren. Vor allen Dingen der menschengemachte Klimawandel brennt uns dabei sehr dringend unter den Nägeln.

Die Systemtheorie zeigt uns, wenn wir alle dafür kleine Beiträge leisten und die Politik, die Wirtschaft und die Forschung an den richtigen Stellschrauben drehen, können wir negative Trends stoppen und sogar umkehren, Systeme, die aus dem Gleichgewicht geraten sind, wieder in Balance bringen und ungeahnte Wirkungen erzielen, die vorher keiner für möglich gehalten hat. Ich möchte gerne im Hauptteil meines Buches auf wichtige Systeme eingehen und dabei bestimmte Aspekte beleuchten, die eine große Hebelwirkung entfalten können im Hinblick auf die Erreichung der beschriebenen Vision. Ich gehe davon aus, dass wir in den von uns Menschen geschaffenen Systemen noch gestaltend eingreifen können, auch wenn uns Einzelne und wichtige Entscheidungsträger die Komplexität und Dynamik dieser Systeme immer häufiger zu überfordern scheinen.

Natürlich sollte man andererseits auch keinem Machbarkeitswahn unterliegen und glauben, das Endergebnis aller Handlungen und Entscheidungen klar prognostizieren zu können. Worum es geht ist vielmehr, Schritte in die richtige Richtung zu unternehmen und dabei einen selbstverstärkenden Prozess in Gang zu setzen, der das jeweils betroffene System neu ausrichtet oder balanciert. Inwieweit auch das Ökosystem davon profitiert, indem es sich regenerieren oder als resilient erweisen kann, spielt dabei natürlich die entscheidende Rolle.

Dass die Menschheit dabei auf ihrer Wegstrecke auch in bestimmten Bereichen immer wieder einmal scheitern wird, liegt in der Natur von dynamischen und komplexen Systemen, die wir geschaffen haben. Doch Scheitern ist eben unerlässlich, um weiter voranzugehen in einem permanenten Prozess von Versuch und Irrtum, von Lernen und Verlernen. Was wir allerdings mit Sicherheit benötigen ist ein Paradigmenwechsel vom Besitzen zum Nutzen, weniger Geld für Konsum, mehr Zeit für Sozialität, in Summe deutlich weniger von allem Materiellen, deutlich mehr von allem Immateriellen. Ist das der richtige Weg? Ja, er ist es und er ist durchaus attraktiv.

Möchte ich diese gemeinsame Vision jedem Menschen vorschreiben? Mitnichten. Menschen wie du und ich lassen sich nicht gerne in ein Korsett von Vorschriften, Geboten und Verboten schnüren. Wir Menschen benötigen Luft zum Atmen und lieben unsere Entscheidungs- und Handlungsfreiheit, auch wenn sie uns unweigerlich ins Verderben führt.

Es bleibt im Falle einer demokratisch verfassten Gesellschaftsform nur der Weg über die Einsicht eines jeden Einzelnen. Die Einsicht, dass ich meine Denk- und Handlungsweisen ändern muss, um auf dieser Welt etwas zu verändern. Wenn ich dann durch mein positives Beispiel andere anstecke, gleichfalls neue Wege zu gehen, ist schon viel erreicht. Wenn Meinungsführer, Idole, Influencer und letztlich auch politische und wirtschaftliche Entscheidungsträger diese Auffassungen dann auch teilen und verbreiten, ist ein gesellschaftlicher Bewusstseinswandel und ein gesellschaftlicher Verhaltenswechsel ganz nah. Selbstverständlich droht immer wieder der Rückfall in schon überwunden geglaubte Denk- und Verhaltensmuster. Intoleranz, Rassismus, totalitäre Regime, rechte und linke Extrempositionen, Gewalt und Kriege, Unterdrückung und Umweltzerstörung, Ausbeutung, sind nur einige Begriffe selbstzerstörerischer Tendenzen, die auf unserem Planeten immer wieder aufkeimen und aufflackern werden, auch wenn wir in Europa Gott sei Dank von vielen der schlimmsten Formen menschlicher Selbstzerstörung in den letzten 75 Jahren größtenteils verschont blieben. Die Weltgemeinschaft muss sich so organisieren, dass die Feuerwehr, als Macht des Guten, diese Brandherde immer wieder zu löschen vermag, bevor sie zu einem Flächenbrand werden. Andererseits darf sich die Feuerwehr nicht instrumentalisieren lassen zu einer Macht des Bösen, die Brände weiter entfacht, weil ja nur Feuer auch Feuer löschen kann. Es gibt keinen gerechten Krieg, genauso kann Ungerechtigkeit niemals Ungerechtigkeit beseitigen.

KEINE ZUKUNFT OHNE LERNEN UND VERLERNEN

Politiker reagieren, ähnlich wie viele Wirtschaftsführer, geradezu allergisch oder gar hysterisch, wenn man das Wort Verzicht in den Mund nimmt. Das Gesetz zur Förderung der Stabilität und des

Wachstums vom 8. Juni 1967 schreibt unseren Volksvertretern Wachstum geradezu ins Brevier. Kein Wachstum, wie es auch gerne heißt, Nullwachstum oder Negativwachstum sind Begriffe, die man nicht gerne ausspricht und durch die Art der Formulierung lieber schönfärbt. Nur noch einmal zur Verdeutlichung: Wachstum ist ein Begriff, der aus Flora und Fauna stammt und damit natürliche Prozesse beschreibt, die selbstverständlich gerne auch auf die Wirtschaft übertragen werden. Wirtschaftliches Wachstum ist damit ein natürlicher Prozess, den es nicht in Frage zu stellen gilt. Kein Wachstum wird mit Verzicht assoziiert und das ist in der menschlichen Vorstellungswelt scheinbar nicht nur ein Unwort, sondern fast schon ein Tabuwort. Wer verzichtet schon gerne? Doch genauer betrachtet gibt es Menschen, die das tun. Manche verzichten auf Fernreisen, manche auf das Auto, auf Fleischessen, auf Einkommen, auf Arbeitszeit, auf Plastiktüten, auf Fernsehen, auf materiellen Wohlstand und meines Wissens überleben alle ihren Verzicht. Es soll sogar manche Minimalisten geben, die fühlen sich glücklicher und gesünder dabei. Diese Menschen haben althergebrachte Denkmuster aufgebrochen und neue Verhaltensmuster gelernt, meistens aufgrund von Einsichten oder auch schmerzlichen Erfahrungen in ihrem Leben. Manche haben aber auch nur Vorbilder gefunden und sich daran orientiert. Der Verzicht ist eben oft auch mit einem Gewinn verbunden und dieser kann bei vielen Menschen den Verzicht deutlich überwiegen.

Komplexe und dynamische Probleme können wir heute oftmals nur noch durch systemische und ganzheitliche Herangehensweisen sowie durch kollektive Lernprozesse lösen. Einzelne Menschen sind nur noch äußerst selten in der Lage, unsere komplexen und dynamischen menschengemachten Systeme zu verstehen oder gar zu steuern. Da bedarf es mehr, nämlich einer konzertierten Aktion von lernwilligen und lernfähigen Menschen, die auch immer wieder bereit sind, eingefahrene Denkmodelle zu hinterfragen und vorurteilsfrei neue Lösungsansätze zu diskutieren bzw. zu probieren und dabei zugleich die gemeinsame Vision als Orientierungslinie und tiefe Überzeugung im Blick zu behalten.

Hierfür müssen wir Foren schaffen, die es ermöglichen, den größten Lernerfolg des Einzelnen durch die kollektiven Lernprozesse noch zu übertreffen. Durch einen gegenseitigen, offenen Prozess des Plädierens und Erkundens in einem ganzheitlichen Ansatz kann dies möglich werden, wie Studien zum kollektiven oder organisationalen Lernen belegen. Die Gruppe muss dabei in jeder Hinsicht an einem Strang ziehen und zwar in dieselbe Richtung. Ich erinnere hierzu an das Beispiel der Wildgänse. Durch Versuch und Irrtum und durch positive Beispiele aus anderen Bereichen gelangt die Gruppe dann zu gemeinsamen Einsichten und Lösungen, indem immer wieder Rückkopplungsprozesse durchlaufen werden. So entstehen Innovationen bei Produkten und Anlagen, aber auch innerhalb der weiter unten beschriebenen Systeme. Durch die kreative Kombination von Bekanntem entwickelt sich so etwas Neues und der Lernerfolg besteht darin, eine Maßnahme oder Veränderung zu initiieren, die eine große Hebelwirkung für das gesamte System entfaltet, sich in die gewollte und richtige Richtung zu bewegen.

RICHTIG HANDELN

DAS ERNÄHRUNGSSYSTEM – NÄHRE DICH REDLICH

An dieser Stelle möchte ich das Thema gerne eingrenzen auf die Ernährung der Menschen in Deutschland. Zweifelsohne ist die problematische Ernährungssituation der gesamten Weltbevölkerung eine immense Herausforderung und von existenzieller Bedeutung für ganze Länder und Völker, aber die Behandlung dieser Fragestellung würde für das Thema dieses Buches den Rahmen sprengen.

Wohl in kaum einem entwickelten Land dieser Welt sind Essen und Getränke in Relation zum verfügbaren Haushaltseinkommen so günstig zu haben, wie in Deutschland. Laut einer Untersuchung des Finanzportals Vexcash geben wir Deutsche nur rund 10 % unseres Einkommens für Lebensmittel aus und liegen dabei an neuntletzter Stelle der 90 betrachteten Länder. Die Orientierung auf Masse und Preis, die Veränderung und Konzentration der Handelsstrukturen hin zu Discountern und großen Supermarktketten, die Massentierhaltung nach dem Vorbild einer tayloristischen Steuerung von industriellen Arbeitsabläufen, die konventionelle Landwirtschaft mit Kunstdünger, Pflanzenschutz und bis ins Detail ausgeklügelten Mechanisierungslösungen und nicht zuletzt die Erzeugung verarbeiteter industrieller Lebensmittel im großen Stil machen dies möglich. Niedrige Preise für Logistikleistungen, die in keiner Weise dem realen Umweltverbrauch Rechnung tragen und wie im Falle von Kerosin nicht einmal besteuert werden, verstärken diese Tendenz noch. Heute stehen uns frische, tiefgekühlte und verarbeitete Produkte aus allen Teilen der Welt zur Verfügung, die bestens und kundenorientiert verpackt, zu jeder Zeit und an jedem Ort preisgünstig oder auch nur vermeintlich preisgünstig zu haben sind.

Die Konsumenten und Verbraucher danken es und kaufen was das Zeug hält, zunehmend Nahrungsmittel, die bereits verarbeitet und nur noch aufzuwärmen sind oder gar nach Hause geliefert werden. Der Begriff Convenience Food ist in aller Munde und Essen bzw. Getränke to go oder der Drive-in wurden dankbar als neue

Vertriebswege von unserem großen Vorbild Amerika importiert. Wir essen immer und überall, im Gehen, im Stehen, beiläufig bei anderen Tätigkeiten und nur noch selten mit anderen zusammen. Fast-Food-Ketten, Tankstellen und Street Food Stände sind die neuen Quellen unserer Nahrung. Auch wenn wir in ein Lokal, eine Gaststätte oder gar ein Restaurant gehen, können wir nicht immer erwarten, selbstgemachte Speisen zu bekommen, die gesund sind und noch nach etwas schmecken. Auch hier haben Convenience Food, Fritteuse, Mikrowelle und Geschmacksverstärker Einzug gehalten und einen gelernten Koch wollen weder der Gast noch der Gastronom bezahlen. Da muss man wohl schon ein Sternerestaurant aufsuchen, um eine schmackhafte Roulade mit selbstgemachter Soße genießen zu können.

Unsere Geschmackssinne sind heute durch Überwürzung, Geschmacksverstärker, zu viel Salz und Zucker und allerlei anderer Beigaben der Lebensmittelindustrie verkümmert bzw. konditioniert. Die mögliche Vielfalt der Aromen von Kräutern und Gewürzen sowie der eigentlichen Essensbestandteile können viele Menschen schon gar nicht mehr richtig herausschmecken. Ihre Geschmacksknospen sind mittlerweile quasi amputiert und bei Rauchern wird dies noch verstärkt. Kein Wunder, dass einem dann bald das Verständnis für ein liebevoll gekochtes und gesundes Essen abhandenkommt. So erklärt es sich dann auch, dass in Blindverkostungen Gerichte von Sterneköchen nicht selten als weniger geschmackvoll eingestuft werden, als vergleichbare Speisen aus der Lebensmittelindustrie.

Doch was wir essen und wie es erzeugt wurde, geschweige denn, woher die Nahrungsmittel stammen, interessiert uns nur wenig. Allenfalls bequem zuzubereiten müssen sie sein, sättigend auch, bestenfalls noch nach irgendetwas schmecken und günstig, günstig sollten sie vor allen Dingen sein.

Was wir uns selbst, unserer Umwelt und unserer Mitwelt mit diesem neuen Essverhalten antun, interessiert die wohl große Mehrheit unserer Bevölkerung nur herzlich wenig. Wenn wir uns ehrlich machen, wissen wir zwar, dass wir ungesund und zu viel von all dem falschen Zeug essen, doch für bewusste Essensauswahl und gar einen Kochprozess mit gemeinsamem Genuss der Speisen bei einem unterhaltsamen Tischgespräch bleibt allenfalls Zeit an besonderen Feiertagen oder wenn man Freunde bei einer Einladung mit der neuen Küche imponieren will. Die Küche ist ja bekanntlich das neue Auto und das heutige Statusobjekt der noch verbliebenen Mittelschicht. Man rühmt sich gerne, bei einem Sternekoch gespeist oder dort gar einen geschenkten Kochkurs absolviert zu haben. Man erzählt vom Einkauf auf dem Wochenmarkt und dem letzten gelungenen Fünfgangmenü, das man 1:1 nach dem Rezept eines dekorierten Kochs nachgekocht hat. In manchen Fällen bedienen sich die besser betuchten Kreise zur Unterstützung auch gerne eines Mietkochs. Danach geht es wieder 3 Tage in die Bäckerei und die Pommes Bude, um kurz etwas auf die Hand zu essen, wenn dafür überhaupt noch Zeit bleibt.

Diese Darstellung ist natürlich recht plakativ und vielleicht etwas übertrieben, doch bei Licht besehen, für einen großen Teil unserer Bevölkerung nicht von der Hand zu weisen. Richtig ist doch auch, nicht jeder hat das Geld und die Zeit, sich bewusst und gesund zu ernähren, oder?

Weit gefehlt. Ich bin fest davon überzeugt, dass es jedem Menschen möglich ist, das Konsum- und Essverhalten zum Besseren zu verändern. Teure Genussmittel reduzieren, Verzicht auf das tägliche Stück Fleisch und Wurst, mehr aus Grundnahrungsmitteln selber kochen, kein Fast Food essen, das Brötchen selber schmieren und den Kaffee selber kochen, weniger von allem essen, um Gewichtsprobleme zu reduzieren und möglichst verarbeitete Lebensmittel meiden, denn diese sind pro Person häufig teurer als selbstgekochtes Essen, dessen Zutaten man kennt und selbst bestimmen kann. Zudem sollte uns eine gesunde Ernährung auch die zusätzliche Zeit für den Einkauf und die Zubereitung wert sein, insbesondere wenn wir überlegen, welche Zeiten wir für unnütze Tätigkeiten verbringen, die allzu oft nicht gerade unserer Gesunderhaltung dienen.

Als ich Kind und Jugendlicher war, hatte ich ein großes Privileg, was mir damals natürlich gar nicht bewusst war. Meine Mutter war Hausfrau und zwar aus Leidenschaft und eigener Entscheidung. In meiner Generation war dieses Familienmodell bekanntlich ja noch häufiger anzutreffen. Wir hatten einen großen Garten und meine Eltern bauten so allerlei Gemüse und Obst an, das entweder nach der Ernte direkt auf den Tisch kam oder eingekocht wurde. Überhaupt wurde immer frisch gekocht, allenfalls am nächsten Tag noch einmal aufgewärmt, wenn etwas übrigblieb. Freitags gab es Fisch und Sonntag einen Braten. Süßigkeiten nur auf Anfrage und in kleinen Portionen. Ansonsten abwechslungsreiche Kost, morgens häufig Haferflocken mit Zugaben, nachmittags Obst und abends, neben gesundem Brot, Gemüse aus dem eigenen Garten oder dem Hofladen nebenan. Unser Essen war regional, saisonal und häufig bio, ohne dass sich meine Mutter viele Gedanken zu einer gesunden Ernährung gemacht hätte. Da wir so gut wie keine verarbeiteten Lebensmittel gegessen haben, sind mir wohl über viele Jahre versteckte Zusatzstoffe und Inhaltsstoffe, die Produkte aufhübschen, haltbar oder verarbeitbar machen, erspart geblieben. Getrunken habe ich fast nur Mineralwasser und Tee, später dann natürlich auch Kaffee, Bier und Wein. Fruchtsäfte, Softgetränke, Cola, starker Alkohol oder auch Energydrinks sind an mir meistens spurlos vorübergegangen. In dieser Zeit waren meine Eltern und ich annähernd immer gesund und energiegeladen und vor allen Dingen hatten wir ein normales Körpergewicht.

Doch wieso schreibe ich überhaupt dieses Kapitel. Was hat Ernährung mit einer lebens- und liebenswerten Zukunft zu tun? Sehr viel. Eine gesunde Ernährung ist nicht nur der Treibstoff des Menschen für seine Leistungsfähigkeit, sondern auch die beste Prävention vor Krankheiten und geistigem Verfall. Gesunde Böden und Nutztiere sind wiederum die notwendige Voraussetzung für die gesunde Ernährung der Menschen und nicht zu vergessen ist unser sauberes Trinkwasser unverzichtbar für alle Prozesse die im menschlichen Körper und in Flora und Fauna ablaufen. Wenn Essen und Trinken schmecken, ist dies ein wesentlicher Quell der Lebensfreude, da es nun einmal ein absolutes Grundbedürfnis der Menschen ist, sich ausreichend, gesund und schmackhaft zu ernähren. Dabei auch die Böden fruchtbar zu erhalten, das Trinkwasser zu schützen, die Biodiversität zu wahren und die Atemluft, wie auch das Klima nicht zu schädigen, ist die Pflichtdisziplin eines auf Nachhaltigkeit und dauerhafte Überlebensfähigkeit angelegten Ernährungssystems.

Weniger ungesunde Nahrungsmittel, mehr gesunde Lebensmittel

Die Ernährung ist doch in Deutschland kein Problem. Zugegeben, es gibt zunehmend übergewichtige und adipöse Menschen und dieser Trend macht selbst vor unseren Kindern nicht halt. Natürlich gibt es umwelt- und vielleicht auch ernährungsbedingte Zivilisationskrankheiten in unserer Bevölkerung, aber wir hatten doch noch nie so eine lange Lebenserwartung wie heute. Es kann doch gar nicht so schlimm bestellt sein mit unseren Ernährungsgewohnheiten und unserer persönlichen Gesundheit.

Doch! In früheren Zeiten waren Infektionskrankheiten die Haupttodesursache und da die davon betroffenen Menschen meist in verhältnismäßig jungen Jahren starben, hört man heute vor allem aus medizinpolitischen Kreisen, der Gesundheitszustand der zivilisierten Völker sei noch nie so gut gewesen wie heute. Die aus der Todesstatistik gewonnenen Zahlen geben aber keinen Aufschluss über Krankheitshäufigkeiten und vermitteln daher einen irreführenden Eindruck einer zunehmenden Verbesserung der Gesundheit. Dem späteren Tod gehen heute leider in zivilisierten Völkern trotz medizinischen Fortschritts langandauernde Gesundheitsschäden voraus. Die Liste der ernährungsbedingten Zivilisationskrankheiten ist lang: Gebissverfall, Erkrankungen des Bewegungsapparates, Rheuma, Arthrose und Arthritis, Wirbelsäulen- und Bandscheibenschäden, Stoffwechselerkrankungen wie Fettsucht, Zuckerkrankheit, Leberschäden, Gallensteine, Nierensteine, Gicht, Erkrankungen der Verdauungsorgane, Gefäßerkrankungen wie Arteriosklerose, Herzinfarkt, Schlaganfall und Thrombosen, mangelnde Infektabwehr mit Entzündungen der Atemwege, Allergien, Neurodermitis, Hautausschläge, manche organische Erkrankungen des Nervensystems und Entstehung von Krebs. Viele Erkrankungen sind systemischer Natur und haben ihre Ursachen eben auch in Fehlernährungen. Hinzu kommen natürlich noch lebensbedingte Krankheiten, die in der individuellen Lebensgeschichte eines Menschen begründet liegen und Erkrankungen, die durch Vergiftung der Umwelt hervorgerufen werden. Nicht ohne Grund droht unser Gesundheitssystem zu kollabieren und drohen Pflegeheime aus den Fugen zu geraten. Mit unserer Gesundheit ist es demnach wohl doch nicht so gut bestellt.

Ständig neue Diäten auszuprobieren ist sicher nicht gesund, genauso wie einseitige Ernährungsformen mit unweigerlich damit verbundenen Mangelerscheinungen. Wie in fast allen Lebensbereichen liegt das Erfolgsgeheimnis darin, Maß und Mitte zu wahren und die richtigen Lebensmittel zu essen und zwar in ausgewogenem Umfang. Dann können wir uns getrost Nahrungsergänzungspräparate und andere dubiose Mittelchen sparen, um uns gesund zu ernähren. Doch was sind die richtigen und gesunden Lebensmittel? Was ist der Unterschied zwischen Lebensmitteln und Nahrungsmitteln und welche Produkte sollten wir möglichst meiden?

In einer Einteilung nach Prof. Kollath lassen sich Lebensmittel und Nahrungsmittel unterscheiden. Um einen Maßstab für die biologische Wertigkeit eines Nahrungsmittels zu haben ist nicht nur der Nährstoffgehalt (Eiweiß, Fett und Kohlenhydrate), sondern vor allen Dingen der Vitalstoffgehalt zu berücksichtigen. Zu den Vitalstoffen zählen neben Vitaminen, Mineralstoffe, Spurenelemente, Enzyme, ungesättigte Fettsäuren sowie Aroma- und Faserstoffe. Nach Kollath sind Lebensmittel selbst noch lebendig und notwendige Mittel zum Leben, während Nahrungsmittel durch äußere Einwirkung wie Erhitzung, Konservierung oder Präparierung „getötet" sind. Durch Nahrungsmittel alleine können wir demnach nicht unsere Gesundheit erhalten, vielmehr schaden wir ihr damit erheblich.

Die wertigsten Lebensmittel sind in seinem Ordnungssystem ganz natürliche Lebensmittel wie lebendige Getreidekörner, Nüsse, frisches Gemüse und rohes Obst, aus dem Tierreich rohe Eier und rohe Milch und unter den Getränken Quellwasser. Diese Produkte sind vollständig basischer Natur und tragen nicht zur Übersäuerung des Körpers bei. Dann gibt es die mechanisch veränderten Lebensmittel wie z.B. Öle, Vollkornmehle und- schrote, frische Säfte und die Salate aus Frischgemüsen, Butter aus Rohmilch oder Leitungswasser. Fermentativ veränderte Lebensmittel bilden die letzte Kategorie im Bereich der Lebensmittel. Breie ungekocht, Hefen, Gärsäfte, Sauerkraut oder Gärgetränke wie Wein und Bier zählen z.B. dazu.

Unbedingt vermeiden sollte man hingegen Kunstfette, Stärke, Fabrikzucker, Kochsalz, Auszugsmehle, übermäßigen Fleischkonsum, insbesondere von rotem Fleisch sowie alle hoch verarbeiteten Nahrungsmittel, die allerlei künstliche und natürliche Hilfs- und

Zusatzstoffe enthalten und bei verarbeiteten Nahrungsmitteln immer irgendwie, deklariert oder auch versteckt, zum Einsatz kommen. Diese genannten Nahrungsmittel führen unweigerlich zu einer starken Übersäuerung des Körpers und den damit unmittelbar verbundenen ernährungsbedingten Erkrankungen und enthalten zudem keine bis nur wenige Vitalstoffe.

Frischkornbreie oder frische Vollwertkost sind somit die wertigsten Lebensmittel und hoch verarbeitete Nahrungsmittel, insbesondere aus industrieller Erzeugung sind, wenn immer möglich, zu vermeiden. Zu empfehlen sind auch Backwaren aus Vollkornmehlen möglichst ohne Backtriebmittel, frisch vermahlen und auf Sauerteigbasis. Gute und gesunde Lebensmittel entstammen aus biologischer Erzeugung und enthalten damit weniger toxische Substanzen (z.B. aus Medikamentengabe) und Schadstoffe aus Düngung und Pflanzenschutz. Für detailliertere Informationen empfehle ich dazu das Buch „Unsere Nahrung – unser Schicksal" von Dr. med. M. O. Bruker. Es gilt der Leitsatz der vitalstoffreichen Vollwertkost: Lasst die Nahrung so natürlich wie möglich, damit möglichst viele Vitalstoffe erhalten bleiben. Mit einer Ernährung auf dieser Basis ist übrigens Übergewicht in der Regel ausgeschlossen.

Und wie sieht es eigentlich mit der Qualität unseres Trinkwassers aus? In Deutschland müssen wir uns hier wohl weniger Sorgen machen, denn wie sangen schon die Bläck Fööss: Dat Wasser vun Kölle is jut. In der Tat hören wir wenig von wirklich verunreinigtem Trinkwasser durch z.B. coliforme Keime oder Bakterien. Doch ist das wirklich so oder wollen uns die Wasserversorger und Behörden nur beruhigen? Was wohl klar ist: Trinkwasser wird sorgfältig gereinigt und kontrolliert, bevor es ins Versorgungsnetz eingespeist wird. Dies ist auch nötig, weil sich im Grundwasser, der Hauptquelle für unser Trinkwasser, Schwermetalle wie Blei und Kadmium, Uran, Nitrat, Pflanzenschutzmittel und andere Schadstoffe ablagern. Zunehmend Probleme bereiten aber erhöhte Nitratkonzentrationen und auch Medikamentenrückstände von z.B. Antibabypillen und Antibiotika können in verschwindend geringen Mengen festgestellt werden. Doch der Cocktail macht die Wirkung und darüber ist bislang noch nichts bekannt. Will man wirklich alle Schadstoffe sicher aussondern, bleibt nur eine osmotische Aufbereitung des Trinkwassers an der Wasserleitung oder Quellwasser zu trinken, das noch möglichst wenig mit der zivilisierten Welt in Berührung gekommen ist.

Weniger konventionelle Produkte, mehr Bioprodukte

Die Vorteile der konventionellen Landwirtschaft sind schnell beschrieben und relativ einfach zu verstehen. Der Einsatz von speziell gezüchtetem und sortenrechtlich geschütztem Saatgut in Verbindung mit Kunstdünger und Pflanzenschutz (Herbi- Fungi- und Insektizide) gewährleistet gute Erträge bei normalen klimatischen Bedingungen und dies bei vertretbarem Arbeitseinsatz von Mensch und Maschine. Für die Tierhaltung in Ställen, bei Einhaltung von Hygienestandards, medizinischer Versorgung und Fütterung mit Fremd- und Kraftfutter ist ebenfalls eine wirtschaftliche Arbeitsweise des Landwirtes möglich, vorausgesetzt der Hof hat eine ausreichende Betriebsgröße, was die Zahl der Tiere und die landwirtschaftliche Fläche anbelangt. Verbunden mit den heute üblichen Subventionen der EU-Agrarpolitik auf Flächenbasis oder zur ländlichen Entwicklung kann ein Hof damit wirtschaftlich betrieben werden, falls es nicht zu einem Preisverfall durch Überangebot oder Marktdruck der großen Abnehmerkartelle kommt, wie z.B. im Falle der Milchseen und Butterberge in der Vergangenheit und der derzeitig aufgezwungenen niedrigen Milchpreise.

Der konventionellen Landwirtschaft wohnt der systemimmanente Zwang inne, ständig wachsen zu müssen, um wirtschaftlich zu bleiben. Die Folge sind Monokulturen und turbomäßig hochgemästete Tiere mit hoher Anfälligkeit für Krankheiten. Die Biodiversität, Fruchtbarkeit der Böden und das Tierwohl fallen bei dieser Art des Wirtschaftens dem Renditedenken der Handelsunternehmen und Lebensmittelindustrie, dem Schnäppchendenken der Endverbraucher und letztlich auch den verständlichen Existenzängsten der Landwirte zum Opfer. Zudem hat der Landwirt nur wenige Möglichkeiten durch Investitionen in neue Bereiche auf Nachfrageänderungen zu reagieren, da sich Investitionen in der Landwirtschaft immer erst nach vielen Jahren amortisieren. Damit ist der konventionelle Landwirt in einer Art Sandwichposition zwischen starken Lieferanten und starken Abnehmern und ihm bleibt nur die Vergrößerung von Flächen und Tierbeständen als Antwort auf diese Situation. Dieser Trend führte so zu einem kontinuierlichen Höfesterben von über 1 Mio. in 1971 bis auf 276.000 im Jahre 2016. Dabei vergrößerten sich die Betriebe kontinuierlich und enorm, so dass 2013 bereits mehr als 35.000 Betriebe eine landwirtschaftliche Fläche von über 100 ha aufwiesen. Derzeit wirtschaften ca. 90 % der landwirtschaftlichen Betriebe auf konventionelle Art.

Die konventionelle Landwirtschaft in Deutschland sichert den Menschen und der verarbeitenden Nahrungsmittelindustrie recht zuverlässig die Versorgung mit Getreide, Obst, Gemüse, Eiern, Wein, Fleisch etc. und dies mit meistens gleichbleibender Mindestqualität und in hygienisch einwandfreier Form. Die Verarbeiter, der Handel und die Endverbraucher akzeptieren in der Regel die Produkte, zumal sie günstig oder sehr günstig zu erwerben sind, insbesondere wenn es um Grundnahrungsmittel geht. In der verarbeiteten bzw. hoch verarbeiteten Form können die Produkte jedoch schnell sehr teuer werden, was allerdings den Landwirten nicht zu Gute kommt. Insgesamt werden die Lebensmittelsicherheit und -kontrollen in Deutschland sehr großgeschrieben und gemessen an allen Erzeugnissen gibt es nur recht selten skandalöse Fälle von gesundheitsgefährdenden Versäumnissen oder kriminellen Machenschaften bei der Erzeugung und dem Vertrieb von Nahrungsmitteln.

Die Nachteile der konventionellen Landwirtschaft sind zugleich zu beschreiben durch das Fehlen der Vorteile eines ökologischen Landbaus.

Der Ökolandbau ist eine schonende und umweltverträgliche Form der Landwirtschaft, die sich am Prinzip der Nachhaltigkeit orientiert. Der Verzicht auf mineralische Stickstoffdüngemittel und die Flächenbindung der Tierhaltung ermöglichen nahezu geschlossene Nährstoffkreisläufe: Im Betrieb anfallende Nährstoffe in Mist und Gülle werden auf die hofeigenen Flächen ausgebracht und können von den Pflanzen problemlos aufgenommen werden. Nährstoffüberschüsse durch Futtermittelzukauf und Mineraldüngereinsatz werden weitgehend vermieden. Das schont vor allem die Oberflächengewässer und das Grundwasser, die bei ökologischer Bewirtschaftung weniger stark durch ausgetragene Nährstoffe (insbesondere Nitrat) gefährdet sind als im konventionellen Landbau. Weiterhin wirkt sich der Verzicht auf chemisch-synthetische Pflanzenschutzmittel positiv auf den Schutz der Gewässer aus.

Die organische Düngung und der Anbau von stickstofffixieren-
den Eiweißpflanzen (Leguminosen) fördern die Humusbildung
und die Bodenfruchtbarkeit. Bodenlebewesen finden gute Lebensbedingungen vor und sorgen durch ihre Aktivität für ein stabiles
Bodengefüge. Der Anbau von Zwischenfrüchten und Untersaaten
verringert durch die nahezu ganzjährige Bedeckung des Bodens die
Gefahr des Bodenabtrags durch Erosion.

Weiterhin fördert der Ökolandbau durch vielfältige Fruchtfol-
gen mit Zwischenfruchtanbau und dem Verzicht auf Pflanzenschutzmittel die biologische Vielfalt von Pflanzen und Tieren in der
Agrarlandschaft. Die artgerechte Tierhaltung, die genügend Aus-
lauf und Bewegung, frische Luft, eine längere Mastzeit und einen
geringeren Antibiotikaeinsatz gewährt, dient dem Tierwohl und
sorgt für Akzeptanz in der Bevölkerung.

Zu guter Letzt kann der Ökolandbau auch einen Beitrag zum
Klimaschutz leisten, denn die Herstellung von in der konventionellen Landwirtschaft eingesetzten Dünge- und Pflanzenschutzmitteln ist mit einem hohen Ressourcen- und Energieverbrauch
und dem Ausstoß des klimawirksamen Kohlendioxids verbunden.
Wenn es gelingt, durch ökologische Bewirtschaftungsmaßnahmen
den Humusgehalt des Oberbodens dauerhaft zu erhöhen, werden
zudem auch höhere Mengen an Kohlendioxid gespeichert und der
Atmosphäre entzogen.

Neben den positiven Umweltleistungen sind die erzeugten Bio-
Produkte häufig weniger mit unerwünschten Rückständen, wie
zum Beispiel Pflanzenschutzmitteln belastet. Die Verwendung von
gentechnisch veränderten Organismen ist grundsätzlich verboten.

Ende 2017 wirtschafteten rund 30.000 Betriebe nach den
Grundsätzen und Regeln des ökologischen Landbaus. Die besonders umweltverträgliche und ressourcenschonende Produktion
ökologischer Erzeugnisse erfordert einen höheren Bewirtschaf-
tungsaufwand und eine höhere Arbeitsintensität bei der Verarbei-
tung. Aufgrund der geringeren Erträge und des höheren Aufwands
sind Bio-Produkte in der Regel teurer als konventionelle Lebensmittel. Ökobetriebe stehen dennoch wirtschaftlich häufig besser
da, als vergleichbare konventionelle Betriebe. Die ökologischen
Umweltleistungen werden im Rahmen der europäischen Agrarpo-
litik und der Länder als Agrarumweltmaßnahme gefördert und ho-

noriert, sollen aber leider aktuell wieder zurückgenommen werden. Insbesondere die Umstellung auf eine ökologische Wirtschaftsweise erfordert in den ersten zwei bis drei Jahren, in denen die Produkte noch nicht als Öko-Ware mit entsprechend höheren Preisen verkauft werden dürfen, eine gezielte Unterstützung.

Anhand des EU-Bio-Siegels können Verbraucher und Verbraucherinnen Bioprodukte gut erkennen, und heimische Hersteller können zudem auch noch die bekannten privatwirtschaftlichen Siegel von z.b. Bioland, Demeter oder Naturland nutzen.

Es liegt an uns Verbrauchern und Verbraucherinnen, welcher Form der Landwirtschaft wir durch unser Kauf- und Konsumverhalten eine Zukunft geben. Der richtige Weg mit Blick auf unsere Vision ist in jedem Fall vorgezeichnet. Wie schnell wir diesen beschreiten, bestimmen wir als Individuum und Gesellschaft selbst.

Weniger verarbeitete Industrieprodukte, mehr selbst Zubereitetes

Vor ca. 30 - 40 Jahren war es eine Ausnahme, dass man zum Essen in ein Lokal ging. Dann brauchte man schon irgendwie einen Anlass, wie eine Familienfeier oder es galt sich für einen besonderen privaten oder beruflichen Erfolg zu belohnen. In einem gastronomischen Betrieb zu frühstücken war eigentlich unüblich und beschränkte sich eher auf Hotels oder Pensionen nach einer Übernachtung. Fast Food Restaurants gab es nicht, Essen an Tankstellen meines Wissens auch nicht und überhaupt war das Essen und Trinken in der Öffentlichkeit beim Gehen und Stehen nur selten zu sehen und mancherorts sogar verpönt.

Gegessen wurde in der Regel zu Hause oder in Kantinen und Mensen. Man traf sich in der Familie zu regelmäßigen Mahlzeiten morgens, mittags und abends am Küchen- oder Esstisch, um die selbst zubereiteten Speisen gemeinsam zu sich zu nehmen. Einen Lieferservice gab es natürlich genau so wenig, wie einen Mietkoch und den Bofrost- oder Eismann Lieferanten. Mit den ersten erhältlichen Konserven, mit Miracoli und später dann der Tiefkühlpizza bzw. tiefgekühlten Fertiggerichten degenerierte der Kochprozess in der deutschen Küche einer Durchschnittsfamilie immer häufiger zu einem Aufwärmprozess, der mit dem Einsatz der Mikrowelle wohl seinen Höhepunkt fand. Haltbar und aufwendig verpackt, fertig konfektioniert, in kürzester Zeit verbrauchsfertig, das kam und kommt an in einer Gesellschaft, die vermeintlich keine Zeit mehr hat für ein menschliches Grundbedürfnis wie Essen.

Dennoch ist es erstaunlich, dass Menschen der jungen Generation oder meiner Generation Unmengen an Zeit verbringen, um ihr körperliches und persönliches Erscheinungsbild in der Öffentlichkeit in das beste Licht zu rücken. Sie bevölkern Fitness Studios, machen Diäten und gar Schönheitsoperationen, verschönern täglich Haut und Haare, kleistern ihre Körper mit Tattoos zu, tragen hippe und modische Kleidung und posten ihre neusten Erlebnisse und Fotos auf Facebook, Instagram, WhatsApp und Twitter. Alles das kostet viel Zeit und natürlich auch Geld. Doch wie sieht es mit der Ernährung aus? Wer kennt sich mit gesunden Lebensmitteln aus, wer kennt die Nährstoffe und Vitalstoffe dieser Produkte, wer interessiert sich für Inhaltsstoffe und Produktherkunft, wer kann kochen und kocht regelmäßig, wer investiert Zeit und Geld für den Produkteinkauf und die gute und gesunde Zubereitung der Speisen?

Es ist schon mehr als verwunderlich und sonderbar, dass der gesunden und guten Ernährung als dem zentralen Baustein der individuellen Existenz von vielen Menschen so wenig Aufmerksamkeit geschenkt wird. Es wirkt auf mich geradezu befremdlich, wenn ein Auto das hochwertigste und teuerste synthetische Hochleistungsöl erhält, während sich sein Besitzer zeitgleich mehrere Energydrinks reinschüttet.

Ich möchte an dieser Stelle nicht verschweigen, dass es natürlich bereits heute viele Menschen gibt, die ernsthaft bemüht sind, sich bewusst und gesund zu ernähren. Allerdings ist diese Gruppe bei weitem noch in der Minderheit. Ob es Verfechter von vitalstoffreicher Vollwertkost sind oder Vegetarier, Veganer, Frutarier, Flexitarier, Paleo Anhänger, Rohkostler oder Clean Eater (ohne Industriewaren). Und natürlich gibt es auch in den einschlägigen Medien eine Renaissance des Kochens, der Kochsendungen und Kochshows, der Verehrung von Spitzenköchen, der Kochportale, Kochbücher und Küchenmöbel bzw. Küchenausstattungen. Doch dieser Trend bleibt aus meiner Sicht allenfalls an der Oberfläche und erreicht nur selten die deutsche Durchschnittsfamilie in ihrem

Alltag. Kochen und gutes Essen als Image- und Prestigeträger für besondere Momente, aber nicht zum Zwecke der täglichen genussvollen Gesunderhaltung.

Nicht unerwähnt lassen möchte ich auch, dass es der Lebensmittelindustrie durch ihre Vermarktungs- und Werbestrategien immer wieder gelingt, uns weiszumachen, industrielle Lebensmittel seien eben auch gesund und alle wichtigen Inhaltsstoffe seien enthalten bzw. schädliche und unerwünschte Stoffe gerade nicht. Angesagt ist daher kalorienreduziert, zuckerreduziert, zuckerfrei, laktosefrei, glutenfrei, fleischfrei, vegan, frei von Geschmacksverstärkern, ohne Konservierungsstoffe, ohne künstliche Farb- und Aromastoffe und so weiter und so fort. Absurd wird es dann, wenn Fleischersatz unter dem Label gesund verkauft wird und der Platz auf der Verpackung für den Aufdruck der Zutatenliste kaum ausreicht. Andererseits hat dies natürlich den Vorteil, dass die Schrift dann kleiner wird. Vitalstoffe und wertvolle Inhaltsstoffe werden wir dort wohl kaum finden, eher Klebstoffe, Bindemittel, Aromen dubioser Herkunft und andere Zutaten aus dem chemischen Labor.

Wenn etwas zuckerfrei ist und trotzdem süß schmeckt, wird dies in den meisten Fällen über Süßstoffe gewährleistet. Die Gefahren dieser Stoffe sind inzwischen hinlänglich bekannt. Zu bedenken ist auch, dass verarbeitete Lebensmittel und Fertiggerichte in der Regel zu viel Salz, schlechte Fette und Zucker enthalten. Wenn man auf natürliche Gewürze, Kräuter und gute Basisprodukte verzichtet, sind diese Bestandteile natürlich dringend erforderlich, will man überhaupt einen Geschmack herbeizuführen.

Kochen macht Freude und Freunde, gutes und gesundes Essen schmeckt hervorragend und das gesellige Beisammensein während der Zeit des Kochens und Essens bereichert unser Leben ungemein.

Packen wir es an!

Weniger Fleisch, mehr vitalstoffreiche Vollwertkost

Wieso macht es Sinn, weniger Fleisch zu konsumieren? Darauf gibt es eine einfache Antwort. Damit schonen wir unsere Natur, unser Klima und unsere Gesundheit. Zudem würde sich wohl auch das Tierwohl zum Besseren wenden.

Zunächst einige Fakten: Menschen nutzen 59 % des auf der Erde verfügbaren Landes zum Anbau von Viehfutter. Ein Drittel des von Menschen verbrauchten Süßwassers wird zur Tierzucht verwendet, nur ein Dreißigstel in Wohngebäuden. Die tierische Landwirtschaft ist damit eine der größten Wasserverbraucher. Es werden bis zu 20.000 Liter Wasser benötigt, um 1 kg Fleisch herzustellen. Damit könnte man ein Jahr lang duschen. Für diese 1 kg Fleisch werden je nach Tierart bis zu 16 kg pflanzlicher Nahrung verfüttert. 70 % der weltweit hergestellten Antibiotika werden Nutztieren verabreicht und 60 % aller Säugetiere auf der Welt werden nur gezüchtet, um sie anschließend aufzuessen. Im Grunde ist unsere Welt ein einziger Nutztierhaltungs- und Nutztierverwertungsbetrieb und zwar in Form einer hochindustrialisierten und auf Effzienz getrimmten Massentierhaltung.

Nach Aussage des WWF sind nahezu 70 % der Treibhausgasemissionen (CO_2, Methan, Stickstoffe) unserer Ernährung auf tierische Produkte zurückzuführen. Wir wissen zudem nicht genau, ob Nutztierhaltung ein Hauptverursacher des Klimawandels ist oder der Hauptverursacher. Wissenschaftler des World Watch Institute ermittelten gar, dass Nutzvieh für 32.564 Tonnen CO_2 Äquivalent pro Jahr verantwortlich ist, also für 51 % der weltweiten Emissionen. Das sind mehr als alle Autos, Flugzeuge, Gebäude, Fabriken und Kraftwerke zusammen emittieren.

Wenn jeder Bundesbürger nur einmal pro Woche auf Fleisch verzichten würde, könnte das zu einer jährlichen Einsparung von rund neun Millionen Tonnen Treibhausgasemissionen führen, so Tanja Dräger vom WWF. Dies entspricht umgerechnet 75 Milliarden PKW-Kilometern.

Zudem muss man feststellen: Fleisch frisst Land, nicht nur durch Weidewirtschaft, die in Europa immer weniger anzutreffen ist, sondern vor allen Dingen durch die Produktion von Viehfutter, vornehmlich Soja z.B. in Südamerika. Dieser ausgelagerte Flächenverbrauch schlug in den Jahren 2008 bis 2010 in Südamerika allein für den deutschen Bedarf mit fast sieben Millionen Hektar zu Buche, das ist ungefähr die Fläche von Bayern. Schon bei einer geringen Änderung des deutschen Fleischkonsums würde weltweit eine Fläche Sachsens für andere Nutzungen frei. Während der jährliche Fleischkonsum eines Durchschnittdeutschen rund 1.000 Quadratmeter beansprucht, benötigt der Kartoffelverbrauch nur 15 Quadratmeter pro Kopf und Jahr. Mit anderen Worten brauchen wir für die Erzeugung von Rindfleisch 31 qm pro 1.000 kcal und für die Produktion von Gemüse und Getreide jeweils nur unter 2 qm. Natürlich sind mit diesem Flächenverbrauch für die Erzeugung von Viehfutter auch eine Abholzung von Regenwäldern und eine massive Ausweitung von Monokulturen verbunden. Dies geht voll zu Lasten der Biodiversität unserer Ökosysteme und ist mit Blick auf unsere Vision von einer liebens- und lebenswerten Welt auch in Zukunft so nicht mehr hinnehmbar.

Ist nun Fleisch in seiner reinen Form oder in seiner verarbeiteten Form als Wurstwaren gesund oder eher ungesund?

Eines kann man sicher sagen: Der gelegentliche Fleischkonsum, auch von rotem Fleisch von Rind, Schwein und Lamm führt nicht zu einem sofortigen oder deutlich vorzeitigen Tode. Dennoch zeigen eine Vielzahl von Studien und Metastudien bei allen Schwierigkeiten, die Probanden in Test- und Kontrollgruppen einzuteilen und andere Einflussfaktoren auf die Probanden und Kontrollgruppen über die langen Untersuchungszeiträume auszuschließen, dass Konsumenten von rotem Fleisch und verarbeiteten Fleisch- und Wurstwaren bei regelmäßigem oder übermäßigem Genuss ein signifikant höheres Sterberisiko haben, als die Vergleichsgruppen der Nicht-Fleischesser.

Insbesondere bei Herz-Kreislauferkrankungen und Krebserkrankungen lagen hier die Unterschiede, aber auch im Falle von Diabetes. Gesättigte Fettsäuren in rotem Fleisch schaden zudem auch unseren Gehirnen und führen bei älteren Menschen zu kognitiven Leistungsverlusten, während ungesättigte Fettsäuren, wie sie in Pflanzenölen und Fischen zu finden sind, mit einer besseren Hirnleistung in Verbindung gebracht werden. Insbesondere Schweinefleisch steht auch in der Kritik, Entzündungsprozesse im menschlichen Körper auszulösen und zu befördern. Außer Frage steht, dass verarbeitete Fleisch- und Wurstwaren zu viele Nitrate, schädliche Inhaltsstoffe und Natrium enthalten.

Dass Fleisch auch wertvolle Inhaltsstoffe für den menschlichen Körper beinhaltet, möchte ich an dieser Stelle in keinem Falle in Abrede stellen, doch es geht eben um die Gesamtbilanz. Helles Fleisch, wie z.b. Geflügelfleisch, kommt in Bezug auf die Gesundheitsrisiken etwas besser weg, ist aber auch nicht mit so vielen wertvollen Inhaltsstoffen versehen, wie sie in rotem Fleisch zu finden sind.

Dennoch können wir getrost sagen, dass alle wichtigen Inhaltsstoffe des Fleisches auch durch andere Lebensmittel ersetzt werden können, wie weit mehr als eine Milliarde Menschen auf dieser Erde zeigen, die tatsächlich ihr ganzes Leben rein vegetarisch leben. Es ist auch eine Mär, die noch in vielen Lehrbüchern zu finden ist, der Mensch brauche Fleisch, um gesund und stark zu bleiben. Einige der weltbesten Sportler in ihren jeweiligen Disziplinen haben deutlich unter Beweis gestellt, wie herausragende Höchstleistungen auch ohne Fleischkonsum erbracht werden können. Carl Lewis oder Lewis Hamilton sind nur zwei prominente Beispiele hierfür. Eine deutliche Reduzierung des Fleischkonsums und von Wurstwaren ist also dringend anzuraten. Nicht jeder muss sich gleich in aller Konsequenz vegan oder vegetarisch ernähren, doch auf dem Weg dorthin wäre es ein ganz wichtiger Schritt in die richtige Richtung, nur ein- bis zweimal pro Woche Fleisch zu essen. So könnten die negativen Effekte des immens hohen Fleischkonsums der Bevölkerungen entwickelter Länder drastisch reduziert werden und wir alle schnell und einfach einen unschätzbaren Beitrag dazu liefern, die Natur, das Klima, unsere Gesundheit und das Tierwohl zu schützen.

Auf der anderen Seite ist die vitalstoffreiche Vollwertkost im wahrsten Sinne des Wortes ein echtes Mittel zum Leben, das für Vitalität sorgt und nicht ein Nahrungsmittel, das durch Erhitzung, Konservierung oder Präparierung bereits „getötet" wurde. Denken wir in diesem Zusammenhang z.B. an einen Apfel, aus dessen Kernen wieder ein Apfelbaum entstehen kann, da die gesamte Vitalität des Apfels in seinen Kernen noch in Form von energetischen Informationen enthalten ist. Aus Apfelmus wird hingegen bekanntlich kein neuer Apfelbaum mehr entstehen können. Gleiches gilt auch für Getreidevollkörner, die man in vollständiger Form schrotet, mit Wasser aufgießt und über Nacht quellen lässt. Dadurch werden die Vitalstoffe gelöst und können vom menschlichen Organismus aufgenommen werden. Durch Zugabe von frischem Obst, Nüssen, etwas Honig und Sahne entsteht so ein äußerst schmackhafter und sehr gesunder Frischkornbrei, der nach Verzehr locker bis zum Mittagessen satt macht.

Weizenmehl der „Güteklasse" 405 ist hingegen ein Auszugsmehl und damit ein völlig totes Nahrungsmittel. Im Grunde könnte man anstelle von Auszugsmehl auch gleich Styropor zu sich nehmen. In einer Laborstudie haben Forscher nachgewiesen, dass Ratten, die ausschließlich mit Auszugsmehlen gefüttert wurden, nach wenigen Wochen starben. Ratten hingegen, die immer frisch gemahlenes Vollkornmehl bekamen, entwickelten sich normal und hatten eine hohe Zahl von Nachkommen bis zur 4. Generation.

Die Wertigkeit eines Nahrungs-/ Lebensmittels setzt sich demnach, wie schon weiter oben erwähnt, nicht nur aus seinem Gehalt an Eiweiß, Fett, Kohlenhydraten, Mineralstoffen und der Kalorienzahl zusammen, wie es in der klassischen Ernährungswissenschaft gelehrt wird, sondern vor allem durch die Vitalstoffe, die aus einem Nahrungsmittel erst ein Lebensmittel machen.

Gemäß dem Begründer der vitalstoffreichen Vollwertkost, Max Otto Bruker, gehören zu den Vitalstoffen Vitamine, Mineralstoffe, Spurenelemente, die Fermente, auch Enzyme genannt, ungesättigte Fettsäuren, Aromastoffe und Faserstoffe, die sogenannten Ballaststoffe. Insofern sind unverarbeitete Lebensmittel wie frisches Obst und Gemüse, Hülsenfrüchte, Nüsse, Getreide, Eier, Rohmilch, Kräuter, Pilze, Sprossen oder fermentierte Speisen und frische Vollkornprodukte zu den Lebensmitteln mit hohem Vitalstoffgehalt zu zählen. Nahrungsergänzungsmittel können die Vitalstoffe aus Lebensmitteln in ihrer Komplexität und Ganzheit nicht nachbilden und vor allen Dingen fehlen auch die Bestandteile der natürlichen Nahrung, die die Forschung noch nicht entschlüsselt hat oder künstlich herstellen kann.

Der Mensch ist, wie wir alle wissen, nicht nur ein Sammelsurium aus materiellen Einzelteilen, sondern ein energetisches Wesen mit vielen energetischen Prozessen von Kopf bis Fuß und von der Zelle bis zum ganzen Körper. Gesunde und vitalstoffreiche Lebensmittel enthalten eben auch energetische Informationen. Die Quantenphysik lehrt uns schon lange, dass Materie auf seiner tiefsten Betrachtungsebene nichts anderes ist als verdichtete Energie und umgekehrt. Demnach benötigt auch ein menschlicher Organismus energiereiche und natürliche Lebensmittel und nicht „tote" Nahrungsmittel, um seine Vitalität, Lebens- und Schaffenskraft zu erhalten und das Immunsystem zu stärken.

Weniger Verschwendung, mehr Verwertung

Gute Lebensmittel sind unter Einsatz von vielen Ressourcen meistens zeit- und kostenaufwendig hergestellt worden. Sie müssen im Allgemeinen angebaut, geerntet, gesäubert, verarbeitet, weiterverarbeitet, transportiert, verpackt und gelagert werden. Wenn sie danach weggeschmissen werden, ist dies nicht nur völlig unvernünftig, sondern im Anbetracht der Ernährungssituation auf der Welt, aber auch in Deutschland, geradezu ein Irrsinn. Allein wir Deutschen werfen jedes Jahr 20 Millionen Tonnen Lebensmittel weg. Mit den Abfällen Europas ließen sich alle Hungernden der Erde zweimal ernähren, so Stefan Kreuzberger und Valentin Thurn in ihrem Buch „Die Essensvernichter". In der EU ist es seit Jahren verboten, Nahrungsmittelreste als Futtermittel zu verwenden, bestenfalls die Rohstoffe werden energetisch genutzt. Auch auf der Mülldeponie macht sich die Lebensmittelverschwendung negativ bemerkbar, denn sie führt zur Bildung des klimaschädlichen Methangases.

Die Ursachen der Verschwendung und Vernichtung sind zu einem Teil systemimmanent durch die Anforderungen und Bedürfnisse der Marktteilnehmer bedingt, jedoch auch Folgewirkung von persönlichem Fehlverhalten durch ungenügende Planung und Verwertung. Bereits bei der Ernte werden 10 - 50 % ausgesondert, da sie nicht der Norm für Größe, Gewicht und Aussehen entsprechen. Auf der nächsten Stufe filtern noch der Groß- und Einzelhandel Lebensmittel aus, wenn sie nicht mehr frisch und ansehnlich erscheinen oder das empfohlene Mindesthaltbarkeitsdatum abgelaufen ist oder abzulaufen droht, selbst wenn das Lebensmittel noch ess- und genießbar ist.

Das Mantra „alles verfügbar und alles immer frisch" treibt weitere Blüten. In Bäckereien wird auch kurz vor Ladenschluss erwartet, dass das Brotregal noch gut gefüllt ist. Nach Ladenschluss findet sich dann ein großer Teil der Überproduktion im Abfallcontainer wieder.

Doch der weitaus größte Teil der Verschwendung erfolgt in den Privathaushalten der Konsumenten und Verbraucher. Essensreste werden nicht eingefroren oder weiterverwertet, wenn zu viel zubereitet wurde, es werden zu große Mengen Lebensmittel eingekauft, die dann nicht zeitnah verbraucht werden können, es werden Produkte zu früh entsorgt, obgleich sie noch genießbar wären, Produkte werden nicht fachgerecht gelagert und verderben schneller oder das Prinzip first in first out wird nicht beachtet. Am häufigsten landen in deutschen Haushalten Gemüse und Obst im Abfalleimer, dicht gefolgt von Backwaren und Speiseresten. Mit insgesamt 71 % bilden diese vier Nahrungsmittelgruppen den Hauptteil der vermeidbaren und teilweise vermeidbaren Lebensmittelabfälle.

Über die Erscheinungsformen von Lebensmittelverschwendung auf allen Stufen seines Lebenszyklus vom Anbau über Weiterverarbeitung bis hin zum Verderben der Lebensmittel lassen sich ganze Bücher füllen, aber eben auch über die Maßnahmen, Aktionen und Ideen, einer solchen Entwicklung massiv entgegenzutreten. Es liegt an uns Verbrauchern, hier mit dem eigenen Verhalten ein gutes Beispiel zu geben und den nötigen Druck auf den Gesetzgeber, die Erzeuger, den Handel, die Lebensmittelindustrie und die Gastronomie auszuüben, den unschätzbaren Wert von Lebensmitteln wieder ins Bewusstsein zu rufen und seinen Verwendungs- und Verwertungsgrad deutlich zu erhöhen. Auch hier gilt wieder die Maxime weniger ist mehr. Weniger Auswahl, weniger Produktionsmenge, weniger Normung und optische Aussonderungskriterien, weniger Verarbeitungsstufen, weniger Transporte bedeuten mehr Verwertung, aber eben nicht weniger Genuss.

Weniger Verbrauchertäuschung, mehr Produkttransparenz

Es liegt auf der Hand, der Einkauf von Lebensmitteln ist unumgänglich, aber macht aufgrund der von uns immer stärker empfundenen Zeitknappheit manchmal so gar keine Freude. Dann noch das schlechte Einkaufsgefühl, das spätestens aufkommt, wenn man Kinder hat oder seine ersten ernsthafteren Erkrankungen. Was darf ich überhaupt noch guten Gewissens essen und trinken? Welche Schadstoffe sind enthalten, welche Zusatzstoffe? Vertrage ich das Produkt überhaupt? Ist zu viel Zucker, Salz oder Fett enthalten? Ist es ökologisch oder konventionell erzeugt, regional oder von Übersee? Ist es fair gehandelt? Hat es die Umwelt stark belastet? Wie ist es verpackt und gibt das Verpackungsmaterial Schadstoffe ab? Viele Fragen, die einem aufgeklärten und informierten Konsumenten, der als „Gutmensch" einkaufen will und seine Gesundheit im Blick hat, durch den Kopf schießen.

Ehrlich gesagt ist dieser Mensch dann auch so manches Mal mit seiner Kaufentscheidung überfordert. So hat z.B. ein deutscher Apfel noch bis April einen besseren CO_2-Fußabdruck als ein Apfel aus Neuseeland, im Juni aber ist dieser schlechter als beim neuseeländischen Apfel. Die im August und September geernteten deutschen Äpfel werden eben aufwendig gekühlt und bis zur nächsten Ernte eingelagert bzw. sukzessive verbraucht. Dies verschlechtert dann von Monat zu Monat die CO_2-Bilanz dieser Äpfel.

So wird der Einkauf noch zusätzlich zum ganz persönlichen Stress. Man hat zu quasi allen Lebensmittelkategorien schon von schlechten Untersuchungsergebnissen erfahren, insbesondere wenn man in den heutigen Medien diese Themen regelmäßig verfolgt. Kann man den gängigen Labeln überhaupt vertrauen und auch den Angaben der Hersteller auf ihren Produkten oder wird man eher nach Strich und Faden getäuscht? Vielfach ist sich selbst die Wissenschaft nicht einig, was zu einer gesunden Ernährung beiträgt und es gibt nicht selten Experten, die ihre Mindermeinung mit freundlicher Unterstützung der Medien so oft wie möglich kundtun. Die Lebensmittelindustrie wird zudem, wo es immer geht, durch ihre Lobbyverbände kräftig unterstützt, denken wir z.B. an die Vertreter der Zuckerrübenanbauer und Zuckererzeuger.

Selbst bei bester Absicht für eine eindeutige und verständliche Produktdeklaration kann man von den Käufern nicht verlangen, dass sie ein Chemie- und Biologiestudium absolviert haben und stets eine Lupe mitführen, um die Produktdeklaration im Detail zu lesen und zu verstehen. Hingegen sollte man sich auf verständliche und wesentliche Elemente beschränken. Herkunft, Lebensmittelampel für Nährstoffe (Fett, gesättigte Fettsäuren, Zucker, Salz), Zusatzstoffe nach Kategorien (Konservierung, Aromen, Verdickungsmittel etc.), Nachhaltigkeitsindex (siehe Kapitel Wirtschafts- und Finanzsystem), konventionell oder ökologisch erzeugt. Aufgeklärte und informierte Verbraucher werden durch diese Angaben wohl keinen großen Informationsgewinn erhalten, aber Käufer, die nicht so viel Zeit und Energie zur Informationsgewinnung investieren wollen oder können, haben durch diese Produktdeklaration sicher einen Zusatznutzen.

Doch ob dieser die Kaufentscheidung letztlich zum gesünderen oder nachhaltigeren Lebensmittel lenkt, bleibt natürlich weiterhin offen. Selbst die Gruselbilder und massiven Aufschriften auf Zigarettenpackungen halten bekanntlich ungefähr 12 Millionen Raucher in Deutschland (ca. jeder 4. Erwachsene) nicht davon ab, dem unvernünftigen Gedampfe weiter zu frönen, auch wenn die Zahl der Raucher erfreulicherweise von Jahr zu Jahr geringer wird und zwar nicht nur aufgrund ihres frühzeitigeren Todes, sondern ihrer Einsicht und Verhaltensänderung.

Die Erfahrung lehrt: Auf eine freiwillige Selbstverpflichtung der Industrie und Erzeuger zu setzen, dass eine Produktdeklaration korrekt, vollständig und verständlich erfolgt, wird mit großer Wahrscheinlichkeit nicht greifen und wäre blauäugig. Es bedarf leider unabhängiger Institute, die unter Androhung empfindlicher Strafen, regelmäßig stichprobenhafte Kontrollen durchführen, insbesondere für die Erzeugnisse, die von einem großen Teil der Bevölkerung ständig konsumiert werden. Schadstoffe und andere unerwünschte Inhaltsstoffe, die im Rahmen der Produktion in die Nahrungsmittel eingebracht werden oder in Vorprodukten enthalten sind, unterliegen natürlich nicht der Deklarationspflicht und werden erst durch aufwendige Analyseverfahren der Lebensmittelchemiker und Toxikologen, meist ausgelöst durch Verdachtsfälle, entdeckt. Hier gilt das logische Prinzip, dass viele für den Menschen gefährliche Stoffe erst nach langer Anwendung und langem

Verzehr als schädlich definiert werden können, da die Analyseverfahren und der Forschungsstand der Toxikologen immer erst nach einem deutlichen zeitlichen Nachlauf der Markteinführung folgen. Dass Glyphosat im Bier nachgewiesen wurde, Acrylamid Krebs hervorrufen kann und BPA in Trinkflaschen ein Problem darstellt, kommt eben erst nach vielen Jahren oder Jahrzehnten durch Studien und Forschungen ans Tageslicht. Ich möchte nicht wissen, welche unerwünschten Wirkungen für die unendlich vielen Kunststoffarten, die unsere Lebensbereiche durchdringen, in 10 bis 20 Jahren durch toxikologische Studien nachgewiesen werden. Derzeit ist die öffentliche Aufmerksamkeit bekanntlich stark auf Mikroplastik gerichtet, das mittlerweile alle unsere Lebensbereiche zu durchdringen scheint.

Mit Blick auf die langfristige Vision lassen sich also die Stellhebel zum Besseren in unserem deutschen Ernährungssystem vergleichsweise einfach beschreiben. Richtiges und redliches Ernährungsverhalten setzt sich demnach zusammen aus den folgenden Maximen:

Möglichst direkt vom Erzeuger kaufen, ökologisch erzeugte, regionale und saisonale Produkte bevorzugen, Essen selbst zubereiten, ausgewogen ernähren, weniger Fleisch und Wurstwaren konsumieren, gesunde und unverarbeitete Lebensmittel auswählen, besser geplant einkaufen und verbrauchen, möglichst unverpackte, fair erzeugte und gehandelte Produkte verwenden und das Ganze mit viel Spaß und Freude praktizieren. Wenn wir diese Empfehlungen und bereits vorhandenen Angebote auch nur zu 80 % umsetzen bzw. nutzen, bringt uns dies dramatisch weiter. 20 % Unvernunft und Genussmittel können dann wohl auch guten Gewissens toleriert werden. Vorschriften und Verbote sind immer die Ultima Ratio, Angebote zu einem verbesserten Ernährungsverhalten hingegen weisen nur den richtigen Weg zu einem nachhaltigen und existenzsichernden Ernährungssystem für Mensch und Natur. Es liegt an uns, mit Freude und Genuss auf genau diesem Weg voranzugehen.

EIN BILDUNGSSYSTEM ZUR EXISTENZSICHERUNG

„Junge, lerne immer schön fleißig, das zahlt sich in deinem späteren Leben aus." Ein Satz, den wohl nicht nur ich während der Schulzeit immer wieder gehört habe. Im Vordergrund stand dabei schlicht die einfache Überlegung meiner Eltern, eine gute Ausbildung führt zu einem guten Job, der zu einem guten Einkommen und das zu einem glücklichen Leben. Ich kann uneingeschränkt nachvollziehen, dass die Wohlstandsmehrung für die Nachkriegsgeneration, die gewaltige Zerstörung und großen Mangel erlebt hat, die zentrale Antriebsfeder für das Berufs- und Privatleben war.

Heute beschäftigen sich immer mehr Menschen auch mit der Sinnhaftigkeit ihres beruflichen und privaten Tuns im Hinblick auf ökologische und soziale Aspekte. Menschen nehmen ihre Umwelt und Mitwelt bewusster und vernetzter wahr, sie wollen nicht als Klima- und Umweltsünder gelten oder als unsozial und unkollegial.

Über das deutsche Bildungssystem auch im Vergleich zu anderen Ländern, z.b. im angelsächsischen Raum, könnte man umfangreiche Abhandlungen verfassen und unzählige Bücher schreiben. Einerseits wird Deutschland in der ganzen Welt für sein Bildungssystem beneidet, insbesondere wenn es um unsere duale Ausbildung geht, und auch die Differenziertheit unseres Bildungssystems von Grundschulen, Förderschulen, weiterführenden Schulen, berufsbildenden Schulen bis zu Hochschulen, Universitäten und Volkshochschulen sucht ihresgleichen. Darüber hinaus gibt es natürlich noch eine große Anzahl weiterer Bildungsträger und Bildungseinrichtungen für alle Lebensbereiche und die verschiedenste Zwecke. Andererseits sind die Defizite unseres Bildungssystems hinlänglich bekannt, von Investitionsstau, Lehrermangel, Reformunfähigkeit, über veraltete Lehrangebote, Lehrmittel und Lehrbücher bis hin zu nicht mehr zeitgemäßen Unterrichtsformen und Lernmethoden.

Diese Problemfelder möchte ich gar nicht näher beleuchten. Vielmehr will ich gerne aufzeigen, welcher Veränderungsbedarf in unserem Bildungssystem besteht, um einen echten Beitrag dafür zur leisten, unsere Welt auch für viele weitere Menschheitsgenerationen lebens- und liebenswert zu erhalten oder wieder zu machen

Nicht für die Schule, für das (Über)Leben lernen wir

Erziehung und Bildung sind gleichermaßen notwendig, um aus einem kleinen unbeweglichen, unfähigen, unmündigen, unentschlossenen und uneinsichtigen Menschen ein vollwertiges und erwachsenes Mitglied unserer Gesellschaft zu machen. Die Wege dorthin sind sehr steinig, kurvenreich, führen nicht selten in Sackgassen oder auch zu Unfällen mit teils erheblichen Schäden für die Betroffenen. In den ersten drei Lebensjahren werden durch Erziehung für das Lebensfundament viele Grundsteine gelegt. Passieren hier Fehler und Versäumnisse, steht das weitere Leben nicht selten auf wackeligen Beinen. Wenn die Erziehung eher zur Förderung der Lebenstauglichkeit dient, soll die Bildung primär den Broterwerb sichern, um beide Begriffe einfach voneinander abzugrenzen.

Für die Erziehung benötigt der unreife kleine Mensch zwingend andere Personen und vornehmlich seine Eltern. Wie Fröbel einst formulierte: „Erziehung ist Beispiel und Liebe, sonst nichts!" Heute wird das von den sogenannten Helikopter-Eltern oder den Rasenmäher-Eltern sicher etwas anders gesehen. Mit dem Start in die Grundschule kommt unser Bildungssystem und damit der berühmte Ernst des Lebens ins Spiel. Im modernen Verständnis beginnt damit ein lebenslanges Lernen in verschiedenen Schulformen und Einrichtungen, das auch nach einem erfolgreichen Berufsabschluss oder Studium noch durch Umschulungen, Weiter- und Fortbildungen beruflicher oder privater Art fortgesetzt wird. Überhaupt ist heute kaum noch zu erwarten, dass man/frau nach der Berufsausbildung für den Rest des Berufslebens in demselben Beruf und Unternehmen oder derselben Branche verbleiben kann oder will. Gebrochene Biografien sind heute schon eher die Regel als die Ausnahme und eine komplette berufliche Neuorientierung nicht selten die Folge.

Wie heißt es schon im 1. Buch Mose: „Im Schweiße deines Angesichtes sollst du dein Brot essen." Es geht also um Existenzsicherung und das ist bekanntlich mit Mühen verbunden. Die Existenzsicherung, die hier im Vordergrund steht, ist die finanzielle Existenzsicherung für Arbeitnehmer oder Unternehmer nebst ihren Familien. Wenn diese sichergestellt ist, geht die Volkswirtschaftslehre davon aus, dass auch öffentliche Güter über Steueraufkommen bereitgestellt werden können und somit auch Gesellschaft und

Staat funktionieren und der soziale Frieden und Zusammenhalt gewahrt bleiben.

Ein Bildungssystem zur Existenzsicherung bedeutet für mich einen über die finanzielle Existenzsicherung des Einzelnen weit hinausgehenden Auftrag. Die Existenzsicherung muss begriffen werden als eine Existenzsicherung für unseren Planeten. Das Erziehungs- und Bildungssystem hat vorrangig den Auftrag, dazu beizutragen, den Menschen für die Sicherung der Lebens- und Existenzgrundlagen das notwendige Wissen und die erforderlichen Fähigkeiten und Fertigkeiten zu vermitteln. Besonders die klügsten Köpfe sollten sich mit ihrem gemeinsamen Potential der Forschung und Entwicklung in diesen existenziellen Themenfeldern widmen. Daher sollten künftig Forschungsgelder, Manpower und andere Ressourcen auch für diese Themen bereitgestellt werden.

Die Wissenschaften und Bildungseinrichtungen müssen sich vorrangig mit Themen und Fragen befassen, die die Existenzsicherung von Mensch und Natur in den Mittelpunkt stellen. Hilft unser Denken und Handeln, unser Forschen und Entwickeln, unseren Planeten zu heilen oder wird er dadurch weiter zerstört? Entsprechend bekommen neue Disziplinen eine ganz besondere Bedeutung und drängen die eher klassischen Studiengänge zurück oder ergänzen und erneuern diese zumindest. Jura, Physik, Biologie, Ingenieurwissenschaften, Informatik usw. wird es auch weiterhin als Studiengänge geben, doch die Anwendungszusammenhänge bekommen andere Schwerpunktsetzungen und die Forschung eine andere Zielrichtung.

Existentiell wichtige Themen- und Forschungsfelder wie z.B. Klimafolgenforschung, Resilienzforschung, Ökosystemforschung, Umwelttechnologie, Recyclingforschung, Hydrologie, Ökologische Agrarwissenschaften, Gesundheits- und Ernährungswissenschaften, Systemwissenschaften, Nachhaltigkeitswissenschaften, Neue Medienwissenschaften, Demokratieforschung und Regenerative Energie- und Antriebsformen verdienen künftig ganz besondere Bedeutung.

Nicht der einfache Zusammenhang von Stickstoffdünger für die Nahrungsmittelerzeugung sollte Lehrinhalt in den Agrarwissenschaften oder der Biologie und Chemie sein, sondern die Gesamtzusammenhänge auf das gesamte Ökosystem, von der Gewinnung, der Erzeugung, Ausbringung und den gewünschten Wirkungen und unerwünschten Nebenwirkungen auf Böden und Grundwasser und damit auf Mensch und Natur. Dieses Thema ist in seinem Umfang aus systemischer Sicht und aus Nachhaltigkeitsgesichtspunkten derart komplex, dass man daraus einen eigenen Studiengang formen könnte, der Wissensbestandteile und wissenschaftliche Methoden aus vielen verschiedenen klassischen Fachdisziplinen umfassen müsste. Stickstoff kann aus Gülle und Mist, kann aus natürlich vorkommenden Lagerstätten von Kalisalpeter und Natronsalpeter oder künstlich auf chemischem Wege industriell gewonnen werden. Alles hat seine Wirkungen und Nebenwirkungen, und auch die Einflüsse auf Stoffkreisläufe und Ökobilanzen aller beteiligten Prozesse, Produkte und Nebenprodukte sind nicht gerade einfach zu ermitteln und erfassen. Die Interdisziplinarität wird also zur Kernwissenschaft der Zukunft. Wenn wir bereit sind, die Probleme komplexer und gesamthafter, sprich systemischer, wahrzunehmen, werden die klassischen Grenzen der Wissenschaftsdisziplinen notwendigerweise zunehmend aufgelöst.

Die Sprache, die wir alle gemeinsam erlernen müssen, vom Kleinkind bis zum Rentner, vom Handwerker bis zum Akademiker, vom Schüler bis zum Studenten, ist die Sprache des richtigen Lebens im Sinne dieses Buches. Wir müssen uns immer wieder auf den richtigen Weg machen, auch wenn unsere menschliche Natur uns wieder und wieder auf Abwege, Irrwege und Umwege führt. Auf unseren Kompass kommt es an, auf die richtige Navigation.

Eine gemeinsame Sprache können wir auch nur dann sprechen, wenn wir Fakten von Fake unterscheiden können bzw. unterscheiden lernen. Heute kommt es nicht mehr darauf an, möglichst viel Wissen im eigenen Kopf zu akkumulieren, sondern die Fähigkeit und Fertigkeit zu entwickeln, die Wissensbestände, die heute für beinahe jedermann verfügbar sind, bestmöglich zu bewerten und zu nutzen. Was sind vertrauensvolle Quellen, wo finde ich seriöse Informationen und Daten zu meinen Fragestellungen, wer ist ein wirklich ausgewiesener Experte auf seinem Gebiet und was ist der letzte Stand der Wissenschaft? Wie kann man das kollektive Gedächtnis unserer Gesellschaft anzapfen und für sich nutzbar machen? Wer hilft mir kompetent bei meinen Fragen, mit wem sollte ich mich austauschen und vernetzen?

Mit anderen Worten müssen wir das Lernen lernen und zwar das entdeckende Lernen. Das berühmte Trichtermodell des Lernens hat schon lange ausgedient. Der Lehrer macht Frontalunterricht und steuert alle Unterrichtsprozesse, die Schüler und Studenten praktizieren Bulimielernen. Beim entdeckenden Lernen ist der Lehrer hingegen nur in der Funktion des Begleiters aktiv. Er stellt quasi eine Lernarena zur Verfügung und das Lernen der Schüler erfolgt selbstorganisiert und eigeninitiativ. Mit dieser Methode des Lernens fördern wir auch Denk- und Verhaltensweisen, die das gemeinsame Lernen ermöglichen. Gemeinsames Lernen von Schülern, Studenten, Auszubildenden oder Wissenschaftlern führt in der Regel zu nachhaltigeren und besseren Lernerfolgen als das individuelle Lernen. Das individuelle Lernen ist allerdings immer notwendige Voraussetzung für Teamlernen. Eine Methoden- und Verhaltenskompetenz im Umgang miteinander muss dabei auch erlernt werden. Offenheit, Kritikfähigkeit, gutes Zuhören und systemisches Denken sind nur einige dieser Kompetenzen. Das Plädieren und Erkunden als diskursive Kommunikationsmethode zählt auch dazu. Plädieren, um eigene Positionen, Entdeckungen, Lösungen und Hypothesen darzulegen, das Erkunden, um Feedback, Antithesen und alternativen Vorschläge einzuholen. Teamlernen hat dann eine besondere Qualität, wenn der gemeinsame Lernerfolg den größten Lernerfolg des Einzelnen übertrifft. Bei vielen interdisziplinären Themenstellungen zu komplexen Systemen kann es in heutigen Zeiten ohne Vernetzung der klügsten Köpfe und ohne Teamlernen wohl kaum noch echte Erkenntnisfortschritte geben.

Wichtig erscheint mir an dieser Stelle auch noch zu erwähnen, dass wir weltweit in der Lage sein müssen, uns sprachlich miteinander gut zu verständigen. Selbst wenn es wahrscheinlich immer unsere Muttersprache sein wird, die maßgeblich zur Erziehung und Bildung herangezogen wird, so müssen wir früher in der kindlichen Erziehung und flächendeckend über alle Länder eine Weltsprache als Zweitsprache etablieren, die jeder Mensch zu sprechen in der Lage ist. Diese Sprache sollte Englisch sein, da Englisch schon sehr verbreitet ist, einfach erlernt werden kann und bereits die akzeptierte Sprache in Wirtschaft, Wissenschaft und Politik darstellt.

Talente entdecken und entfalten

Menschen haben bestimmte Interessen und Veranlagungen. Dies ist nicht neu. Menschen sind extrovertiert oder introvertiert und aus einer introvertierten Person wird man wohl kaum eine Rampensau machen können. Wie im Sport auch, kommt es auf das Scouting an. Wo liegen die Talente der Menschen, für welche Tätigkeiten und Ziele sind sie prädestiniert, was können sie am besten und was wollen sie besser können? Natürlich können Menschen sich im Laufe ihres Lebens entwickeln und auch verändern. Dies hoffen wir und wünschen wir uns doch irgendwie alle. Aber eine gewisse Disposition ist durch die Geburt bereits vorbestimmt. So sehe ich bestimmte Typologien von Menschen, die zwar auf keiner wissenschaftlichen Untersuchung oder Grundlage fußen, sondern von mir auf logischem Wege hergeleitet wurden. Diese sollen auch lediglich zur Veranschaulichung dienen und gerade keinen unmittelbaren Bezug zu existierenden Berufsbildern oder bestimmten Fachdisziplinen haben. Man kann sicher auch mehrere dieser Typologien in einer Person vereinen, aber vielleicht dominiert doch eine dieser Typologien bei jedem Menschen. In meiner Vorstellung gibt es Forscher, Entwickler, Kritiker, Denker, Erklärer, Macher, Gestalter, Verwalter, Helfer, Kontrolleure, Unterhalter und Künstler.

Es sollte uns künftig deutlich besser gelingen, die richtigen „Typen" für die richtigen Themenfelder zu begeistern und zu gewinnen. Das Verschwenden von Talenten für wichtige Berufe und Engagements und existentiell notwendige unternehmerische Aktivitäten können wir uns immer weniger leisten. Was haben wir erreicht, wenn die Absolventen von Berkeley, Stanford oder Yale, die von Nobelpreisträgern ausgebildet wurden, ihre beruflichen Ambitionen in das Investmentbanking lenken, weil dort das meiste Geld zu verdienen ist? Was haben wir gewonnen, wenn Kinder gegen ihren Willen oder gegen ihre Talente den elterlichen Betrieb aus Pflichtgefühl übernehmen, obwohl sie gerne in die Forschung gegangen wären? Was haben wir erreicht, wenn ein Gestalter in der Rolle des Verwalters gefangen ist oder wenn ein Kritiker gezwungen ist, ein Macher zu sein?

Im Sinne der Chancengerechtigkeit geht es auch verstärkt darum, Kinder aus bildungsferneren Schichten frühzeitig zu ermöglichen, ihre Talente zu entdecken und diese zu fördern. Das Bildungssystem muss wieder deutlich unabhängiger werden von Herkunftsfragen und der Höhe des Familieneinkommens. Ich erinnere da an die Jahre zwischen 1970 und 1990, in denen in Deutschland auch Arbeiterkinder vermehrt einen höheren Bildungsabschluss erreichten und Studiengänge absolvierten. Bildung ist die einzige Ressource, mit der wir in Deutschland wirklich viel erreichen können. Wir verfügen weder über nennenswerte Rohstoffvorkommen, noch über ausreichend Landesfläche und Küstengebiete, um uns vollständig selbst zu versorgen und unabhängig zu sein von anderen Ländern. Der einzige Faktor, der uns eine gewisse Unabhängigkeit sichert, ist die gute und hervorragende Bildung der breiten Bevölkerung und die damit erworbene Kompetenz, die großen Probleme unserer Zeit mit eigenen kreativen Ideen und Konzepten lösen zu können und im besten Fall damit auch die Probleme in anderen Ländern und Regionen unserer Erde. Das sollte uns sehr viel wert sein und zwar nicht nur als Lippenbekenntnis, sondern in Heller und Pfennig.

Wir müssen heute mehr denn je dafür Sorge tragen, dass unsere Bildungsbemühungen in die richtigen Themenfelder gelenkt werden und dass unsere Menschen sich dort betätigen und einbringen, wo sie ihre Talente und Fertigkeiten bestmöglich entfalten können. Was wir benötigen sind Talentscouts und Talentförderer, denn Talente hat jeder von uns, wenn auch auf verschiedenen Niveaus, Feldern und Einsatzgebieten. Manche Menschen haben ganz besondere Talente, die auch einer ganz besonderen Förderung bedürfen. Wir benötigen Bildungseinrichtungen und Institute, die den Talenten der zu Bildenden noch besser Genüge leisten, egal auf welchem Niveau und in welchem Anwendungsfeld. Bildungsexperten sollten sich mehr öffnen für eine solche Sichtweise und entsprechende Bildungsangebote für die unterschiedlichen Talente der Bildungsempfänger unterbreiten. Natürlich gehört der klassische Fächerkanon der Grundschule weiterhin zu diesem Bildungsangebot, muss aber durch andere Themenkreise ergänzt werden und ab der weiterführenden Schule und darüber hinaus durch die oben beschriebenen Ausrichtungen, Methoden und Aspekte möglichst von Grund auf neu konzipiert und gestaltet werden.

Von Generalisten und Spezialisten

In unserer modernen Welt wird die Spezialisierung unserer Tätigkeiten permanent gesteigert. Aber auch das Überblickswissen von Generalisten hat für die Lösung komplexer Probleme in komplexen und dynamischen Systemen eine besondere Bedeutung. Beide Seiten der Medaille sind gleichermaßen wichtig und wertig, wie wir es aus dichotomen Betrachtungen kennen.

Ein Fachidiot, der in seinem Elfenbeinturm sitzt und jede Bemühung missen lässt, um einmal über seinen Tellerrand hinauszublicken, ist letztlich genauso fehl am Platze, wie ein Generalist, der die Bedenken eines Experten für spezielle Themen mit einem Federstrich wegwischt und den beliebten Managerspruch „geht nicht gibt's nicht" wie ein Mantra bei jeder Gelegenheit aufsagt. Beide Perspektiven sind letztlich aufeinander angewiesen und der Spezialist, wie auch der Generalist, brauchen beide ein Verständnis füreinander, um miteinander das Beste zu erreichen.

Schon ein vergleichsweise simples mechanisches System, wie ein Automobil, zeigt beispielhaft auf, welche Abhängigkeiten zwischen beiden Perspektiven bestehen. So kann das Brechen einer kleinen Schraube das Fahrzeug zum Erliegen bringen, umgekehrt kann auch die politische Entscheidung für Elektromobilität die ganze herkömmliche Automobilbranche zum Erliegen bringen. Wer nur in seinem Dunstkreis agiert, ist bald nicht mehr in der Lage, den Wald vor lauter Bäumen zu sehen und vergisst in seinem Bestreben, die Dinge richtig zu machen, die richtigen Dinge zu machen. Ein Auto besteht heute häufig aus mehr als 10.000 Einzelteilen, die von ganzen Zulieferpyramiden und Zulieferketten erstellt werden. Es gibt Werkstoffexperten, Zahnradexperten, Motoren- und Getriebeexperten, Automobilexperten, Mobilitätsexperten und Umwelt-/Klimaexperten. Für alle hat das Auto eine bestimmte Bedeutung und Wertigkeit. Alle brauchen sich gegenseitig, um im Detail oder auch im großen Ganzen zu einer validen Aussage zu gelangen und letztendlich die Dinge zum Besseren zu wenden, gerade mit Blick auf die langfristige Existenzsicherung unserer Menschheit.

Es spricht also gar nichts dagegen, sich für den Bildungsweg eines Spezialisten zu entscheiden. Meistens ist der Bildungs- und Karriereweg, der einen Menschen zu einem Generalisten macht, allerdings der finanziell lukrativere. Aber dies alleine darf nicht die Messlatte sein. Wenn wir das Richtige tun, mit anderen Worten dazu beitragen, unser Leben lebens- und liebenswert zu erhalten und zwar für ganz viele nachfolgende Generationen, ist dies aller Ehren wert. Wir müssen auch bedenken, in vielen Fällen führt der Weg zum Generalisten über den Einstieg als Spezialist, und dabei muss die Frage erlaubt sein, ob dies durch die in Betracht kommende Person überhaupt abbildbar und beabsichtigt ist, als Generalist tätig zu werden oder zu sein.

Als Generalist benötigt man in jedem Fall eine gesunde Menschenkenntnis, die einem vermittelt, ob man einem Spezialisten vertrauen kann, man benötigt Offenheit, für neue Ideen und Ansätze einzutreten, die man nicht selbst entwickelt hat (not-invented-here-Syndrom), man benötigt die Fähigkeit zu integrieren, zu vermitteln und die richtigen Fragen zu stellen und nicht zuletzt benötigt man eine gehörige Portion Charisma, um auch Spezialisten für eine gemeinsame Sache zu gewinnen und sie auf Ziele und Projekte einzustimmen. Diese generalistische Denkhaltung kann man aber auch in sich tragen, wenn man als Spezialist wirkt und arbeitet. Generalistisch zu denken und handeln, bedeutet nicht automatisch, in einer Führungsrolle zu sein, sondern ein komplexes Problem in der Problembreite zu betrachten und nicht nur in seiner Problemtiefe.

Unser Bildungssystem hat den Auftrag, den Weg frei zu machen für Spezialisten und Generalisten gleichermaßen. Natürlich ist in unserer heutigen Welt wohl kaum zu erwarten, dass ein Studium Generale noch Sinn macht, da die einzelnen Fachdisziplinen für sich genommen schon kaum noch durch die Studenten zu bewältigen sind. Dennoch kann man bestimmte Theorien, Erkenntnisse, Methoden, Techniken und Wissensbestände, die viele Disziplinen verbinden und interdisziplinäres Vorgehen und Forschen erst ermöglichen, als Werkzeugkasten auch für das Privat- und Berufsleben vermitteln und nicht nur der Wissenschaft und Forschung vorbehalten.

EIN GANZHEITLICHES GESUNDHEITSSYSTEM FÜR DIE MENSCHEN

Gesundheit und andere Werte

Ich wünsche Dir Gesundheit und ein langes Leben. Ein solcher Wunsch wird meistens ausgesprochen zu Geburtstagen oder Neujahr. Wer würde sich diesem Wunsch nicht gerne anschließen oder hegt gar die Hoffnung auf Erfüllung in seinem Leben. Ohne Gesundheit kein Glück, keine Zufriedenheit, keine Freude, keine Aktivität und vielleicht sogar kein Leben. Gesundheit ist ein hohes Gut, ein unersetzbarer Wert. Meistens wird einem Menschen erst bewusst, welchen Stellenwert die Gesundheit besitzt, wenn man sie nicht mehr hat, wenn man krank ist. Daher wünschen sich vorwiegend ältere Menschen Gesundheit, Kinder und Jugendliche haben vielfach noch andere Prioritäten.

Gesundheit ist also unser höchstes Gut. Kein Wert steht über ihr. Gesundheit ist absolut. Schauen wir zurück auf die Corona Pandemie. Ein Lockdown ist bei hohen Inzidenzwerten, Intensivbettenbelegungen und Todesfallzahlen ein von der deutlichen Mehrheit der deutschen Bevölkerung akzeptierter und gangbarer Weg, die Pandemie wieder in den Griff zu bekommen. Wohlstand, persönliche Freiheit, gleichwertige Bildungschancen und andere Werte treten dann zugunsten der Gesundheit zurück und der Verzicht auf diese Werte für eine bestimmte oder unbestimmte Zeit wird dabei als Investition in die Zukunft gesehen.

Doch ist es wirklich wahr? Ist Gesundheit das höchste Gut der Menschen? Was sagt uns die Realität, was sagt uns die Logik?

Ich bin der Auffassung, dem ist mitnichten so. Das wichtigste Gut der Menschen ist die Liebe in all ihren Farben und Spielarten. Viele Menschen lieben den Wohlstand, die Macht und Anerkennung so sehr, dass sie sich bei dem Streben danach gesundheitlich ruinieren. Manche Menschen lieben sich selbst so sehr, dass sie sich bei Genuss, Selbstoptimierung und Egotrip körperlich und seelisch schaden. Und manche Menschen lieben ihre Nächsten so sehr, dass sie sich in der Fürsorge und Pflege aufopfern und dabei selbst krank werden.

Die Liebe zu materiellen Dingen oder immateriellen Konzepten wie Macht, Freiheit, Gerechtigkeit, Gleichheit, Demokratie hat allerdings eine andere Qualität als die Liebe zu Menschen. Damit meine ich weniger die körperliche Liebe, als die eigentliche Nächstenliebe, die Menschenliebe. Erst die Liebe, die man erfährt von anderen Menschen, in der Regel zunächst von seinen Eltern, dann von seinen Freunden, seinen Lebenspartnern/innen oder von Menschen, die einem persönlich gar nicht so nahestehen, macht das Leben lebenswert. Diese Liebe gibt dem Leben einen einzigartigen Wert. Damit wird das Leben lebenswert und liebenswert zugleich. Liebe ist bekanntlich das Einzige, was sich verdoppelt, wenn man es teilt. Wahre Liebe in Form der Nächstenliebe ist bedingungslos und vorbehaltlos, sie ist endlos und grenzenlos, aber sie ist niemals wertlos und zwecklos. Liebe ist der einzige Wert, der Menschen und die Menschheit nachhaltig zusammenhält. Wenn man nun gläubiger Christ ist, dann glaubt man, ja dann spürt man und im tiefsten Inneren weiß man auch, dass die wahre und vorbildliche Liebe mit Jesus Christus in die Welt gekommen ist.

Wahre Liebe überwindet die Grenzen von Gesundheit und Krankheit. Kranke Menschen, behinderte Menschen, geistig eingeschränkte Menschen sind genauso lebens- und liebenswert wie kerngesunde Menschen, die nur so vor Lebens- und Tatkraft strotzen. Der Wert eines Menschen lässt sich nicht daran bemessen, ob er krank oder gesund ist, ob er leistungsfähig oder leistungswillig ist, sondern allein daran, ob er fähig und willens ist zu lieben.

Wer stets sklavisch an seine Gesundheit denkt, wird wahrscheinlich irgendwann zum Hypochonder, zum verkrampften Selbstoptimierer oder zum Egomanen, aber wohl kaum zu einem Menschenfreund, zu einem Menschen, der den Nächsten liebt. Sich um die eigene Gesundheit zu kümmern ist unser gutes Recht, doch unser Blick sollte auch auf den Nächsten gerichtet sein.

Gleichermaßen verhält es sich mit der Medizin als Disziplin und den zugehörigen Gesundheitseinrichtungen. Wirklich nachhaltig helfen, gesundmachen, heilen kann man nur mit Liebe, nicht mit Medikamenten, mit technischen Apparaturen und kostenoptimierten Prozessen in Krankenhäusern und Arztpraxen. Die eigentliche Aufgabe des Gesundheitssystems ist es nicht nur gesund zu machen, sondern vor allen Dingen auch gesund zu erhalten. Wir müssen uns verabschieden von einer symptombezogenen Minutenme-

dizin eines Reparaturbetriebes und uns konzentrieren auf eine ur-
sachenbezogene und liebevolle Ganzheitsmedizin eines Lehr- und
Ausbildungsbetriebes.

Das heutige Gesundheitssystem: Ein Reparaturbetrieb

Unser Gesundheitssystem in Deutschland ist uns bestens bekannt
und wir haben alle unsere eigenen Erfahrungen damit sammeln
dürfen oder müssen. Es ist auch stets in aller Munde, da von vielen
Seiten immer wieder eine Reform angemahnt wird. Die Gesundheitskosten beliefen sich laut Statistischem Bundesamt im Jahre
2018 auf 391 Mrd. EUR, das sind 11,7 % am BIP oder 4.712 EUR je
Einwohner. Vergleichende Studien z.b. der OECD oder auch anderer Quellen bescheinigen dem deutschen Gesundheitssystem in der
Regel einen Platz im oberen Bereich der verschiedenen Rankings.
Die exakte Position ist dann im Einzelfall abhängig von dem Stu-
diendesign bzw. dem Erhebungsschwerpunkt. Für eines der hoch
entwickelten Länder der Erde mit hohem Wohlstandsniveau und
großer Wirtschaftskraft darf man dieses wohl auch erwarten. So ist
die Arzt-, Krankenhaus-, und Bettendichte hoch, die Ausstattung
mit medizinisch-technischen Geräten findet weltweit kaum ihresgleichen, (fast) die ganze Bevölkerung genießt einen Krankenver-
sicherungsschutz und der Leistungskatalog der gesetzlichen Kran-
kenversicherung ist so umfassend, wie in kaum einem anderen
Land.

Aber es gibt eben auch eine Reihe von berechtigten Kritikpunk-
ten, die immer wieder angeführt werden und scheinbar über die
letzten Jahre und Jahrzehnte auch nicht von den beteiligten und
betroffenen Instanzen beseitigt werden konnten. Die andere Seite
der Medaille zeigt einen immerwährenden Pflegenotstand in Krankenhäusern und Pflegeeinrichtungen, Ärztemangel in ländlichen
Regionen, zu viele überflüssige Operationen und Medikamentierungen, zu teure Arzneimittel mit teilweise zweifelhafter Wirksamkeit, im internationalen Vergleich zu viele Fehlbehandlungen mit
Todesfolge, lange Wartezeiten für Behandlungen bei Haus- und
Fachärzten, Psychotherapeuten und Kliniken, immenser Kosten-
druck in Krankenhäusern mit der Folge von Schließungen ganzer
Häuser oder Abteilungen, Probleme in der Krankenhaushygiene,

zu wenig Behandlungszeit für den einzelnen Patienten in Praxen und Kliniken, Ungleichbehandlungen von gesetzlich und privat Versicherten und zu wenige Angebote für Gesundheitsförderung, Präventionsmaßnahmen und Vorbeugeuntersuchungen. In der Aufzählung habe ich sicherlich noch einige wichtige Punkte vergessen. Es geht mir an dieser Stelle aber auch nicht darum, eine vernichtende Kritik zu formulieren. Dies wäre sicher nicht angemessen. Ich möchte vielmehr deutlich machen, dass es wirklicher Reformen bedarf und zwar nicht nach dem Motto, alles kann bleiben wie es ist, es muss nur patientenorientierter, effizienter und wirtschaftlicher werden. Es geht vielmehr um einen Umbau des Systems mit neuen Schwerpunktsetzungen. Wir müssen nicht die Dinge richtig machen, sondern wir müssen die richtigen Dinge machen.

Wenn ich an mein eigenes Erleben des Gesundheitssystems denke, spreche ich immer gerne von der klassischen Medizin als Minutenmedizin. Bei dem Besuch meines Hausarztes z.B. gibt es eine Minute Smalltalk, eine Minute Anamnese, eine Minute symptombezogene Diagnose, für weitere Ursachenforschung bleibt meistens keine Zeit oder kein Wissen und eine Minute für den Therapievorschlag. Dann geht es in einer Minute in die nächstgelegene Apotheke, die meistens sogar im Ärztehaus angesiedelt ist, und zuletzt wird das Medikament binnen einer Minute zu sich genommen. In vielen Fällen sind sogar alle zufrieden. Der Arzt ist wieder frei für seinen nächsten Patienten, denn schließlich ist sein Wartezimmer wie jeden Tag übervoll und der Patient hat das unangenehme Thema Krankheit schnell vom Tisch und das gute Gefühl, etwas dagegen unternommen zu haben. Nach mehreren Monaten Wartezeit kommt es dann zum erneuten Besuch beim Hausarzt oder zum Termin beim Facharzt. Die Erkrankung besteht weiter, die Symptome sind bestenfalls etwas gelindert. Dies mag alles sehr vereinfacht beschrieben sein, doch bedenken Sie bitte einmal die eigene Situation und betrachten Sie, ob es sich bei meiner Schilderung um ein Klischee handelt oder doch um eine etwas plakativ beschriebene Form der Realität. Die klassische Medizin bzw. Schulmedizin kann behandeln, Schmerzen lindern, bestimmte „Werte einstellen", Leben retten und verlängern, aber wirklich heilen? Dürfen wir das von ihr erwarten und kann sie das überhaupt leisten?

Die heutige klassische Medizin ist aus meiner Sicht leider immer noch zu sehr von einem mechanistischen und materialistischen Bild des Menschen geprägt. Der Mensch wird verstanden als eine Maschine, die es nach eindeutigen Ursache-Wirkungsverhältnissen zu reparieren gilt. Aber zu den Ursachen gelangen wir häufig gar nicht erst oder wollen uns mit diesen auch nicht auseinandersetzen. Diese lassen uns als Patienten nämlich häufig zurück mit einem Gefühl der Schuldigkeit und des Selbstversagens oder verlangen uns große und andauernde Anstrengungen ab, womöglich sogar Verzicht und Verhaltensveränderung. Daher wird gerne schon aus den Symptomen eine Therapie abgeleitet, frei nach den Lehrbüchern des Medizinstudiums oder den Multiple Choice Prüfungen dieses Studienganges. Der Mensch ist mit Sicherheit das komplexeste und dynamischste System das existiert, wir brauchen da nur das menschliche Gehirn zu betrachten. Alle Erkenntnis der Systemtheorie können wir auch auf den Menschen übertragen. Mindestens jedoch ist er als Ganzes deutlich mehr als die Summe seiner Teile und vieles ist eben Ursache und Wirkung zugleich. Zudem lassen sich geistige Prozesse, wie Intuition, Ideen, Einsichtsfähigkeit, Vorstellungsvermögen, Problemlösungsvermögen und auch Selbstheilungskräfte durch positives Denken mit materiellen Mitteln nur schlecht bis gar nicht beschreiben. Diese geistigen Prozesse bilden daher gerade auch das Mehr des Ganzen im Vergleich zu der Summe seiner durch wissenschaftliche Erkenntnis erforschten Einzelteile. Dies führt zu der Überlegung, dass wir die Grenzen des medizinischen Fortschritts auch anerkennen und wahrnehmen müssen. Viele Prozesse und Zusammenhänge sind noch lange nicht verstanden und vielleicht werden sie auch nie vollständig verstanden. Zwischen Himmel und Erde gibt es viele Prozesse, die mit den heutigen Mitteln der evidenzbasierten Medizin nicht bewiesen werden können, was aber nicht heißt, dass es diese nicht gibt und sie nicht eine unmittelbare Wirkung auf die Gesundung der Menschen haben können. Es gibt eben auch eine Wirksamkeit, die wir nicht verstehen oder zumindest noch nicht verstehen. Dies gilt auch für viele Felder der Schulmedizin, abhängig davon, wie tief man in die Bausteine des Menschen hineinschauen möchte. So wissen wir leider aus schulmedizinischer Sicht viel zu wenig über die Ursachen und Heilungsmöglichkeiten chronischer und systemischer Erkrankungen. Herz- Kreislauferkrankungen, Diabetes und Krebserkrankungen zählen dabei sogar zu den häufigsten Krankheiten mit direkter oder indirekter Todesfolge in Deutschland.

Die Leistungsfähigkeit der Medizinforschung können wir durch die Corona Pandemie derzeit hautnah miterleben. Auch nach über einem Jahr weltweiter Forschung zu diesem Virus und seiner Verbreitungswege, wissen wir noch viel zu wenig zu den Themen Ansteckung, Schutzmöglichkeiten und -wirksamkeiten, Infektiosität, Immunität, Krankheitsfolgeschäden, Impfschutz, medikamentöse Behandlungsmöglichkeiten und Konsequenzen der Virusmutationen, dabei sind aus meiner laienhaften Perspektive schon enorme Erfolge in dieser kurzen Zeit erzielt worden. Denken wir an Malaria oder HIV, hier haben wir auch nach vielen Jahrzehnten noch keinen wirksamen Impfstoff entwickeln können, sondern allenfalls Medikamente, die den Ausbruch der weiteren Erkrankung hemmen können. Auch bei Grippeschutzimpfungen muss man mit einer Erfolgsquote von 50 % schon zufrieden sein. Gerade bei gefährdeteren Gruppen älterer Menschen wird diese Quote noch nicht einmal erreicht.

Die Segnungen der Medizin stehen dennoch außer Frage. Technisch ist heute sehr vieles, ja fast schon alles möglich. Man kann in den Menschen hineinschauen, laparoskopisch in ihm operieren, sogar an dem ungeborenen Baby, kleinste Dinge oder Microchips implantieren, Ersatzteile einbauen, die DNA lesen und verstehen oder in das menschliche Erbgut eingreifen. Was bleibt und auch in weiterer Zukunft bleiben wird sind Fragen der ethischen und moralischen Grenzziehung. Was dürfen, was wollen wir den Menschen zumuten? Wird der Mensch künftig zu einem Ersatzteillager? Ist der Mensch dann mehr Mensch oder schon Maschine? Sollte man vielleicht sogar in das Denken der Menschen eingreifen? Gibt es bald nicht nur einen Hirnschrittmacher, sondern auch einen Gedankenschrittmacher? Wie weit ist dann der Weg zur Fremdsteuerung des Menschen, ist er/sie dann nicht wirklich schon eine Maschine?

Auch Narkotika und Schmerzmittel sind sicherlich eine große Errungenschaft der Medizin und auch die letzte Zeit des Menschen vor seinem Ableben kann man heute palliativmedizinisch begleiten, indem man Mittel verabreicht, die Ängste nehmen und/oder glücklich machen. Wie sagen es die Mediziner immer gerne: Heute muss der Mensch in seiner letzten Lebenszeit nicht mehr leiden und Schmerzen ertragen.

Doch der Mensch als Einheit von Leib, Seele und Geist ist von außen betrachtet eben nicht so gut zu durchschauen. Die Psychotherapie und Psychopharmaka stoßen bei ihren Heilungsbemühungen leider daher auch viel zu oft an Grenzen des Behandlungserfolges. Andererseits kommt es immer wieder zu aus wissenschaftlicher Sicht unerklärbaren Heilungserfolgen durch Placeboeffekte, Selbstheilung über, ich nenne es mal geistige Programmierung durch Willensstärke, Spontanheilungen oder gar Wunderheilungen. Wenn die Wissenschaft einen Heilungserfolg (noch) nicht erklären kann, bleibt ihr eben nichts anderes übrig, als solche Bezeichnungen zu wählen. Gerne wird eine Erkrankung oder Heilung auch als psychosomatisch beschrieben, weil die genauen körperlichen Ursachen nicht zu ergründen sind. Man findet von renommierten Schulmedizinern Aussagen, dass 30 % der körperlichen Symptome einer Erkrankung geistige Ursachen hätten. Aus meiner laienhaften Sicht könnten es aber auch annähernd 100 % sein.

Der Mensch ist ein absichtsvolles Wesen. Im Grunde findet alles geistgesteuert statt, auch wenn wir uns auf Atmung oder Herzschlag nicht bewusst konzentrieren müssen. Andererseits können wir auch nicht laufen, wenn wir es nicht wollen. Ich weiß nicht wie das mit Schlafwandeln zusammenpasst, aber der Geist steuert doch wohl grundsätzlich mit Hilfe des Gehirns und der Nervenbahnen den Körper. Ist das Gehirn tot, ist auch der Körper tot, dies ist auch von Rechtswegen so. Geist ist dabei nicht gleichzusetzen mit dem körperlichen Gehirn, sondern Geist repräsentiert viel mehr. Wenn man sich als gläubiger Mensch versteht, als Christ oder z.B. auch als Buddhist, dann repräsentieren der Geist oder die Seele (Bedeutungsunterschiede findet man in der Bibel und in der Philosophie, sind für dieses Kapitel aber nicht von Belang) die Identität und das Wesen eines Menschen und in dieser Vorstellung ist der Geist/die Seele unsterblich. Eine vollständige Dekodierung der Gehirn-Geist-Beziehung erscheint prinzipiell unmöglich, auch wenn man inzwischen bestimmte Denkprozesse gewissen Hirnarealen zuordnen kann. Daher haben wahrscheinlich 100 % aller Erkrankungen Ursachen in der Psyche oder zumindest auch Ursachen in der Psyche. Im Umkehrschluss wäre dann jede Heilung eine Selbstheilung und Selbstheilung mit Hilfe der Vorstellungskraft erlernbar. Ein Gedanke mit dem ich mich durchaus auch anfreunden könnte. Clemens Kuby, der sich, wie er behauptet, durch Selbstheilung nachweislich von einer Querschnittslähmung geheilt hat, Mediziner sprechen wohl eher von einer Wunderheilung oder mindestens Spontanheilung, sagt dazu: „Wenn ich mich nicht als geistig seelisches Wesen begreife, sind meine Heilungschancen auch eingeschränkt."

Die modernen Mediziner sind heute, unterstützt durch aufwendige Hightech Apparaturen und Werkzeuge sowie pharmazeutische Wundermittel, wahre Künstler ihres Handwerks. Sie sorgen für ein künstliches Koma, für künstliche Beatmung, für künstliche Ernährung, für künstliche Gelenke, für künstliche Blutwäsche, für künstliche Herzen, für künstliche Lebensverlängerung und leider manchmal auch für einen Kunstfehler. Bei vielen ihrer ehrbaren und segensreichen Bemühungen erzielen sie allenfalls eine Linderung der Symptome, in den selteneren Fällen eine Beseitigung der Ursachen der Erkrankung und damit eine nachhaltige Gesundung und Heilung der Patienten.

Für Gesundheitsvorsorge, Vorsorgeuntersuchungen und echte Ursachenanalyse und -beseitigung bleiben dem modernen Mediziner in seinem überwiegend als Reparaturbetrieb geführten Praxen und Kliniken keine Zeit und keine technische Möglichkeit. Daher gehen immer mehr Patienten eigene Wege im Bereich der Prävention, Ursachenfindung und -beseitigung, teilweise auch auf eigene Kosten und manchmal auch auf eigenes Risiko. Alternativmedizin und Komplementärmedizin boomen genauso wie ganzheitliche Ansätze, Nahrungsergänzungsmittel und Fitness- bzw. Bewegungsangebote, Angebote zur mentalen und körperlichen Entspannung, aber auch Ratschläge für gesunde Ernährung und Lebensführung werden gerne in allen Darreichungsformen konsumiert und ausprobiert. Alle Vorbehalte und teilweise sicher auch berechtigte Kritik der klassischen Medizin an den Angeboten der Alternativmedizin muss bei den Patienten verhallen, angesichts der zum Teil doch sehr unbefriedigenden Situation im deutschen Gesundheitssystem, das Kosten in exorbitanten Höhen und zugleich als nicht ausreichend empfundene Heilungserfolge produziert. Wirkliche nachhaltige Heilung bedarf eben genügend Zeit zur langfristigen Begleitung der Patienten, innovativer Ansätze frei nach dem Motto „wer heilt hat recht", Aufmerksamkeit für den Menschen in seiner Gesamtheit und nicht nur aus der Perspektive der Fachdisziplin, die Mühe, Einsichten und Verhaltensänderungen zu bewirken und nicht zuletzt bedarf nachhaltige Heilung echter Nächstenliebe und dem tiefen Verlangen helfen zu wollen und sich helfen zu lassen.

Abschließend möchte ich gerne noch einige Überlegungen zur wirtschaftlichen Seite unseres Gesundheitssystems ausführen. Zu den immensen Kosten, die dieses System verursacht, habe ich weiter oben schon Zahlen genannt. Dennoch reichen die Gelder hinten und vorne nicht. Krankenkassen haben immer wieder Defizite, wie auch Krankenhäuser und selbst Ärzte mit eigener Praxis hört man immer häufiger klagen. Ich will das gar nicht weiter kommentieren. Einiges davon stimmt sicherlich, anderes wird übertrieben. Ich habe selten Ärzte erlebt, die am Hungertuch nagen.

In gewisser Weise nährt sich das System von selbst. Einmal zum Arzt gegangen, erfährt man erst wie krank man doch ist, obwohl man sich eigentlich ganz gesund fühlte, und eine Spirale von Arztbesuchen wird in Gang gesetzt. Manche Menschen leben schon fast in Arztpraxen, weil sie sonst wenige Kontakte haben, sich einsam fühlen oder wegen jedem Wehwehchen denken, sie hätten eine schlimme Erkrankung. Bekommt man erst einmal ein Medikament verschrieben, folgen nicht selten weitere, um Nebenwirkungen abzufedern oder weil man abhängig wird und dann eine eigentlich unnötige dauerhafte Medikamentierung benötigt, wie im Falle mancher Psychopharmaka.

Neue Apparate und Abteilungen schreien nach Auslastung, weil die Investitionen wieder verdient werden müssen. So kommt es nachweislich in Deutschland zu vielen unnötigen Operationen im internationalen Vergleich, insbesondere im orthopädischen Bereich, aber auch in anderen medizinischen Fachgebieten. Für mich immer wieder überraschend ist die Solvenz der Pharmakonzerne und Pharmaunternehmen. Sie erzielen nicht nur gewaltige Renditen, sondern geraten nach meiner Kenntnis auch so gut wie nie in wirtschaftliche Schwierigkeiten. In kaum einer Branche gibt es so viele Lobbyisten und so viel Kreativität, um die Absatzzahlen mit lauteren aber auch unlauteren Mitteln in die Höhe zu treiben. Dabei sollten Kontrollbehörden oder wer auch immer dafür Sorge tragen, dass die Geschäftsmodelle der Player im Gesundheitssystem nicht ausschließlich ihren wirtschaftlichen Interessen dienen, sondern vorrangig den Anliegen und Notlagen ihrer Patienten.

Viel zu oft kommt es zu unbeabsichtigten Fehlsteuerungen im System, indem entweder medizinische Unterversorgung oder Überversorgung passiert, häufig in Abhängigkeit der Finanzkraft der Patienten und ihrer abgedeckten Krankenkassenleistungen. Wie man diese beschriebenen Entwicklungen vermeiden kann, entzieht sich meiner Kenntnis und meinem Vorstellungsvermögen. Ich kann lediglich feststellen, dass man alles tun sollte, um das Gesundheitssystem nicht dermaßen zu belasten, wie es derzeit der Fall ist. Die Menschen müssen mehr Verantwortung tragen für ihr Leben und ihre Gesundheit. Im Zweifel müssen sie auch besser unterrichtet und aufgeklärt werden, schon von Kindesbeinen an in einer Gesundheitserziehung an den Schulen. Krankmacher schon möglichst frühzeitig im Leben zu vermeiden, ist wohl der beste und einzig gangbare Weg, das Gesundheitssystem spürbar zu entlasten und insgesamt eine gesündere Bevölkerung zu erhalten. So gewinnen wir freie Kapazitäten für dringende Notfälle und größere Notsituationen, die bei Katastrophen, Unfällen, Terroranschlägen, Kriegen oder Pandemien dringend benötigt werden und nicht zu vermeiden sind, und wir können Überkapazitäten in Bereichen abbauen, die für typische Zivilisationskrankheiten moderner Gesellschaften errichtet wurden. Auch kann man sich bei leichteren Krankheitsformen, Befindlichkeitsstörungen oder Verletzungen bewährter Hausmittel oder alternativer Methoden erinnern und bedienen, ohne immer sofort eine Apotheke oder einen Arzt aufzusuchen.

Als Fazit ist wohl durchaus zu erwarten, dass sich das Gesundheitssystem in Deutschland aus sich selbst heraus nicht heilen kann, was seine Fehlsteuerungen, chronischen Kostenprobleme und Unterfinanzierungen anbelangt. Es liegt im Interesse aller beteiligten Akteure des Systems, Profite und Renditen zu erwirtschaften (Pharmaindustrie, Medizintechnische Unternehmen, Selbständige Ärzte, Apotheker und Therapeuten), Auslastungen zu steigern (Krankenhäuser und Rehazentren), Beiträge zu erhöhen (gesetzliche und private Krankenkassen) und das System möglichst vollumfänglich in Anspruch zu nehmen (Patienten). Es gibt nur einen Weg aus dem Dilemma, nämlich das System nicht so stark in Anspruch zu nehmen und somit die Gesundheitsversorgung gesamthaft auf ein niedrigeres Niveau herunterzufahren. Dabei muss weiterhin die Gesundheitsversorgung für alle Bürgerinnen und Bürger sichergestellt sein. Die Zahl der Erkrankungen und Krankheitstage sowie volkswirtschaftlichen Krankheitskosten können dabei nur sinken, wenn die Menschen auch wirklich weniger krank sind und werden. Diese Trendumkehr lässt sich logischerweise nur dadurch erreichen, indem wir die letzten Ursachen beseitigen und die Krankmacher so gut es geht meiden und zwar dauerhaft und schon möglich frühzeitig im Leben. Es liegt doch im natürlichen Interesse der Menschen, gesund zu sein und zu bleiben. Das ist in meiner Einschätzung der wesentliche Anknüpfungspunkt, die Fehlentwicklungen im Gesundheitssystem nachhaltig zu beseitigen.

Die beste Therapie: Vermeidung von Krankmachern

Das Erfolgsrezept der Gesundheitsvorsorge ist so einfach wie wahr. Es könnte so von meiner Oma stammen, die das vielleicht anders ausgedrückt hätte. Zugegeben waren damals auch noch nicht alle Krankmacher auf dem Markt, dafür gab es einen Haufen anderer Probleme, die wir heute zumindest in Deutschland überwunden haben. Für die Gesundheitsvorsorge bzw. Krankheitsprävention benötigt man weder wissenschaftliches Know-how noch besondere Klugheit oder Bildung, sondern lediglich etwas gesunden Menschenverstand. Bestenfalls fängt man schon in der Kindheit an, diese Verhaltensmaximen zu beherzigen, damit sich die Krankmacher in der weiteren Lebenszeit in Körper und Geist gar nicht erst breitmachen und sich dann langsam und schleichend als eine der vielen Zivilisationskrankheiten in unserem Körper und Geist manifestieren können, im schlechtesten Falle mit irreversiblen Schäden. Wie wir wissen, sind Zivilisationskrankheiten in der Regel durch mehrere Ursachen gleichzeitig entstanden und zeigen sich dann in den sogenannten systemischen oder auch chronischen Erkrankungen, von denen es leider mittlerweile viel zu viele gibt.

Umweltgifte und Schadstoffe, die Luft, Wasser und Böden verunreinigen und dann in den menschlichen Organismus gelangen, gibt es heute unendlich viele. Diese Stoffe entstammen, Produktionsprozessen, Verbrennungsprozessen, chemischen Prozessen, mechanischen Prozessen oder welchen Prozessen auch immer und sind somit menschengemacht. Viele Stoffe kommen dabei in den Umlauf, ohne dass dafür Werte, Erhebungen und Studien hinsichtlich ihrer Unbedenklichkeit vorliegen. Meistens wird eine Schädlichkeit erst dann vermutet, wenn sich bestimmte Auffälligkeiten bei Menschen, die dem Stoff besonders ausgesetzt waren, ergeben und man so von einem unmittelbaren Ursache-Wirkungszusammenhang ausgehen kann. Die eingeschränkte Verwendung eines solchen Stoffes unter besonderen Sicherheitsauflagen oder gar das

Verbot des Stoffes erfolgt damit immer zu spät, wenn das Kind schon in den Brunnen gefallen ist. In vielen Fällen gibt es auch Meinungsverschiedenheiten über Grenzwerte der Verträglichkeit des Stoffes oder über das Vorhandensein einer realen Ursache-Wirkungszusammenhangs zwischen dem Stoff und den gesundheitlichen Veränderungen bei betroffenen Menschen. Kläger und Beklagte streiten sich dann nicht selten vor den Gerichten in langwierigen Prozessen unter Hinzuziehung von Gutachtern, denn es stehen oftmals hohe Schadenersatzforderungen oder massive wirtschaftliche Konsequenzen im Raum.

Zudem sind wir in der Zukunft immer klüger und stellen dann erst viele Jahre oder auch Jahrzehnte später fest, welchen negativen Einfluss bestimmte Stoffe auf den Menschen ausüben. Dies gilt manchmal leider auch für Medikamente oder Bestandteile von Impfungen, aber auch für Baumaterialien, Kunststoffe, Farben und Lacke, Zusatzstoffe in Nahrungsmitteln, Klebstoffe, Spielwaren, Pflegeprodukte und Kosmetika, Strahlung verschiedener Wellenlängen und, und, und. Heute wissen wir zum Beispiel Asbest, Formaldehyd, FCKW, BPA und Weichmacher sind schädlich für den Menschen, früher jedoch stellten sie scheinbar kein Problem dar.

Bei der Unzahl von schädlichen Stoffen, die wir bewusst produzieren oder als unerwünschte Nebenprodukte in Kauf nehmen, ist man gut beraten, sich so gut es geht selbst aufzuklären und zu informieren, um sich auf Produkte zu konzentrieren, die aus natürlichen Stoffen bestehen und sich in Natur und im menschlichen Körper gut abbauen bzw. verwerten lassen. Solche Produkte zu finden ist gar nicht immer so einfach und gleicht in manchen Produktbereichen der Suche nach der Nadel im Heuhaufen. Doch in vielen Fällen gibt es sie und seriöse ökologische Gütesiegel können dabei den Weg weisen.

Das Erfolgsrezept der Gesundheitsvorsorge:

Ernäh-rung	Gesunde und vitalstoffreiche Ernährung (siehe Kapitel Ernährungssystem)
	Möglichst keine Medikamente und Nahrungsergänzungsmittel

Ernährung	Reines Quellwasser, Osmosewasser, Kräuter- oder Früchtetees und seltener auch einmal ein Bier oder einen Wein trinken
	Keine Drogen, keinen Tabak und sehr wenig Alkohol konsumieren
Körper Psyche	Einseitige körperliche und geistige Belastungen vermeiden
	Entspannungstechniken und Verwöhnmomente pflegen
	Genügend und tiefer Schlaf
	Keine dauerhafte Unterforderung oder Überforderung
	Dosierte Bewegung und (regel)mäßiger Sport
	Ab einem gewissen Alter Vorsorgeuntersuchungen
	Riskante und gefährliche Tätigkeiten und Aktionen meiden
Psyche	Intakte Familienbeziehungen und Freundschaften
	Sinnvolle Aufgaben und berufliche Tätigkeiten
	Anspruchshaltungen mit Maß und Mitte
	Realistische und erreichbare Ziele setzen
	Religiosität und einfache Gläubigkeit praktizieren
Umwelt	Gesundes Wohn-, Arbeits- und Schlafumfeld (keine Schadstoffe in Böden, Wänden, Möbeln und Ausstattungsgegenständen)
	Keine Schadstoffe in Pflegeprodukten, Kosmetika, Kleidung und Gegenständen des häufigen Gebrauchs
	Für frische Luftzufuhr draußen wie drinnen sorgen
	Wenig Strahlungsexposition in Wohnung und im Freien (siehe Kapitel Digitale Systeme)

Umwelt	Bakterien, Viren, Keime, Pilze und Parasiten in schädlichen Konzentrationen meiden
	Wenn man daran glaubt: z.b. geopathische Störfelder meiden oder Feng Shui Prinzipien anwenden

Dieses Erfolgsrezept mag vielen Lesern einleuchten und es klingt zunächst auch recht einfach, wenn da nicht die verflixte Umsetzung wäre. Wenn Gesundheitsförderung und Krankheitsprävention mit wirklicher Ernsthaftigkeit und Nachhaltigkeit praktiziert werden soll, bedeutet dies für fast alle von uns massive Änderungen in Einstellungen, Vorstellungen und Lebensführung. Die Umsetzung der Verhaltensmaximen und Krankheitsvermeidungsstrategien setzen ein ungeheures Maß an Disziplin, Informiertheit und vielleicht auch Verzicht auf liebgewonnene Gewohnheiten voraus. Auch von Bedeutung ist natürlich, welche Freiheitsgrade der Mensch überhaupt besitzt, sich einer gesundheitsgefährdenden Umwelt und Mitwelt zu entledigen. Nicht jeder kann sich aus seinem Wohnumfeld, von seinem Arbeitsplatz oder seiner Familie einfach und sofort entziehen, wenn die Zustände krank machen. Doch bei den eigenen Sicht- und Verhaltensweisen, die sich z.B. in Ernährungsgewohnheiten, Konsumentscheidungen, Freizeitgestaltung, Nutzungsverhalten von Gebrauchsgütern, Risikobereitschaft, Körperpflege und Mentalpflege ausdrücken, gibt es deutlich mehr Freiheitsgrade, Krankmacher zu vermeiden und das eigene Immunsystem gesund zu erhalten.

Bei den zweifelsfrei sehr großen Herausforderungen, die in der erfolgreichen Umsetzung des Erfolgsrezeptes zur Krankheitsvermeidung liegen, dürfen wir allerdings auch nicht vergessen: Auf der anderen Seite der Bilanz, auf der Habenseite, bekommen wir ein sehr hohes Gut, die Gesundheit und ein vitaleres, liebenswerteres und lebenswerteres Leben. Zudem setzen wir damit als positives Beispiel auch Akzente für viele Verbesserungen in den anderen Systemen unsrer Lebenswelt, die ich in diesem Buch behandele und können damit zusammen mit immer mehr anderen Menschen eine Bewegung, eine Welle der Veränderung in Gang setzen. Wir dürfen dabei allerdings auch nicht Gefahr laufen, uns zu Selbstoptimierern, Egomanen, Selbstkasteiern oder Misanthropen zu entwickeln, weil uns das alles so anstrengt. Es kann auch befreien, ein sicheres Gefühl verleihen und einfach Spaß und Freude bereiten, sein Verhalten in dieser Weise nach und nach umzustellen. Es kommt wie immer auf unsere Sichtweise und unsere eigene geistige Konstruktion der Wirklichkeit an, wenn wir es ernst meinen mit dem Anspruch richtig leben zu wollen.

Die klassische Medizin: Ist nicht genug

Aus teleologischer Sicht sollte ein Gesundheitssystem vier Zwecken dienen, wenn man es als ganzheitlich bezeichnen will. Zunächst einmal der **Gesunderhaltung** der Menschen im Sinne der Gesundheitsaufklärung und der Gesundheitsvorsorge sowie der **Gesundmachung** im Sinne der Behandlung und der Heilung.

Die **Gesundheitsaufklärung** beinhaltet die Vermittlung von Gesundheitswissen, im Wesentlichen Wissen über Krankheitsursachen und Krankmacher, von Krankheitssymptomen und Krankheitsbildern, von Behandlungsmitteln und Behandlungsmethoden und von Heilmitteln und Heilmethoden.

Die **Gesundheitsvorbeugung oder -vorsorge** umfasst vor allem Maßnahmen und Verhalten zur Gesunderhaltung, Einstellungen und Motivationen der Menschen, ihre Lebensumstände und Umweltzustände in denen sie agieren, als auch Impfungen und Vorsorgeuntersuchungen.

Wenn wir von **Behandlung** sprechen meinen wir in der Regel, Lebensrettung, Lebensverlängerung, Beseitigung von Krankheitssymptomen und von Funktionsstörungen in Geist und Körper, Linderung von Schmerzen, Wiederherstellung eines lebenswerten Zustandes, Wiedereingliederung in Gesellschafts- und Berufsleben, die Gabe von Medikamenten unter möglichen Nebenwirkungen und den Einsatz medizinischer Apparaturen und menschlicher bzw. künstlicher Ersatzteile.

Eine echte **Heilung** liegt vor, wenn es zu einer dauerhaften Beseitigung der Krankheitsursachen kommt und der Ursprungszustand des Menschen vor seiner Erkrankung wiederhergestellt wurde, ohne weitere Behandlungsnotwendigkeit und erkennbare und fühlbare Einschränkungen in Körper und Geist. Erst diese vier

Zwecke zusammen beschreiben ein ganzheitliches Gesundheitssystem.

Wenn man dieses System in seinen Kausalitäten betrachtet, so können seine Elemente Ursache und Wirkung von Krankheit und Gesundheit zugleich sein. Ein Element kann sowohl Krankmacher sein, der Gesunderhaltung dienen oder vielleicht sogar als Heilmittel fungieren. Nehmen wir beispielhaft die Ernährung. Eine gesunde Ernährung dient der Gesunderhaltung bzw. der Krankheitsvermeidung, da sind sich die Gelehrten einig. Eine falsche und ungesunde Ernährung führt zu vielfältigen Erkrankungen wie Herz-Kreislauferkrankungen, Diabetes, Adipositas und Arteriosklerose. Auch da sind sich die Gelehrten einig. Aber kann eine gesunde und richtige Ernährung auch heilend wirken? Da streiten sich die Geister. Der Papst der Ernährungsmedizin, der klassischer Schulmediziner ist, sagt nein, viele andere Schulmediziner, Ernährungsberater und Heilpraktiker sagen ja.

Ich bin der Überzeugung, Stoffe sind Krankmacher und Heilmittel zugleich. Das entspricht dem dualistischen oder dichotomen Denkansatz, den ich weiter oben im Buch beschrieben habe und natürlich auch dem zweckgerichteten Systemdenken. Der betrachtete Stoff, hier die Nahrungsmittel oder Lebensmittel, können zwischen gesund- und krankmachend hin und her oszillieren, je nach konkreter Ausprägung und eingesetzter Dosis. Das gleiche gilt für Stress, Entspannung, Sport, Arzneimittel, Wasser, Strahlung usw. Es kann Vorbeugemittel, Krankmacher, Behandlungsmittel oder gar Heilmittel sein, je nachdem in welcher Form, Ausprägung und Dosis es eingesetzt und gebraucht wird. Wie heißt es so schön: Erst die Dosis macht das Gift und unser Immunsystem braucht eine kleine Menge Gift, um die große Menge Gift abzuwehren. Dies sind die Wirkmechanismen bei der Impfung, bei der Immunisierung im Falle von Allergien oder bei der Behandlung durch Homöopathie. Gleiches mit Gleichem zu heilen, selbst wenn es unter einer wissenschaftlichen Nachweisgrenze liegt, funktioniert scheinbar bei sehr vielen Menschen nachhaltig. Im Grunde ist es dann egal, ob die Heilung mit heutigen wissenschaftlichen Mitteln auch erklärbar ist.

In diesem Sinne spielt auch der Geist des Menschen eine wichtige Rolle. Auch dieser kann Ursache und Wirkung von Krankheit und Gesundheit zugleich sein. Der Mensch kann sich demnach auf Krankheit oder Gesundheit selbst programmieren, quasi durch

Willenskraft zur Selbstheilung, aber andererseits auch durch dauerhaft negative Gedanken zu einer Erkrankung gelangen. Inwieweit Heilmethoden und Heilmittel unmittelbar, mittelbar oder gar nicht zu einer Gesundung der Menschen beitragen, werden wir wohl nie wirklich ergründen können. Aber auch dies sollte kein Problem darstellen, solange die Heilerfolge beim Patienten erzielt werden und dauerhaft bestehen bleiben. Letztlich ist es für den gesundeten Menschen egal, ob ein Heilmittel, das im wissenschaftlichen Sinne existiert oder auch nicht, oder der eigene Geist für den Heilerfolg gesorgt haben oder vielleicht auch beide Elemente zusammen. Wie heißt es immer so schön: Der Glaube kann Berge versetzen. In diesem Sinne und im Sinne eines richtig verstandenen Systemdenkens kann der Gottesglaube sowohl krank als auch gesund machen. Zudem ist es wohl auch nur sekundär wichtig, ob es Krank- und Gesundmacher im wissenschaftlichen Sinne wirklich gibt oder der Mensch sich diese nur einbildet.

Ein ganzheitliches Gesundheitssystem muss daher sehr weit gedacht werden mit nahezu unendlich vielen Elementen und Beziehungen, die alle zu den vier genannten Zwecken beitragen können, in unterschiedlicher Intensität und Wirksamkeit sowohl für Krankheit und Gesundheit. Ich sage es einmal etwas vereinfacht: Unser heutiges klassisches Gesundheitssystem besteht aus relativ wenigen Elementen und Beziehungen, im Grunde aus Medizinern, Apothekern, Physio- und Psychotherapeuten, Pflegern und Patienten und die Beziehungen sind geprägt durch Behandlungen, seltener durch Aufklärung, vielleicht durch Vorbeugung in Form von Vorsorgeuntersuchungen und viel zu selten durch wirkliche Heilung. Auch betrachtet werden Behandlungsmittel und -methoden, wie klassische Therapien deren Kosten Krankenkassen übernehmen, Krankenhäuser, Rehazentren, Arztpraxen, Apotheken, eventuell Pharmaunternehmen, Krankenkassen, Operationsmethoden, Arzneimittel, medizinisch-technische Hilfsmittel und menschliche bzw. künstliche Ersatzteile. Eine solche Systemabgrenzung ist viel zu eng und lange nicht genug. Wir müssen das Gesundheitssystem weiter fassen, um es ganzheitlich zu betrachten und es damit besser verstehen und steuern zu können. Letztlich muss der Fokus viel stärker auf den Zwecken, Aufklärung, Vorbeugung und Heilung liegen und nicht nur auf dem heute vorrangig betrachteten Zweck der Behandlung. Daher möchte ich gerne noch einige Ausführungen zu den Themen Gesundheitsaufklärung und Heilung machen. Zu dem

Thema Vorbeugung habe ich in dem vorherigen Gliederungspunkt schon meine Gedanken dargelegt.

Eine gute Gesundheitsaufklärung basiert auf objektiven und wissenschaftlich belegten, also evidenzbasierten Gesundheitsinformationen der Schulmedizin, aber auch auf den zum Teil über hunderte von Jahren erfolgserprobten Erfahrungen der komplementären und alternativen Heilmethoden (CAM).

Gute Gesundheitsinformationen müssen demnach bestimmten Qualitätskriterien genügen und ....

Erfahrungen und Bedürfnisse der Patienten einbeziehen

Verständlich formuliert sein

Informationsquellen und –alter erkennen lassen

Daten zur Wirksamkeit bzw. Heilsamkeit beinhalten

Experten- und erfolgserprobtes Erfahrungswissen beinhalten

Nutzen und Risiken der Behandlung aufzeigen

Ziele und Zielgruppen benennen

Behandlungsalternativen aufzeigen, auch nicht evidenzbasierte

Adressen, Ansprechpartner und Anlaufstellen nennen

Studienlagen vollständig darstellen inkl. Unsicherheiten

Inhalte haben, die für den Patienten hilfreich sind

Entscheidungsunterstützung für Behandlungsmethoden bieten

Richtig (i. S. von evident oder erfolgserprobt) sein

Transparent (i.S. von schnell und einfach zugänglich) sein

Einige Aspekte zu diesen Qualitätskriterien möchte ich gerne noch etwas näher beleuchten. Ist der Zweck der Gesundheitsinformationen auf die Gesunderhaltung gerichtet, dann benötigt man eher weniger Menschen, die eine klassische medizinische Ausbildung genossen haben, sondern Toxikologen, Baubiologen, Strahlungs-experten, Psychotherapeuten, Personal Trainer und Fitness Coaches, Ernährungsberater, Gesundheitsberater, Präventionsberater, Heilpraktiker usw., steht hingegen die Frage der Gesundmachung im Vordergrund sind vorrangig Mediziner, Apotheker, Pharmakologen, Virologen usw. gefragt oder auch Vertreter der CAM. Dann stellt sich natürlich unmittelbar die Frage, von welchen Personengruppen oder Institutionen sind Gesundheitsinformationen zu erwarten, die wirklich unabhängig und nicht interessengeleitet sind.

Grundsätzlich kann man heute im Internet zu allen Fragen der Gesunderhaltung und Gesundmachung Informationen finden. Doch sind diese Quellen seriös und basieren auf wissenschaftlichen Belegen oder zumindest erprobtem Erfahrungswissen, oder sind die Quellen tendenziös und verfolgen alle denkbaren Interessen nur nicht diejenigen derer, die danach suchen. Vielfach sind es leider auch wirtschaftliche Interessen, die Gesundheitsinformationen ganz gewaltig färben. Zudem stellt die Bertelsmann Stiftung nicht überraschend fest, dass sich auch beim Thema Gesundheitsinformationen Echokammern und Informationsblasen bilden, in denen Patienten ihre ganz eigenen Wahrheiten jenseits von Evidenz finden. Informationen, die die eigene Motivlage bedienen werden leichter vertraut, da sie im Einklang stehen mit den eigenen Vorannahmen, Haltungen und bildhaften Vorstellungen.

Der interessierte Laie findet Gesundheitsinformationen aus der Perspektive der Schulmedizin z.B. finanziert oder aus der Feder von Pharmagroßhändlern, der Pharmaindustrie, Gesetzlichen Krankenkassen, der Bundesärztekammer und den Kassenärztlichen Vereinigungen, Verbraucherverbänden, Apotheken, Verlagen, der Bertelsmann Stiftung, von Ministerien oder diesen nahestehenden Instituten und Einrichtungen, wie dem Paul Ehrlich Institut und dem Robert-Koch-Institut und nicht zu vergessen auch auf der Wissensplattform Wikipedia. Selbstverständlich findet der interessierte Laie auch zu jedem Thema einschlägige Literatur in Papierform. Inwieweit die oben angeführten Qualitätskriterien von diesen genannten Quellen wirklich eingehalten werden, vermag ich nicht zu beurteilen. Da sollte sich jeder selbst ein eigenes Bild machen. In jedem Falle ist eine kritische Grundhaltung angebracht und die Herkunft der Informationen immer auch zu berücksichtigen. Erschwerend kommt hinzu, dass sich auch die

Schulmediziner logischerweise nicht immer einig sind, welches nun das angemessene Behandlungsverfahren ist oder welche Diagnose eigentlich vorliegt. Zwei Ärzte drei Meinungen findet man gar nicht allzu selten vor. Auch ich durfte vor 17 Jahren diese Erfahrung machen, als ich einen Leistenbruch vernähen lassen musste und ein laparoskopisches oder klassisches Verfahren zur Wahl stand. Letztlich nimmt einem weder der Arzt, noch die umfangreichste richtige oder vielleicht auch falsche Studie die Entscheidung ab. Leider bleibt in bestimmten Gremien auch die Schulmedizin fachbereichsspezifisch unter sich. In der Ständigen Impfkommission (STIKO) z.B. gibt es meines Wissens nur Mitglieder, die sich in der Impfforschung, Immunologie, Infektiologie, Virologie usw. betätigen und somit qua ihrer Profession dem Nutzen von Impfungen deutlich positiver gegenüberstehen als ihren Risiken. Die Risiken werden meistens nur nachrangig behandelt, da eine Nähe zur Pharmaindustrie und damit Interessenkonflikte auch dann ernsthaft zu vermuten sind, wenn die Selbstauskünfte der STIKO Mitglieder dies nicht unmittelbar erkennen lassen. Einen Toxikologen jedenfalls habe ich noch nicht als Mitglied der STIKO vorgefunden und einen Impfkritiker schon gar nicht.

Grundsätzlich sei mir noch ein Gedankengang zu dem Thema Risiko und Nebenwirkungen von Behandlungen, Medikamenten und Impfungen im schulmedizinischen Bereich gestattet. Nicht wenige Substanzen erweisen sich erst nach vielen Jahren oder Jahrzehnten ihres Einsatzes als toxisch und gesundheitsgefährdend. Traurige Beispiele hierfür gibt es leider genug. Selbst wenn in klinischen Doppelblindstudien die Wirksamkeit eines Medikamentes nachgewiesen werden kann, so können sich die Nebenwirkungen doch erst auf längere Sicht im Körper manifestieren und anreichern und im schlimmsten Falle zu irreversiblen Schäden führen. Diese Nebenwirkung dann jedoch dem Medikament noch ursächlich zuschreiben zu können, ist natürlich quasi unmöglich, da jeder Mensch in seinen weiteren Lebensjahren zahlreichen weiteren Einflussfaktoren unterliegen kann, die vielleicht auch zu vergleichbaren schädlichen Folgen führen könnten. Lediglich zeitlich unmittelbare Nebenwirkungen direkt nach der Medikamentengabe lassen die Gesellschaft daher aufmerken. Selbst dann wehrt sich die Pharmaindustrie mit Händen und Füßen, ihre Verantwortung anzuerkennen. Es müssten schon so frappierende Folgen eintreten, wie im Falle von Contergan, wo die Wirkungskette zweifelsfrei zu beweisen war. Es ist quasi das erste Axiom der Pharmaindustrie: Die Wirksamkeit eines Medikamentes wird übertrieben und die Nebenwirkungen werden untertrieben. Nichtsdestotrotz sieht der Beipackzettel von Aspirin grauenvoll aus und enthält alle denkbaren Schreckensszenarien. Doch dies hat lediglich rechtliche Gründe und wird vom Verbraucher in der Regel weder beachtet noch ernst genommen. Es ist mittlerweile Kulturgut, dass Aspirin nicht schadet, sondern hilft, zumindest kurzfristig, was ich aus eigener Erfahrung bestätigen kann. Aber was sind die langfristigen Folgen einer täglichen Einnahme? Hier gilt dann das zweite Axiom der Pharmaindustrie: Erst die Dosis macht das Gift. Doch wo endet die Linderung und wo beginnt das Gift?

Deutlich mehr Wildwuchs, insbesondere im Netz, findet man zu den alternativen und komplementären Heilverfahren (CAM). Dubiose Quellen und Autoren versprechen den verzweifelten Suchern nach letzten Heilungschancen das Blaue vom Himmel. Doch auch in diesem Feld sind wir nicht davon befreit, nach bestem Wissen und Gewissen eigenständig als mündige und verständige Bürger die Spreu vom Weizen zu trennen. Auch in diesem Bereich gibt es natürlich einschlägige und seriöse Informationsquellen zu den Heilkräften der Natur oder zu seit Jahrhunderten bewährten Methoden und Verfahren aus anderen Kulturkreisen. Es gibt das Lehrbuch für Heilpraktiker oder auch unabhängige Gesundheitszentren, die sich dem Wohle der Menschen und Patienten verpflichtet fühlen. Aus eigener Anschauung und Erfahrung möchte ich hier z.B. die Gesellschaft für Gesundheitsberatung in Lahnstein nennen, die von Dr. Bruker ins Leben gerufen wurde und als eingetragener Verein tätig ist. Unabhängige Gesundheitszentren werden nicht durch die Pharmaindustrie oder die medizintechnische Industrie beeinflusst und unterliegen nicht den systemischen Zwängen der medizinischen Wissenschaftsgemeinschaft hinsichtlich von Renommee und Karrieremöglichkeiten oder den Regularien für niedergelassene Ärzte. Natürlich sind auch diese Einrichtungen nicht kostenfrei und müssen ihre Leistungen in Rechnung stellen.

Ein Ausweg aus dem Dilemma, wirklich verlässliche, glaubwürdige, seriöse und hilfreiche Gesundheitsinformationen zu erhalten, könnte in Zukunft ein neues Berufsfeld sein, das staatlich zertifiziert wird und sich aus den verschiedenen bereits heute bekannten Berufen rekrutieren könnte. Auch ein eigener Ausbildungs- oder

Studiengang wäre denkbar. Als Health Coach oder Health Scout könnte man die Menschen und Patienten ein Leben lang begleiten und mit unabhängigen Gesundheitsinformationen versorgen, sie bei Gesundheitsvorsorge und -förderung unterstützen und coachen und die geeigneten Therapien, Therapeuten, Mediziner und Heilpraktiker sowie Therapieeinrichtungen passgenau auswählen.

Hilfreich wären auch Gesundheitsinformationen, die in intelligenten Wissensdatenbanken und Wissensnetzwerken vorgehalten werden und quasi den gesamten Wissensfundus zum Thema Gesundheit beinhalten, sei es wissenschaftlich fundiert oder auf bewährten Erfahrungen beruhend. Auf den aktuellen Stand der Erkenntnis zugreifen zu können, ist dabei genauso wertvoll, wie auf bewährte seit Jahrhunderten praktizierte Methoden und Rezepte. Mit den Methoden der künstlichen Intelligenz werden sich künftig viele Gesundheitsfragen für den einzelnen Nutzer treffsicherer beantworten lassen, als dies in einem kurzen Gespräch mit dem Hausarzt oder Facharzt heute möglich ist. Auch wird es durch Verfahren von Big Data leichter fallen, auf den weltweiten Datenbestand von Erkrankungen und erfolgreichen Therapien zuzugreifen, um die Erfolgswahrscheinlichkeiten für verschiedene Behandlungsoptionen zu ermitteln. Voraussetzung ist natürlich, dass das Datenmaterial in anonymisierter Form auch verfügbar gemacht wird und nicht einem zu rigiden Datenschutz zum Opfer fällt. Bei aller Verfügbarkeit noch so guter Gesundheitsinformationen müssen wir aber immer bedenken: Gesunderhaltung und Gesundmachung setzen menschliche Nähe und Zuwendung voraus, sie benötigen Mitgefühl und helfende Hände im wörtlichen Sinne und letztlich Vertrauen, ganz viel Vertrauen in die heilende Wirkung der Therapien und die Wirksamkeit der Maßnahmen zur Gesundheitsförderung. Ohne Vertrauen in die Wirksamkeit der Fremd- und Selbsthilfe wird eine nachhaltige Gesunderhaltung und Gesundmachung nur ein frommer Wunsch bleiben.

In der Fachwelt werden Naturheilverfahren, die auch im vertragsärztlichen Bereich immer mehr zum Einsatz kommen, als Complementary and Alternative Medicine (CAM) bezeichnet. In einer Studie der Uni Bayreuth von 2014 wurden an 2.396 Vertragsärzte Fragebögen versandt, von denen 571 beantwortet zurückgesandt wurden. 63 % der Ärzte wenden demnach CAM in ihrer Praxis an, da sie von der Wirksamkeit der Therapieformen überzeugt sind, es ein Ausdruck ihrer Therapiefreiheit sei und die Verfahren als nebenwirkungsarm eingeschätzt werden. Einige wenige sehen auch den finanziellen Vorteil darin. Es wurden 25 alternative und komplementäre Heilverfahren abgefragt, von denen Akupunktur/TCM, Pflanzenheilkunde, Homöopathie und Neuraltherapie am meisten Nennungen erhielten. Insgesamt gibt es eine große Vielfalt von Therapieformen. Unter ihnen z.b. die Pflanzenheilkunde/Kräuterheilkunde, die Homöopathie, traditionelle und kulturelle Techniken wie Akupunktur/TCM und Ayurveda, Entspannungstechniken wie Meditation und Yoga, Energiemedizin wie z.b. Bioresonanz, manuelle Techniken wie z.b. Osteopathie, Akupressur oder Kinesiologie, Bäderheilkunde, Bewegungstherapien oder auch Ausprägungen der Volksmedizin, die sich z.b. auf bewährte Hausmittel stützen. Exakte inhaltliche Abgrenzungen sind nicht immer einfach vorzunehmen und die Angebote beinhalten Therapien, die noch eine gewisse wissenschaftliche Nähe aufweisen bis hin zu Para- oder Pseudowissenschaftlichen Verfahren wie Schamanismus oder esoterischer Medizin, die am weitesten entfernt sind von einem aufgeklärten wissenschaftlichen Denken der westlichen Welt im Sinne einer Evidenzorientierung.

Das unten dargestellte Schaubild soll noch einmal die dualistische Gegenüberstellung verdeutlichen, mit ihren Überschneidungen und Abgrenzungen, die ich nach bestem Wissen und Gewissen zur Veranschaulichung in den verschiedenfarbigen Balken und wesentlichen Merkmalen dargestellt habe. Ich habe den Eindruck, dass die Pole in den letzten Jahren etwas näher zusammenrücken und nicht mehr so konfliktär gegenüberstehen. Das wird insbesondere auch daran deutlich, dass sich immer mehr Schulmediziner diesen Methoden gegenüber offen zeigen und die Wirksamkeit nicht in Frage stellen. Letztlich muss man aber konstatieren, dass Heilpraktiker, Gesundheitsberater und Schulmediziner um denselben Kunden, der Patient heißt, auch konkurrieren. Beide Seiten werfen sich dabei gerne ein wirtschaftliches Profitdenken vor und bezweifeln zugleich die ausreichende Wirksamkeit der Behandlungsformen.

Ich plädiere aus umfangreichen eigenen Erfahrungen und langer Beschäftigung mit diesem Thema für eine gleichgewichtete Berücksichtigung beider Ansätze, allerdings sollte man sich eingehend mit diesen CAM Optionen auseinandersetzen, da es hier auch viel Blindleistung und fehlende Wirksamkeiten gibt, wie übrigens auch im Feld der klassischen Schulmedizin. Denken wir dort nur an Fehldiagnosen, falsche Medikamentierungen und unnötige Operationen. Auch die Wirksamkeit von manchen Medikamentengruppen müssen teilweise deutlich in Frage gestellt werden. Es darf nicht sein, dass sich Schulmediziner z.B. bei Grippeschutzimpfungen oder einigen Psychopharmaka mit einer Wirksamkeit von unter 50 % zufriedengeben, bei den nicht bekannten Langzeitfolgen oder den bereits bekannten Nebenwirkungen.

Wenn man das Systemdenken ernst nimmt, ist es der richtige Ansatz, das Gesundheitssystem ganzheitlich zu verstehen und alle Chancen auf Heilung zu ergreifen, bei gleichzeitiger Minimierung möglicher Risiken. Dies gilt für beide Seiten der Medaille, Schulmedizin und CAM gleichermaßen, schon aus Gründen der Vernunft und auch aus Kostengründen. Was wann der richtige und erfolgversprechendere Behandlungsweg ist und wie sich beide Ansätze eventuell auch gut ergänzen, sollten die Empfehlung einer möglichst unabhängigen Gesundheitsaufklärung beinhalten. Diese entstammen heute meistens jedoch noch aus der Feder einer der beiden Denkschulen, so dass ein kritischer und ganzheitlich denkender Mensch leider nicht darum herumkommt, die Entscheidung über die zu wählende Therapieform und die Einschätzung der damit verbundenen Heilungschancen selbst vornehmen zu müssen. Dennoch bin ich der Auffassung, man sollte unvoreingenommen beide Seiten berücksichtigen und nicht mitmachen bei der unversöhnlichen Konfrontation, die Vertreter beider Ansätze noch häufig praktizieren.

Gar nicht erst krank zu werden, ist das Primärziel eines ganzheitlichen Gesundheitssystems. Dafür bedarf es einer funktionierenden Gesundheitsaufklärung und Gesundheitsprävention. Wenn man dennoch krank wird oder sich verletzt, sollte eine Behandlung immer zu einer endgültigen Heilung führen. Das ist das Sekundärziel. Wenn auch dieses nicht möglich ist, bleibt als Tertiärziel nur die Schmerzlinderung und Lebensverlängerung, bei möglichst gleichzeitigem Erhalt der geistigen und körperlichen Eigenständigkeit. So einfach und schwierig zugleich ist die Betrachtung auf der Individualebene. Auf der Ebene des Gesamtsystems Gesundheit erhöht sich die Komplexität und Dynamik natürlich noch um ein Vielfaches. Die Covid19 Pandemie zeigt in erschreckender und ungeschminkter Form, wie schwer ein solches System zu steuern und wieder auszubalancieren ist, wenn die Krankheiten auf der Individualebene exponentiell steigen und welche Konsequenzen dies

auch auf alle anderen menschengemachten Systeme, die in diesem
Buch behandelt werden, haben kann.

	Schulmedizin	CAM	
eher symptomorientiert			eher ursachenorientiert
evidenzbasiert			erfahrungsbasiert
fachbereichsorientiert			eher ganzheitlich
eher Wirksamkeit			eher Heilsamkeit
Nebenwirkungen hoch			Nebenwirkungen niedrig
Behandlungsdauer eher kurz			Behandlungsdauer eher lang
Gesundheitsvorsorge eher untergeordnet			Gesundheitsvorsorge wichtiger Bestandteil
Operationen, pharmazeutische Mittel, Bestrahlungen			andere Heilmittel
Heilung systemischer Erkrankungen niedrig			Heilung systemischer Erkrankungen hoch
Langzeitfolgen eher unbekannt			Langzeitfolgen eher bekannt
Compliance der Patienten eher niedrig			Compliance der Patienten eher hoch
Selbstheilung eher unerwünscht (Placebo)			Stimulierung zur Selbstheilung erwünscht
Kosten hoch			Kosten niedrig
Kosten trägt Krankenkasse			Selbstzahler; IGeL

Legende:

Schulmedizin
Überlagerung Schulmedizin und CAM
CAM

DAS POLITISCHE SYSTEM – BETROFFENE WERDEN ZU BETEILIGTEN

Allenthalben kursieren Meinungen zu unseren Politikern und unserem politischen System, die häufig etwa so lauten: Die da oben wissen doch gar nicht, was uns hier unten wirklich bewegt; die denken doch nur an sich und ihre Karriere; die glänzen durch Sonntagsreden und tuen dann nichts; sie halten ihre Wahlversprechen ja doch nicht ein; die ziehen uns doch nur das Geld aus der Tasche und erhöhen ständig die Steuern; Politiker werden doch gesteuert von Lobbyisten und den großen Unternehmen; es wird viel gekungelt, es geht um Posten und nicht um die Lösung drängender Probleme; die vertreten doch nur Eliten und nicht das Volk, man weiß nicht wofür die Politiker und die Parteien wirklich stehen; die Parteien unterscheiden sich doch nicht mehr voneinander und so weiter und so fort.

Begriffe wie Politikverdrossenheit, Wählerbetrug, Protestbewegung, Populismus, Verunglimpfung, Radikalisierung, Lügenpresse, Fake News und Nationalismus haben derzeit Hochkonjunktur in den Medien und tragen nicht gerade dazu bei, unser politisches System in einem guten Licht erscheinen zu lassen.

Entsprechend erreichte die Wahlbeteiligung zur Bundestagswahl 2009 mit 70,8 % seinen historischen Tiefpunkt. Die Partei der Nichtwähler hatte bei dieser Bundestagswahl mit 29 % annähernd so einen hohen Stimmenanteil, wie die Union als Wahlsiegerin mit 33,8 %. Zählt man dann noch die Protestwähler der Parteien an den Rändern des politischen Spektrums hinzu und diejenigen von seltsamen Kleinstparteien, die nicht in den Bundestag eingezogen sind, dann muss man leider feststellen, dass uns eigentlich die Partei regieren müsste, die kein politisches Programm aufweist und keine politisch interessierten Bürger vertritt, sondern allenfalls Wutbürger und Protestwähler.

Wir wissen auch, dass es leider auf unserem Planeten nicht wirklich viele Länder mit einer „lupenreinen" Demokratie gibt. Laut dem Demokratieindex, der von der Zeitschrift The Economist seit 2006 jährlich berechnet wird, gibt es von 167 betrachteten Ländern 2018 nur 20, die man als vollständige Demokratien bezeichnen kann. Deutschland gehört dazu, die USA wird hingegen als unvollständige Demokratie betrachtet. In dieser Gruppe der unvollständigen Demokratien befinden sich noch 54 weitere Länder. Alle anderen Länder haben demnach kein demokratisches System.

Sind uns die zu Beginn dieses Buches beschriebenen zivilisatorischen Grundbegriffe wie Freiheit, Gleichheit und Gerechtigkeit, sowie das ihnen zugrundeliegende christliche Menschenbild so wichtig und wertvoll, dass wir diese politisch verankern wollen? Dann müssen wir uns wohl für eine freiheitlich demokratische Grundordnung entscheiden.

Oder setzten wir lieber auf einen Monarchen, einen Autokraten, einen Diktator oder ein wie auch immer geartetes totalitäres System, das es mit diesen Wertvorstellungen nicht ganz so genau nimmt oder sie sogar bewusst missachtet? Natürlich wäre ein gerechter, allwissender und guter Diktator eine Lösung für all unsere Menschheitsprobleme. Aber ich kann Ihnen versichern, ein solches Geschöpf werden wir unter den Menschen nicht finden. Dann würde Gott die Erde regieren und wir hätten den Himmel auf Erden.

So müssen wir uns wohl im besten Falle mit einer Demokratie begnügen, die genauso unvollkommen und fehlerhaft ist, wie ihre Menschen, wie die Politiker und die Wähler der Politiker. Wir müssen verstehen, dass es eben immer auch Unfähigkeit, Unverschämtheit, Unlauterkeit, Unberechenbarkeit und Unzuverlässigkeit im Politikgeschehen gibt und geben wird, weil dies zutiefst menschlich ist. Nichtsdestotrotz müssen die Mechanismen und Wirkprinzipien im politischen System so ausgestaltet sein, dass solche Fehlfunktionen durch das System selbst korrigiert werden können, ohne es gänzlich zu zerstören. Es geht darum, Regelkreise und Gewaltenteilungen im politischen und gesellschaftlichen System zu installieren, um Machtmissbrauch und die Aushöhlung des Wertekanons unserer demokratischen Grundordnung immer wieder neu zu verhindern.

Es hat sich Gott sei Dank erwiesen, dass das System der Checks and Balances, den Bestrebungen des ehemaligen amerikanischen Präsidenten, das demokratische System der Vereinigten Staaten nach und nach zu unterminieren, etwas entgegensetzen kann, auch wenn die Spaltung der amerikanischen Gesellschaft momentan wohl einen Höhepunkt erlebt. Aber auch in Deutschland muss sich noch zeigen, ob unsere parlamentarische Demokratie es aushält, wenn extreme und radikale Positionen einen Platz im Parlament bekommen, Wutbürger zunehmend auf die Straße gehen und radikale Gruppen aus dem ganz rechten wie ganz linken Milieu unsere freiheitliche Grundordnung mit Füßen treten oder gar abschaffen wollen. In diesem Zusammenhang sollten wir bedenken: Radikale und einfache Lösungen sind meistens so lange gut, wie sie mich nicht persönlich betreffen.

Nun wofür benötigen wir eigentlich ein politisches System? Das ist relativ einfach zu erklären.

Betrachten wir dazu einmal eine Familie mit zwei Kindern. Um Freiheit, Gerechtigkeit und Gleichheit gewährleisten zu können, auch in der Familie, bedarf es Rechte und Pflichten, Regeln, Vereinbarungen, Zielsetzungen, Interessenausgleich und Konsens. Alles, was das Zusammenleben der Familienmitglieder regelt und gestaltet, kann man demnach als Politik bezeichnen, quasi als Familienpolitik. Es müssen Entscheidungen getroffen werden und jeder muss seinen Teil zum Funktionieren der Familie beitragen. Jeder bekommt einen Teil vom Familieneinkommen für seine Bedürfnisse, ob es Grundbedürfnisse oder Luxusbedürfnisse sind, und dafür gibt es Verteilungslösungen und -mechanismen. Im Idealfall bespricht die Familie gemeinsam, was am Wochenende zu tun ist und wie man die Freizeit und den Urlaub verbringt. Wenn es einem schlecht geht, hilft man sich gegenseitig und man tritt nach außen als eingeschworene Gemeinschaft auf. Nach einem Streit sucht man den Ausgleich oder den Kompromiss und verträgt sich bestenfalls wieder. Es gibt Allianzen und Interessengruppen, je nach Problemlage und Situation. Kommt man einmal nicht zu einer Einigung, entscheidet die Mehrheit oder bei Stimmengleichheit diejenige Person, die die größte Autorität besitzt oder als Familienoberhaupt gilt. So sollte und kann auch ein politisches System funktionieren, natürlich sind die Elemente und Beziehungen in einem politischen System wohl deutlich variantenreicher und dynamischer und damit viel komplexer als in einer Familie. Das soll natürlich nicht heißen, Familienleben sei immer einfach zu organisieren und zu gestalten.

Bei einem politischen System geht es im Grunde um drei Kernfragen:

Wen vertrete ich, welche Interessen vertrete ich?

Wofür stehe ich, was möchte ich gestalten, verändern oder verbessern?

Wie kann ich diese Veränderung umsetzen und wirksam machen?

Also Interessen vertreten, für Problemlösungen, Ziele und Programme eintreten, dafür bei den Wählern zu werben und politische Entscheidungen und Maßnahmen in Gesetzen zu verankern, ist die DNA von Politik.

Als Politiker muss ich mich in der Regel für bestimmte Ämter wählen lassen. Ist dies geschehen, vertritt man die Interessen seiner Wähler und im bestmöglichen Falle in gewissem Umfang auch diejenigen seiner Nichtwähler. Politiker werden gewählt für ihre persönlichen Haltungen, Expertisen und zugeschriebenen Fähigkeiten. Sie werden gewählt, um die Interessen ihrer Wähler zu vertreten und Probleme ihrer Wähler zu lösen. In den Vereinigten Staaten ist der Wahlkampf für die Kandidaten eine außerordentlich teure Angelegenheit, die finanziert werden muss, entweder aus eigenen Mitteln oder aus Spendenmitteln von Einzelpersonen, Unternehmen oder Verbänden, die sich nach der erfolgreichen Wahl eine irgendwie geartete Rückzahlung ihres investierten Kapitals erwarten.

Damit stellt sich schnell die Frage: Wem dienen diese Politiker? Ihren Wählern, ihrer Partei, ihren eigenen Interessen, ihren Finanziers oder ihrem Gewissen?

Bei politischen Prozessen und Entscheidungen geht es letztlich immer um das Finden von Mehrheiten für bestimmte Prioritäten. Wie wir wissen sind nahezu alle Ressourcen auf unserem Planeten begrenzter Natur. Insbesondere die verfügbare Zeit und menschliche Ressourcen sowie finanzielle Mittel stoßen in vielen Projektplanungen und deren Umsetzungen schnell an ihre Grenzen. Daher geht es meistens auf kommunaler, Länder- und Bundesebene darum, begrenzte (Steuer)Mittel in die richtigen Verwendungen zu lenken. Bei diesen Umverteilungsmechanismen vom Bürger zum

Bürger kommt es natürlicherweise zu Zielkonflikten und Meinungsverschiedenheiten und leider auch zu Fehleinschätzungen, Fehlallokationen und Verschwendungen. Das Schwarzbuch der Steuerzahler zeigt jährlich immer wieder einige prominente Beispiele auf.

Demokratie lernen

Unsere freiheitlich demokratische Grundordnung fällt nicht vom Himmel, sie muss immer wieder neu begründet, gelebt, verteidigt und gestaltet werden. Menschen, die mit Politik nichts am Hut haben, betrachten Politik, Politiker und Wahlen teilweise neutral und desinteressiert, aber eben auch zunehmend feindselig. Sie formieren sich schlimmstenfalls in staatsfeindlichen Gruppen an den linken und rechten Rändern des ideologischen Spektrums. Sie zeigen offen ihre radikale Gesinnung, und ihre Gewaltbereitschaft springt selbst stark sehbehinderten Menschen ins Auge.

Politische Bildung fängt bereits im Kleinkindalter an. Wenn schon das Familienleben kein Hort ist für demokratische Prinzipien wie Freiheit, Gerechtigkeit, Gewaltlosigkeit und Mitbestimmung, dann hat man zugegebenermaßen einen schlechten Start ins demokratische Leben. Es liegt auf der Hand: Im Kindergarten und in der Schule sollte politische Bildung zu den Grundfächern zählen und zur frühzeitigen Einübung sollten Formen der Mitbestimmung und Beteiligung im Alltag der Kita und Schule die Regel sein. Doch auch Unternehmen, Vereine und alle organisierten Formen menschlicher Sozialität müssen imprägniert sein von demokratischen Prinzipien und Prozessen. Allzu häufig vergessen wir das einfach, denn eine schnelle Entscheidung, über die Köpfe der Betroffenen hinweg, ist halt meistens viel bequemer und unkomplizierter als ein mühsamer Meinungsbildungs- und Entscheidungsprozess unter Beteiligung aller Betroffener.

Doch keiner behauptet, dass Demokratie eine einfache Übung sei. Im Idealfall wird um die beste Lösung mühsam gerungen, werden verschiedene Konsequenzen abgewogen, Betroffene und Experten einbezogen, Meinungen gebildet, analysiert und revidiert, Kompromisse geschlossen und bestenfalls für eine bessere Zukunft die richtigen Weichen gestellt. Das kostet Nerven, Zeit und Geld, aber es lohnt sich auf lange Sicht, denn demokratische Verfahren stabilisieren nicht nur unser heutiges politisches System, sondern alle Systeme, die in diesem Buch betrachtet werden.

Politische Meinungsbildung in neuem Gewande

Um Demokratie und Politik in seiner Reinform funktional betreiben zu können, ist es zwingend erforderlich, Alternativen für politische Entscheidungen zu haben und formulieren zu können. Alternativlos ist per se gar nichts. Um Alternativen zu durchdenken, den Bürgern vorzustellen und zur Wahlentscheidung aufzubereiten, bedarf es daher neben den Parteien auch Interessengruppen, Bürgerinitiativen, Verbände, Expertengremien, der Wissenschaft und der Medien. Parteien müssen sich in den angestrebten Zielen, Programmen und Vorstellungen merklich voneinander unterscheiden, wenn sie alternative Lösungsansätze für ihre Wählergruppen, die sie gerne besonders vertreten möchten, anbieten wollen. Gehen wir einfach davon aus, dass Parteien und Politiker Gutes im Sinn haben, wenn sie bestimmte Positionen vertreten, unabhängig davon, welcher ideologischen Ausrichtung sie sich verpflichtet fühlen.

Es ist aber in der heutigen Zeit auch sehr empfehlenswert, dass Parteien über den Tellerrand ihrer ideologischen Fundierung und Klientelorientierung von Zeit zu Zeit hinausdenken, um in wechselnden Koalitionen und im Konsens die drängendsten Probleme unserer Zeit mit den richtigen Lösungsschritten zu begegnen. Insbesondere die Ziele unserer Vision müssen von allen regierenden Parteien in konsequenter Art und Weise und dauerhaft angegangen werden, wollen wir unser Land und unseren Planeten auch für viele Generationen nach uns lebens- und liebenswert erhalten. Diese Fragen müssen und werden künftig auf der politischen Agenda demokratischer Staaten immer an der ersten Stelle der Prioritätenliste stehen. Vor allen Dingen ist diese Frage ohne ideologische Befrachtung. Es geht nicht um arm oder reich, frei oder unfrei, gerecht oder ungerecht, links oder rechts, sondern schlicht und einfach um das langfristige Überleben oder den absehbaren Tod der Menschheit.

Ohne Berücksichtigung der Nachhaltigkeitsziele ist die Umsetzung aller anderen Ziele, insbesondere der kurzfristigen Ziele zur Wohlstandssteigerung oder Wohlstandsstabilisierung nur Makulatur. Wir müssen begreifen: Ohne sauberes Wasser, gesunde Nahrung und saubere Luft sterben wir, selbst dann, wenn wir uns aus unserem eigenen Wohlstandsmüll einen Tempel gebaut haben. Ob wir wollen oder nicht, wir werden uns ändern müssen. Wir haben unsere grenzenlose Freiheit schon zu lange auf Kosten der Natur ausgelebt, um all unsere Bedürfnisse immer und überall zu befriedigen. Unser Planet ist in vielerlei Hinsicht an Kipppunkten angelangt. Nur wir als Menschheit entscheiden, an welcher Seite die Waagschale letztlich zu Boden fällt. Es bleibt nicht mehr viel Zeit.

In diesem Sinne sind wir als Menschen wirklich in einer alternativlosen Situation, wollen wir auf unserem Planeten noch weiter überleben. Wenn wir das nicht begreifen und unser Glauben, Denken und Handeln ganz scharf an dieser Linie ausrichten, sind wir mittel- bis langfristig ohne jede Überlebenschance. Dies ist nicht die Aussage eines Apologeten des unmittelbar bevorstehenden Weltuntergangs, sondern lediglich eines logisch denkenden und durchschnittlich vernunftbegabten Menschen. Wenn wir zueinander ehrlich sind, bin ich natürlich nicht alleine mit dieser Bestandsaufnahme.

Man muss die Dinge so sehen, wie sie sind, auch wenn es nicht populär ist, uns Angst macht, und wir am liebsten alles schönfärben und verdrängen. Nur so können wir die richtigen Dinge für eine bessere Zukunft richtig machen. Wir haben in den wenigsten Fällen ein Erkenntnisproblem. Woran es schlichtweg hapert, ist der Wille und der Mut zur Umsetzung. Rauchen ist nachweislich schädlich und ungesund, aber es gibt „dummerweise" immer noch über 12 Mio. Raucher in Deutschland. Wir sind eben alle irgendwie nur Menschen, mit Stärken, aber auch vielen Schwächen. Diese nach und nach immer ein Stückchen mehr zu überwinden, wird die wahre Herkulesaufgabe, der wir uns als Menschheit stellen müssen. Wir werden nicht darum herumkommen, uns von liebgewonnenen Gewohnheiten schon bald zu verabschieden, von denen wir wissen, dass sie uns und unserer Zukunft nachweislich schaden.

Ein Paradigmenwechsel ist demnach unumgänglich. Nicht die Menschenwürde und unsere freiheitlich demokratische Grundordnung bilden die Rahmenbedingungen für unser politisches System und alle anderen in diesem Buch betrachteten Systeme, sondern die dauerhafte und nachhaltige Sicherung unserer Existenzgrundlagen, nicht mehr und nicht weniger.

Nur auf Freiwilligkeit, Verteuerung oder Anreize zu setzen, wenn es um die langfristige Existenzerhaltung unseres Planeten geht, ist blanker Unsinn und bar jeglicher Vernunft. Die vergangenen mindestens 100 Jahre haben weltweit bewiesen, dass der Mensch programmiert ist und wird auf die kurzfristige Erfüllung seiner grenzenlosen Bedürfnisse und zwar auf Gedeih und Verderb. Die Zukunftsorientierung reicht höchstens eine Generation weiter, aber auch diesen zeitlichen Horizont in die Lebensführung einzubeziehen, fällt vielen von uns schon sehr schwer. Verzicht zu üben, sich mit Wohlstandseinbußen anzufreunden, um unsere Zukunft dauerhaft zu bewahren, das gelingt nur wenigen Menschen und Gesellschaften als soziale und wirtschaftliche Systeme schon gar nicht. Der Mensch ist evolutionsbiologisch zwar auf seine Existenzsicherung ausgerichtet, aber eben nur im Hier und Jetzt. Er ist zwar in der Lage, Einsichten zu gewinnen, die auch mit Zukunftsszenarien verbunden sind, aber wirkliche Konsequenzen für seine Entscheidungen im täglichen Leben hat dies viel zu selten.

Wir können nicht mit allem so weiter machen und trotzdem unseren Planeten retten. Das Denken und Handeln frei nach dem Motto „wasch mich, aber mach mich nicht nass", funktioniert schon rein logisch nicht. Erschwerend kommt leider noch hinzu, dass politische Parteien immer dann Mehrheiten finden, wenn sie Geschenke versprechen und verteilen und eben nicht, wenn Sie Opfer verlangen. Dies würde einem politischen Selbstmord gleichkommen. Also können wir von politischen Parteien wohl auch kaum erwarten, dass sie ernsthaft Mehrheiten suchen und finden für ein Programm, das die langfristige Existenzerhaltung unseres Planeten kompromisslos in den Blick nimmt. Politik in seiner derzeitigen Form und Ausprägung muss und wird bei dieser Frage wohl unweigerlich scheitern.

Wie kann man also Mehrheiten für diese Wahrheit organisieren, die wir am besten nicht wahrhaben wollen, die sich aber auch nicht durch Ignorierung, Verdrängung oder gar durch Leugnung wissenschaftlicher Erkenntnisse und Fakten aus der Welt schaffen lässt. Wie kann man nachweislich schlechtes Verhalten für Mensch und Natur mit Verboten belegen und bei Zuwiderhandlung auch sanktionieren, wenn dieses Verhalten durch die gelebte, oft grenzenlose Freiheit Einzelner verursacht wurde? Auch die Freiheit der

Menschen, die erst in ferner Zukunft zur Welt kommen, muss heute schon geschützt werden. Dies ist Ausdruck einer wahren Generationengerechtigkeit. Wir benötigen also Normen, Gesetze, Verbote und Gebote, die nicht über die klassischen Formen einer parlamentarischen und repräsentativen Demokratie Gültigkeit erlangen, sondern möglichst über Formen einer direkten Entscheidung durch die breite Bevölkerung.

In diesem Rahmen können wir über Vieles forschen, streiten und verhandeln. Wir können über die richtigen Wege zur dauerhaften Realisierung dieser Vision unterschiedlicher Auffassung sein. Aber was wir bei keiner Entscheidung für vereinbarte Wege außer Acht lassen können, sind die Auswirkungen auf diese existenzielle Menschheitsfrage: Wie können wir dauerhaft überleben? Das können wir als Individuum genauso gut beeinflussen, wie die „Regierenden" und sonstigen „Gestalter" unserer westlichen Gesellschaften. Wir sind nicht nur Betroffene von Politik. Jeder und jede macht immer und überall selbst Politik und ist stets politisch unterwegs, durch Entscheidungen auf allen Ebenen des täglichen Lebens, die einen Einfluss haben auf andere Menschen oder die Natur. Beteiligt an politischen Prozessen sind wir heute unbewusst schon allesamt, doch auch das bewusste politische Engagement muss deutlich gestärkt werden und zwar von uns allen. Wie kann das gelingen? Wie machen wir Betroffene zu Beteiligten?

Ohne Bürgerbeteiligung keine Demokratiefestigkeit

Wir wollen mehr Demokratie wagen. Mit diesem schönen Motto der Regierungserklärung von Willy Brandt 1969 ist schon vieles gesagt. Mehr Demokratie sollten nicht nur unsere gewählten Volksvertreter und Berufspolitiker wagen, sondern vor allen Dingen wir alle. Politik vom Volk fürs Volk meint, wir sind alle gefordert, unsere Beiträge zu leisten, je nach Kompetenzen und zeitlichen Möglichkeiten, auf welcher Politikebene und in welcher Organisation oder Vereinigung auch immer. Nicht nur in Parteien oder Parlamenten können Interessen und politische Programme artikuliert werden. Auch in Interessenverbänden, Vereinen, Bürgerbewegungen oder durch Petitionen, Volksentscheide, Bürgerbegehren, Bürgerbefragungen, Proteste und Demonstrationen können politische

Positionen vertreten werden. Die Formen der Bürgerbeteiligung sind so bunt und vielfältig wie ihre Bürger, die in einer freiheitlich demokratischen Grundordnung leben und mitgestalten dürfen. Die Formen der Bürgerbeteiligung reichen dabei gelistet nach zunehmendem Bürgereinfluss vom Informieren, über Konsultieren, Involvieren und Kooperieren bis zum Ermächtigen. Werden Bürger ermächtigt, politische Entscheidungen selbstständig zu treffen, sind wir bei der direkten Demokratie angelangt.

Was spricht eigentlich dagegen, alle wesentlichen politischen Entscheidungen durch direkte Bürgerentscheidung herbeizuführen? Auf den ersten Blick zunächst gar nichts, Mehrheiten ließen sich schnell finden, es gäbe keine Mauscheleien zwischen Parteien in Hinterzimmern, keine unendlichen Abstimmungs- und Konsensgespräche, keinen versteckten oder offensichtlichen Einfluss von Lobbyisten auf die Politiker und wohl auch weniger Korruption und Bestechung.

Doch andererseits werden Entscheidungen auch nicht automatisch besser dadurch, dass sie eine Mehrheit trifft. Auch eine Mehrheit kann gehörig falsch liegen, sich durch kurzfristig eintretende dramatische Ereignisse beeinflussen lassen, von Medien gezielt manipuliert werden und empfänglich sein für Falschinformationen von Rattenfängern. Es gibt mit den Brexit-Bestrebungen in Großbritannien ein prominentes Beispiel hierfür. Wahrheit wird nicht automatisch durch Mehrheit konstituiert. Insbesondere bei komplexen und dynamischen Problemstellungen mit einem umfassenden und quasi unbegrenzten Wirkungsbereich kommt der Normalbürger mit seinem Wissenstand und seiner Entscheidungskompetenz schnell an die persönlichen Grenzen. Wenn selbst ausgewiesene Experten die Auswirkungen bestimmter Entscheidungen nicht exakt beschreiben und prognostizieren können, wie soll es dann ein durchschnittlich gebildeter Mensch schaffen, der auch noch wenig Zeit oder Lust hat, sich mit diesem Thema tiefergehend zu beschäftigen.

Es bleibt auch eine rein organisatorische Frage offen: Wie kann eine große Zahl von Volksbefragungen, auf welcher Ebene auch immer, überhaupt kostengünstig und effizient umgesetzt werden? Mit derzeitigen Methoden einer Briefwahl oder dem Gang zur Wahlurne lässt sich das sicher nicht realisieren. Da bräuchten wir schon andere Verfahren, die onlinebasiert ablaufen und auch sicher gegenüber möglichen Manipulationen sind. Estland zeigt mit seinem E-Voting schon seit 2005, wie es gehen kann und Cybersicherheit dabei gleichermaßen gewährleistet ist. Dieses Verfahren schätzen die Esten übrigens für sicherer ein als die üblichen analogen Wahlprozeduren.

Wenn politische Entscheidungen für hoch komplexe Zusammenhänge mit großer zeitlicher und inhaltlicher Tragweite auf der Agenda stehen, ist die repräsentative Demokratie wohl doch eher das richtige Mittel der Wahl. Unabhängige Expertengremien, Berufspolitiker, aber auch Interessenvertreter unterschiedlicher Lager lassen erwarten und erhoffen, dass wichtige politische Entscheidungen zumindest unter Abwägung verschiedener Faktoren, Sichten, Annahmen und Rahmenbedingungen vorgenommen werden und vermutlich der Stand der letzten wissenschaftlichen Erkenntnisse einfließt. Auch dieses Verfahren schützt selbstverständlich nicht vor falschen Entscheidungen, stellt allerdings meistens die Weichen in die richtige Richtung, wenngleich auch die exakte Zieldefinition bzw. der exakte Zielwert häufig weiteren Diskussionsbedarf hervorruft.

Doch andererseits gibt es auf allen in Deutschland vorzufindenden Verwaltungsebenen viele politische Entscheidungen, die man guten Gewissens durch Bürger direkt treffen lassen sollte. Wenn der Wirkungsbereich einer solchen Entscheidung relativ begrenzt ist hinsichtlich Region und betroffener Menschen und die Entscheidungsfragestellung relativ einfach ausfällt, dann allemal. Soll eine Windkraftanlage gebaut werden, soll ein Freibad geschlossen werden, soll eine Umgehungsstraße gebaut werden, soll eine Industriefläche renaturiert werden, soll ein bestimmtes Gewerbe gefördert werden, soll der Tourismus gestärkt werden, sollen neue Baugebiete entstehen? Diese Fragen können durch die Mehrheit einer Bürgerschaft sicher in Form einer direkten Bürgerentscheidung fachkundig und verantwortlich getroffen werden. Darüber hinaus stelle ich mir vor, dass auf kommunaler, aber auch auf Länder- und Bundesebene eine Reihe von Bürgern über das Zufallsprinzip und für eine begrenzte Dauer in Räte, Ausschüsse und Entscheidungsgremien gewählt werden, sei es in Vollzeit, Teilzeit oder auch nur ehrenamtlich. Auch das steigert die Akzeptanz für unsere freiheitlich demokratische Grundordnung und führt vor allen Dingen zu einer besseren Durchmischung von politischen Gruppen gemäß dem Durchschnitt der deutschen Bevölkerung.

Hätten die Parlamentarier in Großbritannien sich auch für einen Brexit entschieden, würden heute die Bürger in einem zweiten Volksentscheid auch wieder für einen Brexit stimmen? Ist der Brexit richtig oder falsch? Dass die Briten für sich gerne eine Sonderrolle reklamieren, zeigt ihre Geschichte. Sie sprechen eine Weltsprache und haben immer noch die Attitüden des British Empire und des Commonwealth. Ihre Insellage scheint sie vom europäischen Festland zu isolieren und mit einer eigenen Währung unter dem Dach der EU haben sie ihren Sonderstatus finanzwirtschaftlich manifestiert. Im Straßenverkehr links zu fahren und andere Maßeinheiten zu nutzen, als ihre europäischen Nachbarn, unterstreicht ihren Willen anders oder besonders zu sein. Zumal die weltweite Bedeutung von Großbritannien zunehmend schwindet ist es ein Anachronismus zu meinen, dass alles besser wird, wenn man seine Systemgrenzen nur möglichst dauerhaft schließt. Menschen, Finanzmittel, Transportmittel, Umweltverschmutzung, Klima, Informationen, Waren, Krankheiten machen dauerhaft an den Landesgrenzen nicht wirklich halt, und geschlossene Landesgrenzen sind, wenn überhaupt, in der heutigen Zeit nur unter größten Anstrengungen für eine begrenzte Zeit aufrechtzuhalten. Abschottung hat daher meistens auch nur kurzfristig positive Effekte in den Bereichen, wo man sich vor Gefahren von außen schützen möchte. Leider gehen dabei, wie weiter oben beschrieben, in einer dichotomen Betrachtungsweise auch viele positive Effekte verloren, die erst offene Systemgrenzen wirklich ermöglichen.

Offene Systeme sind in der Regel lebensfähiger und besser in der Lage, sich an veränderte Bedingungen anzupassen. Dies lehrt uns die Systemtheorie, aber auch die jüngere Geschichte der letzten 100 Jahre: Alle Länder, die sich politisch, wirtschaftlich, gesellschaftlich und informationell abschotteten, sind noch immer über kurz oder lang an eigenen Systemdefiziten, die nicht von außen kompensiert werden konnten, zu Grunde gegangen. Bittere Armut, Unfreiheit und nicht selten die völlige Zerstörung der Umwelt durch Krieg, Ausbeutung der Natur und Vernichtung der Lebensgrundlagen waren letztlich die fatale Konsequenz. Wer sich nicht helfen lässt, dem ist auch nicht zu helfen. Insofern muss man sich schon wundern, dass diese Abschottungstendenzen von populistischen Parteien aus dem meist rechten Spektrum in vielen Ländern unserer Welt derzeit stark vorangetrieben werden. Wenigstens die Geschichtsvergessenheit oder die Dummheit sind hier scheinbar grenzenlos, und das ist traurig genug. Hätten wir in der Mehrheit keine mündigen und vernünftigen Bürger, würden wahrscheinlich die Steuern drastisch gesenkt oder gar abgeschafft, die Todesstrafe wieder eingeführt und alle Grenzen geschlossen. Wenn sich Dummheit mit Unwissenheit und Ignoranz paaren und noch Hass, Neid und Missgunst hinzukommen, sind die Anarchie, das Chaos oder totalitäre Systeme ganz nahe. Dies gilt es mit aller Kraft und Klugheit zu verhindern und eben Mehrheiten für die Vernunft und Zukunftsfähigkeit zu gewinnen und zu organisieren. Wahrheit und Mehrheit müssen sich immer in derselben Waagschale befinden, doch dass dies nicht immer leicht zu erreichen ist, liegt auf der Hand.

Doch worum geht es primär? Zunächst einmal müssten wir ein Agreement erzielen für ein neues Paradigma, das da lautet: Die langfristige Existenzerhaltung von Mensch und Natur hat Vorrang vor allem anderen und daraus abgeleitet müssen sich alle gesellschaftlichen und politischen Zielsetzungen den langfristigen Zielen zur Existenzsicherung von Mensch und Natur unterordnen.

Die politischen Akteure und Instanzen sollten jederzeit sicherstellen, dass alle politische Entscheidungen und Maßnahmen diesen übergeordneten Menschheitszielen nicht widersprechen bzw. besser noch ihrer Erreichung und Sicherstellung dienen. Dazu bedarf es in den meisten Fällen keiner umfassenden Studien und Forschungen. Meistens reicht schon der gesunde Menschenverstand, um diese Einschätzung vornehmen zu können. Politik im Dienst der Nachhaltigkeit und Zukunft, ohne Wenn und Aber, das ist ein tragfähiges Zukunftsmodell für vernunftorientierte Menschen, denen unsere Welt und alle nachfolgenden Generationen wirklich am Herzen liegen.

Eine solche Vision zu einer gemeinsamen Vision einer überwiegenden Mehrheit der Bevölkerung zu machen, ist die wahre Herkulesaufgabe. Dies geht nur über Formen direkter Demokratie und Bürgerbeteiligung und ist ein langer Willensbildungsprozess, an dem möglichst viele Bürger direkt beteiligt sein sollten. Wie ein solcher Prozess zu organisieren ist, müssen Experten beurteilen. In jedem Falle wäre der Abschluss dieses Prozesses ein Volksentscheid für einen Zielkanon, der dem SMART-Kriterium und den aktuellen wissenschaftlichen Erkenntnissen genügt, um die Vision einer nachhaltigen Postwachstumsgesellschaft bestmöglich zu erreichen. Wenn Ziele spezifisch, messbar, akzeptiert, realistisch und terminiert sind, dürfen wir davon ausgehen, dass wir zumindest methodisch auf dem richtigen Weg sind. Das entlastet uns aber nicht von der permanenten Verpflichtung, den Zielkanon neu zu justieren, wenn wir aufgrund der komplexen und dynamischen Probleme und Herausforderungen in unseren menschengemachten Systemen, die in diesem Buch behandelt werden, Gefahr laufen, den richtigen Kurs wieder zu verlassen.

Politische Leistungen müssen transparenter werden

Ohne Information und Transparenz ist eine echte Beteiligung der Bürger an politischen Prozessen und Entscheidungen nicht wirklich vorstellbar. Es steht zwar jedem frei, sich nötige Informationen aus den verschiedenen Quellen und Medien mühsam zusammenzusuchen, um ein Bild von den Ergebnissen politischer Aktivitäten auf allen Ebenen unserer demokratischen Verantwortungsbereiche zu gewinnen. Doch dies kann man dem Normalbürger schon aus zeitlichen und sachlichen Gründen nicht zumuten.

Was es braucht, ist eine für jeden interessierten Bürger einfach zugängliche Plattform für alle Projekte, die auf kommunaler, Länder- und Bundesebene eine wirkliche Relevanz besitzen. In diesem Tool würden die Projekte beschrieben, der Projektfortschritt verständlich dargestellt, die finanziellen Aspekte transparent gemacht und der Zusammenhang der Zielstruktur erläutert. Natürlich werden auch die Verantwortlichen benannt. Die Informationen liegen als Plan- und Istwerte vor. Dieses Projektreporting wäre dann absolut vergleichbar mit den Methoden und Tools, die auch in privatwirtschaftlichen Unternehmen vielfach schon seit Jahrzehnten gängige Praxis sind.

Wenn die Projekte nach einer verständlichen Logik gegliedert und dementsprechend in diesem Portal schnell zu finden und selektieren sind, wird es die gleiche Akzeptanz und Nutzung erfahren, wie z. B. alle bekannten Portale für Immobilien, Autos, Partnerschaften, Reisen, Hotelbuchungen, Preisvergleiche oder Second Hand Produkte. Ein jeder könnte dann per Mausklick feststellen, welche Projektfortschritte bei den jeweiligen Projekten auf Bundesebene oder auch auf Kommunalebene erzielt wurden, z.B.

hinsichtlich des obersten Zieles der Klimapolitik, nämlich einer Senkung der CO_2 Werte über einen zeitlichen Horizont von X Jahren. Hunderte oder tausende Einzelprojekte könnten dort unter dem besagten Oberziel gelistet sein, die alle unmittelbar und zu unterschiedlichen Zeitpunkten zur Umsetzung dieses Oberzieles beitragen. Jeder politisch interessierte und engagierte Bürger könnte erkennen und selbst entscheiden, für welches Projekt er/sie einen persönlichen Beitrag leisten will und kann. Der Schritt vom Wahlomat zum Projektomat wäre eine nicht zu unterschätzende Gehhilfe auf dem Weg, Bürger von Betroffenen zu Beteiligten zu machen.

Wer regiert die Welt?

Ergänzend zu den Ausführungen zu einem politischen System, das den Anforderungen unserer heutigen Zeit besser gerecht wird als bisher, müssen wir auch ernsthaft fragen, wer regiert denn eigentlich die Welt?

Sind es in den demokratisch verfassten Gesellschaften der westlichen Welt wirklich unsere gewählten Politiker oder doch eher die Wirtschaftslenker großer Konzerne bzw. von Global Playern inklusive ihrer Interessenvertreter und vielfältigen Berater, die politische Entscheidungen beeinflussen oder gar treffen? Wie sieht es mit der Macht der finanziellen Mittel, mit der Macht des Geldes und dem Einfluss von Investitionen und Arbeitsplätzen auf politische Entscheidungsträger aus? Wer formuliert die Gesetzesvorlagen und Gesetzestexte der Bundesbehörden und Landesbehörden? Sind es ihre Beamten und Mitarbeiter oder doch eher die Unternehmensberater und Juristen der Industrien und Branchen sowie ihrer Interessenverbände? Wie kann man dann etwas verändern, wenn es den wirklich mächtigen Instanzen der westlichen Welt ausschließlich um Umsatzwachstum, Renditewachstum, Marktanteilswachstum und die Interessen der Anteilseigner geht und alle Aussagen zu Nachhaltigkeits- und Umweltfragen sowie Sozialstandards und Werteorientierung nur Lippenbekenntnisse sind, schöne Spiegelfechterei, ohne jegliche Bedeutung für die Realität des Unternehmensgeschehens.

Eine Krähe hackt der anderen bekanntlich kein Auge aus, und im Weltwirtschaftsforum in Davos kommen sie alle zusammen, um begleitet von der Weltpresse ihre Glaubensbekenntnisse für eine bessere Welt zu proklamieren, wobei dieses „besser" eigentlich nur meint, immer mehr von demselben falschen Zeug. Ein solches System kann sich nicht aus sich selbst heraus heilen. Wie Klaus Schwab, der Gründer des Weltwirtschaftsforums sagt, „müssen die Sünder in die Kirche kommen", um quasi befreit zu werden von ihrem falschen Denken und Handeln. Wenn 1 % der reichsten Menschen über mehr Vermögen und finanzielle Mittel verfügen als die restlichen 99 % der Weltbevölkerung, dann wird deutlich, welche Macht und Einflussmöglichkeiten von diesen Eliten auf politische Entscheidungen und Entscheidungsträger ausgeübt werden kann und selbstverständlich auch wird. Politiker lassen sich gerne von der Strahlkraft dieser Eliten einfangen, denn diese wärmt deutlich mehr als eine leichte Decke der Obdachlosen in den Brennpunkten unserer Großstädte.

Letztlich kann der Sinneswandel nur durch die breite Masse der Bürger und Bürgerinnen, besser noch der Wähler und Wählerinnen herbeigeführt werden und zwar ohne eine Gesellschaftskrise oder gar einen Bürgerkrieg heraufzubeschwören, wie es populistische Kräfte der westlichen Staaten derzeit für ihre eigenen Zwecke zu beabsichtigen scheinen. Wir müssen vielmehr die Eliten sanft an die Hand nehmen und auf einen besseren Weg führen, ihnen die Chance zur Selbsteinsicht einräumen und wenn diese nicht in absehbarer Zeit einsetzt, sie durch von wirtschaftsunabhängigen Experten erarbeitete Gesetze dazu zwingen, bestimmte Umwelt- und Sozialstandards einzuhalten sowie Nachhaltigkeitsziele wirklich umzusetzen.

EIN ALTERNATIVES WIRTSCHAFTS- UND FINANZSYSTEM IST MÖGLICH

Wie es immer so schön heißt, ist der Kapitalismus das beste aller schlechten Wirtschaftssysteme, insbesondere in seiner Ausgestaltung als soziale Marktwirtschaft. Der freie Kapitalismus hingegen lässt es aus staatlicher Sicht gründlich an sozialen Aspekten missen und setzt eher auf freiwillige Leistungen durch Hilfs- und Spendenbereitschaft seiner Bürger. Wir haben mittlerweile auch gelernt und verstanden, dass der Sozialismus keine gute Alternative darstellt, da es sich letztlich um ein ineffizientes Wirtschaftssystem handelt, das zu Mangelerscheinungen, Fehlallokationen, Innovationsstau und in letzter Konsequenz auch zum Verlust der individuellen Freiheit und in der Regel auch zu undemokratischen Politiksystemen führt.

Wir haben spätestens seit den Aussagen des Club of Rome und dem Erscheinungstermin des Buches von Herbert Gruhl unter dem Titel „Ein Planet wird geplündert" auch eingesehen, dass die Marktwirtschaft mit ihrer radikalen Orientierung auf wirtschaftliches Wachstum deutlich erkennbare Unzulänglichkeiten hat. Diese Wachstumsorientierung berücksichtigt bekanntlich nicht die Grenzen der Ressourcen und der Belastbarkeit unseres Planeten sowie die negativen sozialen Folgen und unbeabsichtigten Begleiterscheinungen, die in Zeiten der fortschreitenden Globalisierung und Digitalisierung noch deutlicher zu Tage treten.

Die Theorie des vollkommenen Marktes, in dem allen Marktakteuren die zu ihrer Entscheidung notwendigen Informationen vorliegen und die externen Effekte für Umwelt und Menschen bekannt sind, scheitert wenig überraschend in vielen Fällen an der bloßen Realität. Ich bin aber dennoch der Auffassung, dass es keinen besseren Weg gibt, begrenzte Ressourcen in die effizientesten Verwendungen zu lenken, als durch eine Koordination des Marktes über Angebot und Nachfrage.

Diese unerwünschten Effekte eines anonymen Marktes, der bekanntlich keine Moral kennt, müssen durch eine preisliche Internalisierung der externen Kosten durch demokratisch legitimierte staatliche Marktinterventionen zum Nutzen und Gemeinschaftswohl von Mensch und Natur ausgeglichen werden. Damit erhöhen sich Preise für Produkte mit hohem Ressourcenverbrauch oder hoher Klimaschädlichkeit und man hofft, dass diese Produkte dann keine Marktakzeptanz bei Käufern mehr finden und dafür alternative, weniger umweltschädliche Produkte gekauft werden. Gleiches gilt zum Beispiel für ungesunde Lebens- oder Genussmittel, die zu viele Krankmacher enthalten und damit die Gesundheitskosten einer Gesellschaft maßgeblich erhöhen. Das in diesem Buch mit Blick auf die oberste und letztlich allumfassende Zielsetzung einer langfristigen Existenzerhaltung von Mensch und Natur richtige Produzenten- und Konsumentenverhalten wird somit nicht durch Gebote und Verbote erreicht, sondern weiterhin durch Marktmechanismen, deren Preise die echten und verursachungsgerechten Kosten deutlich besser widerspiegeln. Die Entscheidungsfreiheit der Produzenten und Konsumenten bleibt im Sinne einer demokratischen verfassten Gesellschaft weiterhin erhalten, wenngleich vielleicht eine Schachtel Zigaretten dann auch 40 EUR kosten würde.

Wir sprechen dann weiterhin von einer Marktwirtschaft, allerdings von einer Sozialen und Ökologischen Marktwirtschaft, wie in vorderen Teilen dieses Buches bereits angedeutet. Allerdings enden die Überlegungen nicht an dieser Stelle. Ergänzt werden muss dieses Wirtschaftssystem noch durch weitere Elemente einer Modernisierung unter dem Motto weniger ist mehr.

Weniger quantitatives Wachstum, mehr Lebensqualität

Es gibt wohl derzeit keine politische Partei oder Gruppierung, die sich nicht einem quantitativen Wachstum verschrieben hat. Ich habe das Gefühl, dass es sich um ein Tabuthema handelt, wenn man diese Art Wachstumsdoktrin hinterfragt und über alternative Wege nachdenkt. Wachstum sichert Kostendegression in der Wirtschaft, die ermöglicht günstigere Marktpreise und mehr abgesetzte Produkte, die wiederum von Menschen durch ihr Arbeitseinkommen gekauft werden können. In dieser monokausalen Ursache-Wirkungskette sichert Wachstum Arbeit und Arbeit sichert Steuern und damit das soziale System und den sozialen Frieden. Alles wird in dieser Denkweise nur auf monetäre Größen reduziert und insbesondere dann, wenn die menschlichen Grundbedürfnisse nach Produkten und Dienstleistungen gedeckt sind und nur noch mehr von denselben Dingen gekauft wird oder Luxusbedürfnisse befriedigt werden, sollte die Frage doch erlaubt sein, ob dies der richtige Weg ist, gerade wenn man die Sicherung unserer Existenzgrundlagen auch für die ferne Zukunft im Blick behält.

Ich bin davon überzeugt, dass unser Glücksempfinden und unser Zufriedenheitsniveau nicht wirklich negativ beeinträchtigt werden, wenn wir weniger von allem haben. Doch da die Wirtschaft ein Meister darin ist, Bedürfnisse immer wieder neu zu wecken, für Dinge, die wir bisher vielleicht noch gar nicht kannten oder von denen wir bis jetzt noch nicht wussten, dass wir sie eigentlich dringend bräuchten, wird der Wachstumsmotor immer wieder mit Treibstoff gefüttert, auch wenn unsere Atemluft dadurch ordentlich verpestet wird.

Ein qualitatives Wachstum wäre sicher ein Schritt in die richtige Richtung, reicht aber nicht aus. Nachhaltige Produkte zu produzieren oder zumindest keine überflüssigen und nutzlosen Produkte, wäre selbstverständlich ein Schritt in die richtige Richtung, doch die grundsätzliche Wachstumsorientierung bleibt eben bestehen. Wachstum wird weiterhin als unerlässliche Quelle des Wohlstandszuwachses gesehen und verkürzt daher die Perspektive auf eine rein monetäre Sicht, selbst wenn dabei auch eine gerechtere Einkommensverteilung angestrebt wird. Wohlstandszuwachs in einem weiter verstandenen Sinne, als Zuwachs an Lebensqualität, geht weit über die monetären Größen hinaus und basiert eben nicht notwendigerweise nur auf diesen.

Produkte mit geplanter Obsoleszenz oder häufiger Produktgenerationenfolge, Billig- und Wegwerfprodukte, Krankmacher, Produkte ohne wirklichen Nutzen, unfair gehandelte oder produzierte Produkte, Produkte mit hohem Ressourcen- und Umweltverbrauch, Produkte aus fernen Regionen, alle diese Erzeugnisse müssen demnach im Lichte unserer Vision ernsthaft hinterfragt werden, freilich ohne sie mit Geboten oder Verboten zu belegen. Man kann sie aber versuchen, durch Marktmechanismen wegzusteuern, wenn es schon die aufgeklärten Verbraucher und Konsumenten nicht selber schaffen. Die Erhöhung der Produkttransparenz und die Verbesserung der Produktdeklaration sowie die Internalisierung externer Kosten gehören daher zwingend auf unsere Zukunftsagenda. Die Entwicklung nachhaltiger Produkte und Produktionsverfahren müssen auch staatlich vorrangig für eine begrenzte Zeit gefördert werden, um ihre Markteinführung zu erleichtern oder überhaupt erst zu ermöglichen.

Letztlich geht es um mehr Lebensqualität und Entscheidungsfreiräume für Lebensgestaltung. Nur zu arbeiten, um damit den überwiegenden Teil seiner Lebenszeit zu verbringen und sich in den wenigen verbleibenden Freizeitphasen durch übermäßigen

Konsum die Zeit zu versüßen, ist doch in Wirklichkeit ein armseliges Lebensmodell. Wo bleibt da noch Raum für Sinnerfüllung durch Dienst am Nächsten in Familie, Freundeskreis oder Ehrenamt? Wo bleibt die persönliche Entwicklung durch das Sammeln neuer Erfahrungen und Eindrücke in Natur oder bei kulturellen und sportlichen Aktivitäten? Wo bleibt das Gefühl etwas selbst geschaffen oder gestaltet zu haben, ohne es einfach zu kaufen? Wo bleibt der Freiraum zum Nachdenken und Umdenken?

Ich wage die Aussage: Konsumverzicht ist keine Todsünde und Konsumsteigerung kein Glücksgarant. Minimalismus oder Downshifting bezeichnet heute einen Lebensstil, der sich als Alternative zu einer konsumorientierten Überflussgesellschaft sieht und der sich auf deutlich weniger materielle Güter beschränkt. Konsumkritische Menschen versuchen dadurch Alltagszwängen entgegenzuwirken und so ein selbstbestimmteres und erfüllteres Leben zu führen. Ein Verhalten und Handeln, das durchaus seinen Charme hat.

Wir müssen lernen und verstehen, dass Wirtschaftssysteme den Menschen dienen sollten und zwar in der Bevölkerungsbreite und nicht nur den Eigentümern von Unternehmern, Kapitalgebern und bestimmten Eliten. Außerdem sollten sie die Zukunfts- und Lebensfähigkeit unserer Ökosysteme nicht gefährden.

Weniger Arbeitszeit, mehr bürgerschaftliches Engagement

Ohne Frage gibt es viele Menschen und Familien, die nur schwerlich auf Einkommen verzichten können, da sie selbst nicht oder kaum in der Lage sind, die Mittel zur Sicherung der Grundbedürfnisse aufzubringen. Diesem Thema möchte ich mich gerne unter der Überschrift Soziales System näher zuwenden. Allerdings könnte die deutliche Mehrheit unserer Bevölkerung ohne Schmerzen und größere Einschränkungen auf viele materielle Dinge verzichten, wenn wir alle miteinander ehrlich sind. Zudem müssen wir uns vom Statusdenken dringend verabschieden, da dieses in Deutschland fast ausschließlich an materiellem Wohlstand und seinen Möglichkeiten festgemacht wird und eine Teufelsspirale von Konsum und Mehrkonsum in Gang hält. Wenn überhaupt Vorbilder als Antriebsfaktor oder auch als Neidfaktor dienen, so sollten doch eher das Verhalten und die Handlungen von Menschen diese Vorbildfunktion begründen als das Inventar ihres Vermögens, aus welchen Quellen und Zusammenhängen dieses auch immer stammen mag.

Wer würde denn seiner Arbeit auch nachgehen, wenn er dafür keine Bezahlung erhielte? Es sind nur wenige Menschen, seien sie versichert. Arbeit als Broterwerb ist legitim und wahrscheinlich unausweichlich, aber Arbeit als echte Sinnerfüllung ist weitaus seltener anzutreffen, auch wenn anonyme Mitarbeiterbefragungen in privaten und öffentlichen Unternehmen häufig ein anderes Bild vermitteln. Aber wer gibt auch schon gerne zu, dass er seinen aktuellen Job als Zeitverschwendung betrachtet, wo jeder Mensch doch Geld zum Leben benötigt. Am Sterbebett haben bisher nur wenige Menschen festgestellt: Ach hätte ich doch mehr Zeit bei meiner Arbeit verbracht.

Andererseits ist bürgerschaftliches Engagement in ihren nahezu unendlichen Ausprägungen meistens durch tiefe und freiwillige Beweggründe motiviert, und Menschen ziehen gerade daraus nicht eben selten Lebensmut, Lebenskraft, Sinnstiftung und ein echtes Glücksempfinden und das nahezu ohne Entgelte. Über 14 Millionen Menschen engagieren sich in Ehrenämtern und tragen maßgeblich dazu bei, die Lebensqualität in unserer Gesellschaft zu steigern.

Wenn es uns gelingt, noch mehr Menschen für ein Ehrenamt zu gewinnen und zwar in den Bereichen, wo die Koordination des Marktes nicht funktioniert, aus welchen Gründen auch immer, dann können wir viel erreichen. Wenn Senioren in der Nachbarschaft Kinder hüten und Kinder für Senioren Besorgungen tätigen, wenn Vereine gegründet werden, um Dorfläden zu betreiben, dort wo die Gesetze des Marktes einen solchen Laden nicht mehr überleben lassen, oder Bürgerbusse Routen bedienen, die der ÖPNV nicht mehr wirtschaftlich betreiben kann, bekommt bürgerschaftliches Engagement für die Beteiligten und Betroffenen Sinn und Nutzen gleichermaßen. Dann handelt es sich um eine klassische Win-Win-Situation. Dem persönlichen Engagement sind dabei keine Grenzen gesetzt, und es bleibt garantiert kein Talent ungenutzt, wenn die Rahmenbedingungen stimmen. Die friedliche Revolution in Ostdeutschland zeigt in beeindruckender Weise und mehr als deutlich, welche gewaltige Kraft bürgerschaftliches Engagement entfalten kann.

Weniger Neuprodukte kaufen, mehr Altprodukte nutzen

Wenn man in einer systemischen Betrachtungsweise ein erstelltes Neuprodukt in seiner ganzen Wertschöpfungskette über alle Produktionsstufen und in seinem vollständigen Lebenszyklus betrachtet, so wird unmittelbar deutlich, welche Rohstoff-, Energie- und Wasserverbräuche dabei anfallen und welche Abfälle und Emissionen letztlich Luft, Wasser und Boden beeinträchtigen. Ein großer Teil der dabei entstehenden Kosten wird natürlich nicht in das Produkt eingepreist, müsste aber in einer ganzheitlichen Betrachtung seiner Ökobilanz Berücksichtigung finden. Nur so kann man den derzeitig sehr modern gewordenen Begriff der Nachhaltigkeit in Prozessen und Produkten auch belegen. Dem verantwortungsbewussten Verbraucher und Konsumenten müsste daher die Ökobilanz auf dem Produkt oder im Internet bekannt gemacht werden, insbesondere dann, wenn ein einfaches Label aufgrund der Komplexität des Produktes und seiner Erzeugung dafür nicht ausreicht, wie z.B. im Falle eines Autos. Diese Kennzahl oder Kennzahlen müssten die Höhe aller wesentlichen Verbräuche und Umweltbelastungen des Produktes ausweisen und wie auch immer von unabhängigen Experten aufgrund der produktspezifischen Ökobilanz ermittelten werden. Einige Beispiele hierfür wurden bereits durch die Wissenschaft erarbeitet. Ähnlich wie das Deutsche Institut für Normung könnte es auch ein Institut für Ökokennzeichnung geben, das Kennzahlen für Nachhaltigkeit und ökologische Produktverträglichkeit ermittelt und den Produkten oder Erzeugern zuweist. Durch die Globalisierung der Wirtschaftsprozesse müsste dieses Institut weltweit vernetzt sein, quasi ein Global Player.

Nachhaltigkeit meint dabei einerseits Langlebigkeit, aber auch die Eigenschaft, dass das Ökosystem die Schadensfolgen seiner Produktion, Nutzung und Vernichtung kompensieren und sich selbstorganisiert regenerieren kann, ohne aus seinem Gleichgewicht zu geraten. Mit anderen Worten, es dürfen in einer Zeit nur so viele Bäume gefällt werden, wie in derselben Zeit nachwachsen können, oder die Abfälle verrotten und zerfallen wieder in ihre natürlichen Ausgangsbestandteile. Oft wird auch die Recyclingfähigkeit von Produkten im allgemeinen Sprachgebrauch mit dem Begriff Nachhaltigkeit in Verbindung gebracht. Auch, dass etwas noch lange besteht, nachwirkt und andauert, wird alltagssprachlich mit dem Begriff nachhaltig umschrieben.

Produkte, die möglichst langlebig sind, wenig Ressourcen- und Umweltverschmutzung in der Herstellung und Nutzung verursachen und zudem als Abfall keine negativen Folgen für die Umwelt hinterlassen, könnte man dann wohl als nachhaltige Produkte bezeichnen. Wenn diese dann zudem einen sinnvollen Nutzen für den Menschen haben, könnte man sie im Sinne dieses Buches auch als die richtigen Produkte bezeichnen. Nach meinem Dafürhalten gibt es, bestimmte Lebensmittel einmal ausgenommen, aber nicht sehr viele Produkte auf dem Markt, die diesen strengen Kriterien heute schon genügen.

Betrachten wir einmal die Elektromobilität, der heute wohl zu Recht eine große Zukunft vorausgesagt wird. Einmal abgesehen von den noch zu lösenden technischen Fragen hinsichtlich Reichweite und Ladeinfrastruktur, müsste man in einer Ökobilanzbetrachtung natürlich auch berücksichtigen, durch welche Energieträger der Strom in den Akkus erzeugt wird und vor allen Dingen unter welchen Belastungen wichtige Rohstoffe für die Batterien, wie Lithium und Kobalt, z.B. in Chile und im Kongo, gewonnen werden. In einer solchen systemischen und ganzheitlichen Betrachtung, hat die Elektromobilität den klassischen Verbrennungsmotor mit bester Abgastechnik wohl noch nicht erreicht, wie es Umweltexperten auch zugeben. Eine andere Batterietechnik und Ladestrom aus regenerativen Quellen würden dann wohl aber das Bild verändern.

Da viele Produkte und deren Erzeugung eben gerade nicht die Kriterien der Nachhaltigkeit erfüllen, sondern, wie in diesem Absatz bereits dargelegt, häufig genau die andere Seite der Medaille darstellen, ist es umso dringlicher geboten, den Kauf dieser Neuprodukte einzuschränken. Hinzu kommt der heutige Trend der Überflussgesellschaft, dass nämlich Dinge von den Menschen zu wenig genutzt oder zu schnell entsorgt werden. Hierfür gibt es im Zeitalter der Digitalisierung eine einfache Lösung: Verschenken, Teilen, Verleihen, Weiterverwenden, Tauschen, Reparieren, Upcyceln und Recyceln. Bekannte praktische Beispiele sind Lebensmitteltafeln, nebenan.de, Ebay Kleinanzeigen, homeexange.com, Verleihportale, Car Sharing, Untervermietung, Fahrgemeinschaften, aber auch der gute alte Trödelmarkt, Tauschbörsen und Second Hand Läden. Grenzen sind hier quasi keine gesetzt und es liegt an dem Einfallsreichtum und Organisationsgrad der Verbraucher und Konsumenten, in welcher Form, Reichweite und durch welche Hilfsmittel diese Prozesse abgebildet und unterstützt werden.

Überhaupt stellt sich heute doch die Frage, was können wir uns noch wünschen, wovon können wir noch träumen oder gar wofür können wir noch sparen? Wir leben nun einmal in einer Überflussgesellschaft, in der alles zu jeder Zeit und sofort verfügbar ist, mit der kaum zu erwähnenden Einschränkung, diese Neuprodukte bezahlen zu müssen. Hierfür reicht aber auch häufig schon ein Mausklick und der Ratenkredit ist abgeschlossen. Morgen liefert Hermes dann frei Haus. Diese Art der „alles zu jeder Zeit und sofort Verfügbarkeit" macht Produkte billig. Sie verlieren an Wert, weil man an seiner Erstellung nicht beteiligt ist und es so gar keine Mühe bereitet und Zeit bedarf, dieses Produkt in den Händen zu halten. Einen selbst gestrickten Pullover schmeißt man da schon nicht ganz so schnell weg. Die Erfüllung von Neuproduktwünschen wird so leicht zu einem alltäglichen Routineprozess und trägt meist nur für kurze Augenblicke zu einem persönlichen Glücksgefühl bei. Häufig, wenn wir ehrlich sind, ist ein solcher Neuproduktkauf doch auch eine Ersatzbefriedigung für andere Themen, die wir nicht so leicht beeinflussen können und uns viel Kopf- und Bauchschmerzen bereiten. Wenn wir unsere freie Zeit aber mit Sinn aufladen, wird der Konsum sich automatisch einschränken.

Tauschen, teilen und verschenken können wir im Übrigen auch Dienstleistungen, Gartenpflege gegen Pflege der Homepage, Kinderbetreuung gegen Erledigung von Besorgungen. Dem Ideenreichtum sind auch hier keine Grenzen gesetzt und Fähigkeiten und Fertigkeiten der Menschen in einer Nachbarschaft sind in Hülle und Fülle vorhanden. Eine wunderbare Option, um Vereinsamung und Sinnentleerung entgegenzutreten und lebendige Sozialität zu erleben.

Weniger Finanzspekulationen,
mehr Geld für Zukunftssicherung

Spätestens seit der Lehmann Pleite und der Finanzkrise 2008 ist es auch für die größten Ignoranten oder Optimisten nicht mehr zu leugnen: Es ist etwas faul in der Finanzwelt! Längst haben die führenden Banken der Welt und ihre aufgeblähten Investmentbereiche die Bodenhaftung verloren und sind in den Orbit der Spekulation und des Glücksspiels abgeglitten. Finanzmarktprodukte, die keiner mehr versteht, geschweige denn bewerten kann, werden zu Bündeln geschnürt und verkauft, es wird auf alles spekuliert in Bruchteilen von Sekunden, gesteuert von Algorithmen und Maschinen, die die Broker natürlich selbst nicht durchschauen. Ratingagenturen machen gemeinsame Sache mit dem Finanzmarktakteuren und können dabei unmöglich in der Lage sein, die Risiken dieser Produkte und Banken verlässlich einzuschätzen.

Blasen sind vorprogrammiert, Kredit- und Spekulationsblasen, die eine Ausgeburt des vergötterten Wachstums sind. Das in unvorstellbaren Größenordnungen vorhandene Geldvolumen schreit immer wieder nach renditeträchtigen Anlageformen, auch wenn diese Anlagen nur wenige Sekunden dauern. Jeder beteiligt sich an diesen Prozessen, der Kleinanleger genauso wie institutionelle Anleger oder die öffentliche Hand. Es gibt Produkte mit Hebeln, wo man im Worst Case nicht nur 100 % seines eingesetzten Kapitals verlieren kann, sondern auch mehr. Das was diese Prozesse am Leben erhält sind kurzfristig sich verändernde Parameter in Märkten, Unternehmen und Volkswirtschaften sowie daraus resultierende Renditeerwartungen, die mal auf aktuellen Geschäftszahlen, mal auf Geschäftsplanungen und mal auf kruden Gerüchten basieren oder schlichtweg nur auf der Gier nach leichtverdientem Geld.

Alle Banken sind untereinander in Kreditbeziehungen oder haben Produkte der Konkurrenten im Portfolio. Wenn eine Karte im Spiel schwächelt, kann das ganze Kartenhaus schnell zusammenstürzen, da keiner keinem mehr vertraut und es dann schnell zu einer Kreditklemme kommt und zu einem Run auf Spareinlagen durch Entnahmen der Privatkunden der Banken. Insgesamt ist dies ein hoch sensibles System, dessen Robustheit auf tönernen Füßen steht. Dieses System basiert ausschließlich auf Vertrauen, das davon ausgeht, dass gegebene Versprechungen eingehalten werden. Vertrauen, dass ich mein sauer verdientes Geld wieder zurückbekomme und zwar bestenfalls mit einer anständigen Rendite, und dass man für Papier- oder Buchgeld eine materielle Gegenleistung erhält, die im Verhältnis steht zu der eingesetzten Arbeitsleistung, für die man das Papier- oder Buchgeld verdient hat.

Schon lange ist das Geld nicht mehr durch einen Goldstandard abgesichert oder steht in einer nachweisbaren Korrelation zu den erwirtschafteten Gütern und Dienstleistungen. Mit anderen Worten: Die Finanzwirtschaft hat sich von der Realwirtschaft deutlich abgekoppelt und die Welt lebt nun auf Pump. Durch die Kreditvergabe wird immer mehr Giralgeld durch die Geschäftsbanken geschöpft, auch Zentralbanken beteiligen sich an der Geldmengenerhöhung, indem sie vorzugsweise Staatsanleihen aufkaufen. Die derzeit niedrigen Zinsen verbilligen die Kreditaufnahme und befördern damit die Erhöhung der Geldmenge noch zusätzlich.

Doch wenn Geld keine realen Werte mehr repräsentiert, bleibt der sprichwörtliche Notgroschen ein Versprechen, das nicht eingelöst werden kann. Wir dürfen nicht vergessen: Geld arbeitet nicht, nur Menschen arbeiten.

Im Islam sind Zinsen übrigens verboten. Das Islamic Banking erklärt das so: Gläubiger, die Zinsen nehmen, vermehren ihr Vermögen mit dem Besitz der Schuldner. Dadurch werden Reiche noch reicher und Arme noch ärmer und die Gefahr für vielschichtige soziale Konflikte steigt deutlich aufgrund von Unzufriedenheit und Neid. Die Zinswirtschaft bringe Menschen und Organisationen hervor, die nur von den Zinsen leben und der Gesellschaft keinen Nutzen stiften.

Ich kann dieser Sichtweise durchaus viel Positives abgewinnen und im Lichte der derzeitigen Niedrigzinsphase sind die Finanzmärkte quasi bereits in diesem Sinne unterwegs. Mit welcher Rechtfertigung sollte man durch Geld eigentlich zeitlich unbegrenzt Geld verdienen? Diese Logik erschließt sich mir bei ernsthafter und eingehender Betrachtung nicht, auch wenn meine Denkmuster während meines Lebens anders geprägt wurden. Wenn jemand Risikokapital in Form von Krediten vergibt, könnte man die Risikoprämie und Rückzahlung doch über Gewinnanteile vergüten, die aus realen Geschäftsprozessen des Gläubigers resultieren. Kredite für Konsumgüter würden mit einem Risikoaufschlag für Kreditausfall versehen und es würden nur periodische

Tilgungszahlungen und keine Zinszahlungen fällig. Das Zinses-zinssystem verstärkt den bereits erwähnten Zwang zum ständigen Wirtschaftswachstum, um die fortwährende Verschuldung und den Zins finanzieren zu können mit den bereits mehrfach beschriebe-nen negativen Folgen für Mensch und Natur. Es wäre dringend an der Zeit, über die Abschaffung des Zinses und Zinseszinssystems nachzudenken.

Im Grunde ist das Geld genauso wie der Markt eine vollständige Black Box und weder die Banken noch die Privatanleger interes-siert, aus welchen Quellen das Geld stammt, aus lauteren oder kri-minellen, und in welche Anlagen es fließt, in bedenkliche oder nachhaltige.

Die Renditeerwartung steht über allem und heiligt alle Mittel. Fragen, die das Geld mit einer moralischen Komponente in Ver-bindung bringen, sind bei einer der permanenten Gier ausgesetz-ten Finanzwelt und ihrer Akteure nur lästige Störfaktoren, die Renditechancen möglicherweise schmälern.

Diese Spirale von Verschuldung, Geldmengenwachstum, Geld-entwertung, Vernetzung der Akteure, Digitalisierung der Prozesse und einer permanenten Entwicklung komplexer und undurch-schaubarer Finanzmarktprodukte, kann im Grunde genommen nur dadurch begegnet werden, dass man einen systemischen Reset-knopf drückt. Motto: Zurück zu den Ursprüngen des Kerngeschäf-tes von Banken. Banken, die für den Menschen und die Umwelt sinnvolle Wertbeiträge liefern und nicht nur für deren Eigentümer und ihre eigenen einschlägigen Finanzkennzahlen. Geld als nach-haltiges, soziales und ökologisches Gestaltungsmittel nimmt dann eine dienende Funktion für Wirtschaft und Gesellschaft wahr. Pri-vatwohl und Gemeinwohl müssen in einem solchen Modell eines neuen Finanzsystems gleichermaßen in den Blick genommen und zusammengeführt werden. Ökonomischer Gewinn als Folge, nicht als Zweck des Bankgeschäftes. Girokonto, Kartenzahlung, Kredit-vergabe, Sparen, Bauen, Vorsorgen, Anlegen, all das mag langwei-lig und altbacken klingen, beschreibt aber das Kerngeschäft einer seriös arbeitenden Bank. Anlageentscheidungen von uns Men-schen können aber echt sexy werden, wenn sie Kriterien der Nach-haltigkeit und sozialen Gerechtigkeit berücksichtigten. Sich mit ei-genem Geld an Anlageprojekten zu beteiligen, die der Zukunftssi-cherung von Mensch und Natur dienen, finde ich ausgesprochen sexy. Damit kann ich meinem Geld einen Sinn verleihen, der weit über einer schnöden Renditezahl liegt und dazu beiträgt, unsere Welt ein kleines Stückchen lebens- und liebenswerter zu machen.

Banken, die sich einem solchen Geschäftsmodell verschrieben haben, gibt es schon einige in Deutschland. Auch Sparkassen und Volks- und Raiffeisenbanken lassen den Gemeinwohlgedanken Raum in ihren Geschäftsmodellen. Wir können zum Glück selbst entscheiden, mit welcher Bank wir zusammenarbeiten wollen und in welche Anlagen bzw. Anlageprojekte wir unser verfügbares Geldvermögen investieren.

Weniger kapitalmarktorientierte Unternehmen, mehr Genossenschaften

Um es gleich ausdrücklich zu betonen: In Deutschland gibt es viele Unternehmen, meistens in Familienbesitz, die ihre Verantwortung gegenüber Kunden, Mitarbeitern, Lieferanten, Umwelt und Mitwelt sehr ernst nehmen und bestmöglich versuchen, ihre Unternehmensexistenz in Einklang mit Mensch und Natur zu sichern. Solche Unternehmen tragen nicht selten auch zu einer Steigerung des Gemeinwohls an ihren Standorten bei, indem sie sich mit Know-how und finanziellen Mitteln in ihren Gemeinden für die Bürger in spürbarem Maße engagieren.

Doch auch diese Unternehmen unterliegen marktwirtschaftlichen Prinzipien und müssen sich durch Maßnahmen im Personalbereich und ihren Geschäftsprozessen immer wieder den Erfordernissen des Marktes anpassen. Dies ist auch gut so, solange die Erfordernisse des Marktes nicht zur Zerstörung von Natur und Sozialität beitragen, sondern - positiv verstanden - diese Erfordernisse die Unternehmen dazu auffordern oder zwingen, nachhaltiger und umweltverträglicher zu wirtschaften. Die Eigentümer von Familienunternehmen können zu ihrer langfristigen Existenzsicherung auch einmal auf Renditeprozente verzichten oder gar mit einem Nullwachstum leben, ohne gleich radikale Maßnahmen der Kostensenkung, insbesondere auch im Personalbereich zu initiieren.

Kapitalmarktfinanzierte Unternehmen haben diese Möglichkeiten seltener und unterliegen einem permanenten Wachstums- und Renditezwang, der nicht selten im Exodus endet, da das Wachstum oft nicht organisch entsteht, sondern künstlich durch Unternehmenskäufe, Fusionen oder Beteiligungen und die Organisationen die damit verbundene erhöhte Komplexität und Wachstumsdynamik dann nicht mehr bewältigen können. Folge ist meist ein Liquiditätsengpass, den keiner mehr bereit ist zu beseitigen, da das Geschäftsmodell vielleicht nicht mehr zeitgemäß ist, erhoffte Synergien nicht erzielbar sind, die Baustellen einfach zu groß und vielfältig werden und kompetente Mitarbeiter zu ihrer Bearbeitung nicht mehr in ausreichendem Maße zur Verfügung stehen.

Ein alternatives Modell sind hingegen demokratische Unternehmensformen, die qua Gesellschaftsvertrag und Unternehmensverfassung Maß und Mitte eher wahren, wie zum Beispiel Genossenschaften. Diese können ganz unterschiedlichen Zwecken dienen und haben meistens eben nicht den schlichten Zweck, lediglich Geld zu verdienen. Dies ist erfahrungsgemäß auch nicht ausreichend, um auf lange Sicht am Markt erfolgreich zu bestehen. Es bedarf eben schon eines Geschäftsmodells, das tragfähig und zukunftsfähig ist und den Kunden oder der Gesellschaft einen wirklichen Nutzen stiftet. Der Unternehmenszweck begründet den langfristigen wirtschaftlichen Erfolg und nicht die Spanne zwischen Einkaufs- und Verkaufspreis, die möglichst kurzfristig realisiert wird.

Bei einer Genossenschaft gilt gleiches Recht für alle mit grundsätzlich einer Stimme pro Genossenschaftsmitglied, unabhängig von dessen Genossenschaftsanteilen. Genossenschaften dienen ihren Mitgliedern dazu, gemeinsame Ziele zu verfolgen, weil dies oft gemeinschaftlich besser möglich ist denn als Einzelkämpfer. Die Mitglieder entscheiden partizipativ und gemeinsam, kontrollieren sich gewissermaßen selbst und können auch nicht ungewollt feindlich übernommen werden. Entscheidungen, die auf breiter Basis getroffen werden, lassen Eskapaden, Größen- und Zerstörungswahn als auch Machtgehabe und Exzesse im Management wie auch frappierende Fehleinschätzungen deutlich seltener oder gar nicht erst entstehen. Ziel muss es sein, dass Unternehmen, Lieferanten, Kunden, Mitarbeiter entlang der gemeinsamen Wertschöpfungskette im Sinne einer Haushaltsgemeinschaft lebens- und überlebensfähig bleiben und einen Teil der Wertschöpfung als auskömmlichen Gewinn abschöpfen können. Die Innovationsfähigkeit muss gewahrt bleiben, wie auch die kontinuierliche Verbesserung der Ökobilanz aller beteiligten Prozesse und Produkte. Eine schöne neue Welt oder eine Utopie? Nein sicherlich nicht. Intelligent gestaltet und geregelt, kann, ja muss so etwas möglich sein. Denn eines dürfen wir auch nicht vergessen. Jede Zerstörung einer Industrie oder eines Unternehmens, das verantwortlich mit Umwelt und Mitarbeitern umgegangen ist, ist eine Verschwendung und gleicht letztlich dem Wegwerfen eines Produktes. Aus der Sicht der Nachhaltigkeit und Bewertung der Ökobilanz ist die Weiternutzung meistens vorteilhafter, als noch ein neues Unternehmen entstehen zu lassen, es sei denn, dessen Ökobilanz ist noch einmal deutlich positiver einzuschätzen.

Weniger Verbote und Gebote, mehr nützliche Rahmenbedingungen

Wie wir alle wissen, funktionieren von Menschen gemachte Systeme nur durch rechtliche Regelungen oder vereinbarte Spielregeln, die den Rahmen bilden für freie Entscheidungen und Handlungen ihrer Systemmitglieder. Dies gilt für den Straßenverkehr genauso wie für Fußballspiele und unser Wirtschaftssystem. Dabei gilt die Maxime, soviel Regeln wie nötig, um die Balance und Funktionsfähigkeit der Systeme zu erhalten und so viel Freiheit wie möglich, um die Leistungsfähigkeit, Effektivität und Effizienz der Systeme zu ermöglichen.

Eine der wichtigsten Aufgaben des Staates in der sozialen Marktwirtschaft ist die Schaffung eines rechtlichen Rahmens, innerhalb dessen sich das wirtschaftliche Handeln abspielen kann. Dazu gehört die Sicherung persönlicher Freiheitsrechte, wie das Recht auf freie wirtschaftliche Betätigung und die Möglichkeit, ein selbstständiges Gewerbe gründen zu können, das Privateigentum an den Produktionsmitteln oder das Recht, Vereinigungen zur Wahrung wirtschaftlicher und sozialer Interessen zu bilden. Die Gewährleistung des marktwirtschaftlichen Wettbewerbs sowie dessen Erhaltung durch eine funktionsfähige Wettbewerbsordnung, die wettbewerbsbeschränkende Vorgänge auf den Märkten verhindert, sind ebenfalls von grundsätzlicher Bedeutung. Weitere Gestaltungsmerkmale der sozialen Marktwirtschaft sind z. B. freie Preisbildung für Güter und Leistungen am Markt, Gewinnstreben als Leistungsanreiz, eine von staatlichen Weisungen unabhängige Zentralbank, das Recht von Arbeitgebern und Arbeitnehmern, über ihre jeweiligen Verbände die Arbeitsbedingungen und die Entlohnung ohne staatlichen Eingriff zu regeln (Tarifautonomie), eine aktive Wirtschafts-, Konjunktur- und Steuerpolitik des Staates sowie ein Netz von Sozialleistungen, das z. B. Alte, Kranke, Einkommensschwache oder Arbeitslose vor wirtschaftlicher Not schützt, wenn eine Eigenversorgung nicht möglich ist. All diese Rahmenbedingungen und damit verbundenen gesetzlichen Regelungen sind auch im Lichte der Fragestellung dieses Buches positiv zu beurteilen und bedürfen aus meiner Sicht keiner Anpassung oder Änderung.

Doch wie können wir innerhalb eines solchen marktwirtschaftlichen Systems erreichen, dass nachweislich für Mensch und Natur stark schädliche Produkte, Produktionsprozesse oder Anlagen deutlich weniger entstehen, gebraucht oder verbraucht werden? Darum, und nur darum, geht es letztlich, wenn wir unsere soziale Marktwirtschaft ökologischer machen wollen. Hierbei geht es aber auch um die Freiheit, etwas zu tun, selbstbestimmt zu handeln, aber auch die Freiheit, selbst etwas zu entscheiden.

Nehmen wir zum Beispiel das Thema Rauchen. Es steht außer Frage, dass jährlich in Deutschland ca. 120.000 Tote durch die Folgen des Tabakkonsums zu beklagen sind. Nun steht es jedem frei, sich bar jeglicher Vernunft, durch das Rauchen frühzeitig das Leben zu nehmen, weil es eben Spaß macht, man vielleicht abhängig ist oder es dem ein oder anderen irgendwie schmeckt. Kein System wird unterbinden können, dass es nicht mehr zum Rauchen kommt, auch wenn es Verbote und drastische Strafen gäbe. Das zeigen die Erfahrungen bei harten Drogen. Menschen, die unbedingt rauchen wollen, werden Mittel und Wege finden, an ihre Zigaretten zu gelangen.

Das heißt, grundsätzliche Verbote der Einfuhr, Produktion oder Nutzung von Tabakwaren sind mit unserer freiheitlichen Grundordnung nicht vereinbar, auch wenn die Schäden für unser Allgemeinwohl virulent sind. Doch eines kann und muss der Staat durch Maßnahmen und Gesetzgebungen leisten: Er muss die Freiheit und Unversehrtheit derjenigen schützen, die Nichtraucher sind, also

Kinder und Jugendliche bis zu einem gewissen Alter und all derjenigen, die mit dem Rauchen nichts am Hut haben wollen. Dafür sind Rauchverbote in geschlossenen Räumen und Wohnungen von Familien mit Kindern, Werbeverbote und die schonungslose Aufklärung schon ab dem Kindesalter die richtigen Ansätze. Zudem kann man die Produkte durch Besteuerung weiter verteuern, um die externen Effekte durch die erhöhten Krankheitskosten zu internalisieren, die Nutzung in öffentlichen Räumen erschweren bzw. zunehmend einschränken und Raucher durch gesellschaftliche Meinungsbildung unter Druck setzen. Man könnte auch den Zugang erschweren, indem Zigaretten nur in autorisierten Läden und vielleicht zu bestimmten Zeiten und nicht an jeder Ecke und zu jeder Zeit erhältlich sind.

Drogen, die nach wenigen Einnahmen mit hoher Wahrscheinlichkeit bereits zu Abhängigkeiten führen können, wie z.B. Opiate, Heroin, Chrystal Meth, Pep oder Speed, Benzodiazepine, usw., gehören dagegen verboten. Diese dürften nicht erzeugt oder in Umlauf gebracht werden, Zuwiderhandlungen müssen unter Strafe gestellt werden, was ja zu großen Teilen bereits geschieht.

Auch Produkte, die nachweislich in hohem Maße schädlich sind für Mensch und Umwelt könnten verboten werden, wenn es alternative Produkte mit gleichem Nutzwert auf dem Markt gibt aber weniger Schadstoffen bei der Produktion und im Produkt. Dies bedeutet keinerlei grundsätzlich Einschränkungen der freien Konsumenten- und Verbraucherentscheidungen.

Wie ist es mit Alkohol. Es gibt Studien, die besagen, dass manche Menschen ein hohes biologisches Risiko haben, durch ihre Art der Verstoffwechselung schnell abhängig zu werden. Auch gibt es genetische Dispositionen, quasi Suchtgehirne, die schneller dazu neigen, abhängig zu werden. Alkoholsucht kann demnach auch vererbbar sein. Bei anderen Menschen besteht dagegen auch bei regelmäßigem und geringem Genuss von Alkohol kein Suchtpotential, wenngleich Alkohol nachgewiesenermaßen auch nicht gesund ist. Ein generelles Alkoholverbot ist daher nur schwer vermittelbar und würde in der breiten Bevölkerung wohl auch nicht auf Akzeptanz stoßen. Die Prohibition in den USA hat ja schon verdeutlicht, welche negativen Folgen ein generelles Alkoholverbot für eine Gesellschaft haben kann. Dies führte daher wieder zur Aufhebung der Prohibition.

Selbstbestimmung auf Märkten wird auch dadurch befördert, dass die Transparenz über Produkte und deren Erzeugung erhöht wird, damit man aus Sicht einer ökologischen und nachhaltigen Marktwirtschaft auch die richtigen Produkte von den weniger richtigen Produkten unterscheiden kann. So kann man seiner Kaufentscheidung eine vernünftige Grundlage geben, ohne erst umfangreich im Internet und in verschiedenen Foren Produktherkunft und -zusammensetzung recherchieren zu müssen. Die bereits weiter oben angesprochene Ökokennzeichnung könnte hier sehr hilfreich sein.

Andererseits muss die Tendenz alles und jedes einer Norm zu unterwerfen, deutlich hinterfragt werden. Diese Normen nützen in vielen Fällen nur den Erfordernissen der Industrie und des Handels und weniger den Konsumenten und Verbrauchern. Insbesondere im Bereich der Lebensmittel wird hier sehr viel Verschwendung und Abfall durch das System selbst implementiert. Normen können natürlich auch dazu dienen, Nutzungsmöglichkeiten und Teileverwendungsmöglichkeiten zu erhöhen und damit unseren Zielsetzungen der Vision besser zu entsprechen. Insgesamt müssen aber deutlich mehr ökologische und soziale Standards und Normen über den gesamten Lebenszyklusprozess von Produkten national als auch weltweit Gültigkeit erlangen, damit wir unseren Planeten lebens- und liebenswert erhalten.

Wie sieht es nun bei Entscheidungen aus, die nicht einzelne Systemmitglieder allein treffen können, weil sie dazu nicht befugt oder befähigt sind. Nehmen wir die Energiewende als Beispiel: Weg von Atomenergie und konventioneller Energieerzeugung hin zu regenerativen Energien und eher dezentralen Formen der Energieerzeugung.

Ich meine ein absolut richtiger Kurs, aber wer entscheidet das? Ist das ein unabhängiges Expertengremium, sind es unsere gewählten Volksvertreter oder sind es wir alle durch eine Volksbefragung? Zunächst einmal ist es aus meiner Sicht immer von Vorteil, bei komplexen Problemstellungen Experten zu Rate zu ziehen, um Entscheidungsvorlagen auf möglichst qualifiziertem Niveau zu erarbeiten. Diese Vorgehensweise passiert üblicherweise in der Wirtschaft wie auch in der Politik. Doch ich möchte an dieser Stelle gründlich mit der Mär aufräumen, es gäbe einen unabhängigen Experten. Jeder Mensch erlebt durch Sozialisation, beruflichen Werdegang oder seine aktuelle Position eine Prägung seiner Interessen und Methoden der Problemlösung. Wir dürfen daher wohl kaum erwarten, dass ein Atomphysiker die Sicherheit eines Atomreaktors in Frage stellt und ein Umweltbiologe die Frage der Endlagerung als gelöst betrachtet. Jeder Experte ist damit für sich betrachtet auch nicht wirklich unabhängig, sondern ausgewogen zusammengestellt bildet das Expertengremium dann idealerweise alle unterschiedlichen Perspektiven und Sichtweisen für eine Themenstellung bestmöglich ab. Eine paritätische Besetzung wird dann als unabhängiges Expertengremium bezeichnet.

Doch wer trifft letztlich die Entscheidung über einen Atomausstieg? Die gesamte Bevölkerung oder seine gewählten Vertreter? Wie schon weiter vorne dargelegt, bedeutet Mehrheit nicht automatisch Wahrheit. Das gilt natürlich sowohl für den Bundestag als auch für Volksbefragungen.

Gehen wir davon aus, dass es letztlich die gewählten Volksvertreter sind, die nur ihrem Gewissen verpflichtet, solch eine Entscheidung treffen sollten, zumal sie immerhin qua ihrer beruflichen Position den Zugang zu relevanten Informationen und Experten haben und in der Regel wohl auch die Zeit und geistigen Fähigkeiten, die Reichweite und Folgen einer solchen Entscheidung zumindest in gewissem Umfang abzuschätzen. Wichtiger jedoch ist die Einordnung der zu treffenden Entscheidung in die Zielsetzungen der gemeinsamen Vision einer langfristigen Existenzerhaltung eines lebens- und liebenswerten Planeten Erde, wie weiter oben beschrieben. Und hier lehren unsere bitteren Erfahrungen aus Harrisburg, Tschernobyl und Fukushima: Wir können die Risiken der Atomkraftwerke nicht endgültig zu 100 % beherrschen und offensichtlich auch nicht die Brennelementeabfälle sicher endlagern.

Wir müssen daher schnellstmöglich vorhandene Atommeiler auf der ganzen Welt nach und nach abschalten und durch Formen der regenerativen Energiegewinnung ersetzen. Wir haben keine andere Wahl. So einfach ist das nun einmal, der Weg ist vorgezeichnet, auch wenn weiterhin neue Atomreaktoren auf unserem Planeten entstehen, die aber heute schon in ihren Bauphasen exorbitant teuer werden und sich dadurch in Zukunft nicht mehr als wirtschaftlich erweisen werden. Übrigens waren auch die abgeschalteten oder noch bestehenden Reaktoren in Deutschland nicht wirtschaftlich, wenn man die immensen staatlichen Subventionen, die horrenden Rückbaukosten und die Kosten der noch nicht gelösten Endlagerungsfrage gesamthaft ins Kalkül zieht.

Die Reaktorkatastrophe in Fukushima zeigt, dass eine Physikerin, wie unsere Kanzlerin Angela Merkel, aufgrund aktueller Geschehnisse auch einmal zu einer geänderten Haltung gegenüber der Kernenergie gelangen kann, wie übrigens auch Albert Einstein, ohne den es die Nutzung der Atomenergie nicht gäbe.

Bedauerlicherweise ist aber dagegen wohl eher nicht zu erwarten, dass ein Mitglied des Sachverständigenrates der fünf Wirtschaftsweisen, die Wachstumsdoktrin unseres Wirtschaftssystems grundsätzlich in Frage stellt, um die drängenden Probleme auf unserem Planeten besser lösen zu können. Das ist wohl zu viel verlangt. Ich habe in meinem Leben viele Wirtschaftsprofessoren kennengelernt, die diese Frage nicht interessierte. Da war der Tellerrand einfach zu weit weg und völlig aus dem Blick geraten. Doch wenn selbst Experten nicht mehr in der Lage sind, zu verlernen und Neues hinzuzulernen, wo bleibt da die Hoffnung auf die Zukunftsfähigkeit von Mensch und Natur. Fachexperten und Fachidioten ohne Zugang zu einem ganzheitlichen und interdisziplinären Ansatz, die sich einschließen in den Elfenbeintürmen ihrer Disziplinen, können und dürfen wir uns angesichts der drängenden existenziellen Fragen unserer Menschheit nicht mehr leisten. Es bedarf deutlich mehr Einblick, Durchblick und Weitblick über die wirklichen Grenzen unseres bestehenden Wirtschafts- und Finanzsystems und seiner eingeübten Rahmenbedingungen hinaus.

UNSER SOZIALSYSTEM IST REFORMIERBAR

Acht gute Gründe für Reformbedarf

Für eine lebens- und liebenswerte Zukunft ist ein funktionierendes, anpassungsfähiges und von der breiten Gesellschaft akzeptiertes Sozialsystem unerlässlich. Schließlich sind wir Menschen soziale Wesen und irgendwann im Leben oder eigentlich auch permanent auf die Hilfe anderer Menschen angewiesen, auf ihre Solidarität, ihr Mitgefühl und manchmal auch auf ihre Barmherzigkeit.

Das Sozialsystem reduziert sich dabei nicht nur auf das staatliche Sozialsystem im Sinne seiner finanziellen Transferleistungen, der Sozialausgaben, der verteilungsorientierten Steuerpolitik oder

der Bereitstellung kostenfreier öffentlicher Güter. Ohne das große ehrenamtliche Engagement von Millionen von Menschen in Vereinen und Verbänden mit sozialer Zweckbestimmung, ohne die große Spendenbereitschaft von über 14 Millionen Spendern jährlich, ohne das soziale Engagement von Privatpersonen in Familie, Nachbarschaft und Freundeskreis, ohne kirchliche Einrichtungen und Aktivitäten in allen Feldern der Fürsorge, wären die staatlichen Sicherungssysteme allein wohl hoffnungslos überfordert. Allein durch finanzielle Transferleistungen kann man eben auch keinen Sozialstaat machen. Ein soziales System entsteht erst durch Handlungen und Kommunikationen, die sinnhaft aufeinander bezogen sind, wie uns die großen Soziologen Luhmann und Parsons gelehrt haben. Dafür braucht es Menschen, die sich sozialen Berufen und ehrenamtlichen Tätigkeiten verschreiben oder sich im Alltag einfach nur für ihre Mitmenschen einsetzen. Es wäre viel gewonnen, wenn es uns noch besser gelänge, **Menschen für soziale Belange zu begeistern und zu gewinnen.**

Aber auch ohne die staatlichen Sicherungssysteme wären viele Teile unserer Gesellschaft deutlich ärmer, ungerechter behandelt oder gleich ganz vergessen. Eine Gesellschaft mit demokratischer Grundordnung wird eigentlich erst durch das staatliche Sozialsystem zu einer gerechten und solidarischen Gesellschaft und überwindet dadurch ein evolutionäres System, das nur auf der Macht der Stärkeren beruht und damit häufig auf Willkür, Skrupellosigkeit, Gesetzlosigkeit und letztlich Unterdrückung.

Bei aller Kritik und Reformbedürftigkeit unseres staatlichen Sozialsystems dürfen wir nicht vergessen, wir klagen auf ganz, ganz hohem Niveau. Die meisten Menschen auf unserem Planeten würden nur allzu gerne in Deutschland leben und dazu trägt auch unser Sozialsystem prominent bei.

Wenn es gelingt, über die Breite der Bevölkerung die **Akzeptanz und Attraktivität unseres Sozialsystems zu steigern**, ohne dieses ständig zu kritisieren, weil die Leistungsempfänger etwa mit dem Label von Schmarotzern versehen werden oder die hohe Summe der staatlichen Sozialausgaben beanstandet wird, führt dies auch zu einer sozialen Nachhaltigkeit. Diese soziale Nachhaltigkeit kann eine stabile Gesellschaft ermöglichen, an der alle Mitglieder teilhaben können und in der die menschliche Würde, sowie Arbeits- und Menschenrechte über Generationen hinaus gewährleistet sind. Unter sozialer Nachhaltigkeit wird in den allermeisten Fällen auch das Verbot verstanden, in der Gegenwart irreversible Veränderungen vorzunehmen, die von zukünftigen Generationen nicht gewollt sind. Also geht es bei sozialer Nachhaltigkeit immer auch um Generationengerechtigkeit und letztlich um nicht weniger als die **Wahrung des gesellschaftlichen Friedens und unserer demokratischen Grundordnung.** Es liegt an uns, wieviel uns dies in Euro und Cent wirklich wert ist.

Die USA sind ein prominentes Beispiel dafür, wie eine Gesellschaft auseinanderfallen kann und förmlich zerrissen wird, wenn über viele Jahrzehnte ein nur rudimentär vorhandenes Sozialsystem ganze Bevölkerungsgruppen, Berufsgruppen, ethnische Gruppen, Bildungsschichten oder Regionen aus dem Blick verliert und sich selbst überlässt. Der Schaden an Leib und Seele einer Gesellschaft ist unermesslich, ganz zu schweigen vom wirtschaftlichen Schaden, der im Zweifel die Ersparnisse der Sozialausgaben noch übersteigt. Die Kosten für innere Sicherheit werden massiv ansteigen und eine solche Gesellschaft ist zudem auf eine immens hohe Spendenbereitschaft angewiesen, um ihre Verwahrlosung halbwegs einzudämmen. Diese Spuren sind gut sichtbar, wenn man durch die USA reist und zuhauf verwahrloste Landschaften, zurückgelassene Stadtbereiche, Orte und Häuser sieht, die auch als Kollateralschäden dieser fehlenden Sozialsysteme verstanden werden können. Diese Umweltkosten müssen wir auch noch in Rechnung stellen. Und vergessen sollten wir vor allen Dingen nicht die geschätzt rund 570.000 Homeless People, die in den Städten der USA ein armseliges Dasein fristen, fern von jeder sozialen Absicherung und ohne Zugang zum Gesundheitssystem.

Die Attraktivität unseres Sozialsystems hängt einerseits von dem Leistungsvermögen der sozialen Sicherungssysteme ab, gemessen an den Gerechtigkeitsbegriffen Verteilungsgerechtigkeit, Chancengerechtigkeit, Leistungsgerechtigkeit und Generationengerechtigkeit. Diese zusammen erklären für mich die soziale Gerechtigkeit. Einen klaren Leistungsmaßstab gibt es hier wohl nicht. Was dem einen bereits zu viel ist, ist dem anderen viel zu wenig. Zur Festlegung der Grenzwerte für Bedarfe und Bedürftigkeit kommen wir um einen gesellschaftlichen Diskurs und einen politischen Prozess der Aushandlung zwischen den betroffenen Interessengruppen letztlich nicht herum. Vergleiche können wir dann höchstens mit anderen Ländern ziehen. Der Index der menschlichen

Entwicklung für Lebensqualität des UN-Entwicklungsprogrammes (UNDP) weist 2019 Deutschland auf der weltweit sechsten Position aus. Ein sehr gutes Ranking, aber kein Ausdruck von wirklicher Umsetzung der Gerechtigkeitsbegriffe für den einzelnen Bürger, sondern allenfalls ein Ausdruck relativer Gerechtigkeit zwischen den Ländern.

Was andererseits aber mindestens genauso wichtig ist wie das Leistungsvermögen der sozialen Sicherungssysteme, sind die finanziellen oder arbeitsinhaltlichen Rahmenbedingungen, die diesen zugrunde liegen, denn sie bestimmen letztlich maßgeblich, ob und in welchem Maße sich Menschen beruflich oder ehrenamtlich für soziale Belange engagieren. Der Pflegenotstand beispielsweise, der in der Pandemie noch deutlicher zu Tage tritt, weil er in der Öffentlichkeit täglich diskutiert wird, zeigt drastisch auf, welche Systemrelevanz soziale Berufe und soziales Engagement eigentlich haben und wie dringend wir auf diese Menschen und Einrichtungen angewiesen sind. Viele Menschen helfen aus intrinsischen Motiven, aber auch die Vergütung, die gesellschaftliche Wertschätzung und die Arbeitsbedingungen müssen attraktiv sein, damit sie dem System auch dauerhaft erhalten bleiben und immer wieder neue Kräfte nachrücken.

Welchem Beruf würde Jesus wohl in der heutigen Zeit nachgehen? Er wäre sicher nicht im Investmentbanking tätig, sondern würde sich wohl in den Armen- und Elendsvierteln der Welt engagieren.

Wir wissen alle, man kann nicht zweimal in denselben Fluss springen, denn alles fließt (Panta rhei). Auch die sozialen Sicherungssysteme müssen den sich verändernden Rahmenbedingungen Rechnung tragen. Nun kann keiner in die Zukunft sehen und Entwicklungen müssen sich nicht zwangsläufig linear fortschreiben, aber man kann schon mit einer hohen Wahrscheinlichkeit annehmen, dass sich der demografische Wandel fortsetzen wird, dass die Arbeitswelten digitaler, globaler und mit Blick auf Beschäftigungsverhältnisse bzw. Selbständigkeiten flexibler werden, dass die Migration zunehmen wird, und dass sich die Transformation zu einer Postwachstumsgesellschaft nicht vermeiden lässt. **Diese zu erwartenden Änderungen entscheidender Parameter für das Sozialsystem begründen auch seinen dringenden Reformbedarf.**

Durch Steuereinnahmen nimmt der Staat auf der Ebene des Bundes, der Länder und der Kommunen drei wichtige Funktionen wahr. Er finanziert die gesetzlich fixierten Staatsaufgaben zur Sicherstellung des Allgemeinwohls durch die Bereitstellung öffentlicher Güter, er nimmt eine Lenkungsfunktion wahr, um ungewünschte Verhaltensweisen der Bürgerinnen und Bürger zu verringern und sorgt für eine Umverteilung des Einkommens und Vermögens der Steuerzahler. Auf allen drei Organisationsebenen des Staates kam es 2019 zu einem Steueraufkommen von rund 800 Mrd. EUR. Den weitaus größten Anteil machten dabei die Lohnsteuer 220 Mrd. EUR, die Umsatzsteuer 183 Mrd. EUR, die veranlagte Einkommenssteuer 64 Mrd. EUR, die Einfuhrumsatzsteuer 60 Mrd. EUR, die Energiesteuer 41 Mrd. EUR und der Solidaritätszuschlag 20 Mrd. EUR aus. Ein Großteil dieser Positionen, die ca. 74 % des gesamten Steueraufkommens betragen, trägt jeder einzelne Bürger bzw. erwerbstätige Bürger und damit die breite Masse der Bevölkerung.

Es gibt Menschen, die meinen, die Steuerbelastung der deutschen Mittelschicht oder gar der Oberschicht sei zu hoch und es würden zu viele Steuern verschwendet, wie es das Schwarzbuch der Steuerzahler jedes Jahr darlegt, und andere sagen, das Steueraufkommen sei zu gering, um alle Ausgaben des Sozialsystems zu finanzieren. Die reichen und vermögenden Menschen würden geschont und ihren vielen Mitteln und Wegen zur Steuervermeidung und zur Steuerhinterziehung müsste dringend ein Riegel vorgeschoben werden. Unabhängig von diesen Sichtweisen und Positionen kann man aber wohl mit gutem Recht feststellen, **der Staat kommt mit den Transferleistungen und der Ressourcenbereitstellung an finanzielle und kapazitive Grenzen.** Im Bundeshaushalt 2021 beträgt das Budget für Arbeit und Soziales 33 % des gesamten Haushaltes. Im Wesentlichen wird dieses Budget wiederum für die Rentenversicherung, die Grundsicherung im Alter und Erwerbsminderungsrenten eingesetzt (zusammen ca. 69 %) und ca. 28 % gehen in das Arbeitslosengeld II, in Wohngeld, in Leistungen zur Eingliederung in Arbeit und in Verwaltungskosten für die Durchführung der Grundsicherung für Arbeitssuchende.

Will oder muss man das Sozialsystem weiter ausbauen, so gibt es nur zwei Möglichkeiten. Der Staat muss seine Einnahmen oder seine Schulden erhöhen, vorausgesetzt in anderen Budgetpositionen soll nicht gespart werden. Beides ist nicht eben populär in der Bevölkerung. Erhöhte Schulden gehen zu Lasten nachfolgender Generationen und verletzen die Generationengerechtigkeit. Doch wie ist es mit der Steuererhöhung? Hierfür sehe ich eindeutig Spielraum, aber nicht bei 90 % der Bevölkerung, sondern bei den vielleicht 10 % der wirklich vermögenden Personen und bei Großkonzernen und Unternehmen mittlerer Größenordnung, national wie international.

Außerdem müssen wir der Lenkungsfunktion von Steuern viel mehr Raum geben. Wir müssen im Sinne der nachhaltigen Postwachstumsgesellschaft Produkte und Prozesse, die Mensch und Natur über Gebühr schädigen und irreversibel belasten und zudem nicht zwingend notwendig sind für unser Wohlbefinden, durch die Internalisierung ihrer externen Kosten, sprich durch steuerliche Verteuerung, nach und nach aus den Märkten drängen. Den steuerlichen Reformbedarf möchte ich gerne weiter unten noch näher ausführen. Aber es fehlt eben nicht nur das Geld. Es fehlen auch Menschen, die das Sozialsystem am Leben und Laufen erhalten. Hier hat der Staat die Möglichkeiten, Einfluss auszuüben, indem er Anreize setzt und Rahmenbedingungen für das Sozialsystem verbessert. Doch ob diese dann ausreichen, die Attraktivität zu erhöhen, liegt allein in der Betrachtung und dem Ermessen der Adressaten.

Das Sozialsystem und die Verteilungsgerechtigkeit sind Themen, die in Deutschland unmittelbar miteinander verbunden sind und nicht unabhängig voneinander betrachtet werden können. Es ist für jedermann und natürlich auch jede Frau ersichtlich, es gibt Starke und Schwache in unserer Gesellschaft, Menschen mit viel und wenig Einkommen, vermögende Kreise und verarmte Familien, hilfsbedürftige, kranke und beeinträchtigte Menschen und solche, denen scheinbar alles gelingt und die immer erfolgreich sind. Es gibt Menschen, denen alle Optionen offenstehen und andere, deren Möglichkeiten in vielen Feldern menschlicher Existenz doch eher begrenzt sind.

Wenn man sich dem christlichen Menschenbild verpflichtet fühlt, kann und darf man diesen Zustand nicht akzeptieren und bestehen lassen, zumal die Schere zwischen arm und reich in den letzten Jahren zunehmend weiter auseinander geht, allerdings weniger in Deutschland als in anderen Teilen der Welt. So besitzen beispielsweise die 400 reichsten Amerikaner, die oberen 0,00025 Prozent der Bevölkerung, mehr als die 150 Millionen Amerikaner des unteren 60% Segmentes. Es geht bei dieser Schere aber nicht nur um die Verteilungsfrage von Einkommen und Vermögen, sondern auch um die Verteilung von Lebens- und Aufstiegschancen, also von Lebensoptionen und Teilhabemöglichkeiten, die sich nicht nur an der Herkunft und dem Bildungsniveau des Elternhauses festmachen dürfen. Hier hängen die Verteilungsgerechtigkeit und die Chancengerechtigkeit unmittelbar logisch miteinander zusammen.

Natürlich könnte man auf das Mitgefühl oder schlechte Gewissen der stärkeren und vermögenden Menschen setzen und hoffen, dass diese auch freiwillig bereit sind, finanzielle Mittel zur Verfügung zu stellen, um Ausgleich herbeizuführen. Doch wenn dies überhaupt geschieht, dann aufgrund von Gutdünken und Bevorzugung bestimmter Empfängergruppen und Zuwendungszwecke, die den Spendern persönlich etwas bedeuten. Beispiele hierfür sind die Milliardenspenden der Multimilliardäre unter dem Arbeitstitel The Giving Pledge. Hierdurch, argumentieren die Spender, könnten sie auch die Wirksamkeit und den Nutzen ihrer Gelder besser kontrollieren. Bei dieser Vorgehensweise bleiben logischerweise einige Felder unbestellt, die insbesondere auch aus Sicht einer langfristigen Existenzerhaltung unseres Planeten von Bedeutung sind. Die Spender, die durch das etablierte Wirtschaftssystem zu großem Vermögen gekommen sind, werden nur in seltenen Fällen alternativen Wegen offen gegenüberstehen, die gerade die negativen Folgen dieses Wirtschaftssystems in ihren Ursachen beseitigen wollen. Dass ihre Spenden auch in diese Bereiche fließen, ist daher wohl eher nicht zu erwarten.

Reichtum an sich oder auch Hyperreichtum möchte man jedem gönnen, natürlich auch sich selbst. Darin liegt auch erst einmal nichts Verwerfliches, vorausgesetzt das Vermögen wurde mit lauteren Mitteln erworben, ohne dabei Mitarbeitern, Kunden, Lieferanten, Geldgebern, der Umwelt oder wem auch immer Schaden zuzufügen. Das Problem ist hingegen die Armut, besser gesagt, in Deutschland die relative Armut. Diese ist natürlich immer relativ, abhängig von dem Wohlstands- und Entwicklungsniveau eines Landes und von dem, was man als Grundbedürfnisse und Grundrechte eines Menschen in einem bestimmten Land definiert. In Deutschland spricht man von relativer Armut, wenn man weniger als 60 % des mittleren Nettoeinkommens bezieht. Im Jahr 2018 lag diese relative Armutsgrenze bei einem Paar mit zwei Kindern bei unter 2.174 EUR Nettoeinkommen. Leider gibt es auch in Deutschland ein zunehmendes Armutsrisiko z.b. bei Alleinerziehenden, bei Erwerbslosen, bei kinderreichen Familien, bei bildungsferneren Schichten und Personen mit Migrationshintergrund. **Auch in Deutschland werden die Reichen immer reicher und die Armen immer zahlreicher**, häufig auch völlig unabhängig von der gerade vorherrschenden Wirtschaftslage. In vielen Fällen kann einen ein Armutsrisiko unverschuldet ereilen, aber es gibt natürlich auch nicht wenige Fälle, bei denen eine prekäre wirtschaftliche Situation selbstverschuldet ist. Jeder arme Mensch ist unabhängig von den Gründen einer zu viel und Kinderarmut ist in einer Wohlstandsgesellschaft wie Deutschland ein überhaupt nicht zu tolerierender Zustand.

Das Einkommen ist in unserem Land viel ähnlicher als es viele annehmen. Laut dem Institut der deutschen Wirtschaft ist seit 2005 die Größe der Einkommensmittelschicht, abgesehen von kleineren Schwankungen, quasi unverändert geblieben ist. Demnach verfügt knapp die Hälfte der Bundesbürger über ein Einkommen zwischen 80 bis 150 % des Medianeinkommens.

Das Vermögen ist hingegen viel ungleicher verteilt als das Einkommen, da es sich durch Vererbung in den Familien zwar verteilt, aber auch über Generationen anhäuft. Dabei wurden die Reichen in den letzten Jahrzehnten spürbar entlastet. Die Vermögenssteuer ist weggefallen, die Kapitalertragssteuer für Dividendenzahlungen liegt bei gerade einmal 25 %, während der Spitzensteuersatz für abhängig Beschäftigte bei 42 % fixiert ist. Auch die Körperschaftssteuer für Kapitalgesellschaften wurde im Zuge des Steuerunterbietungswettbewerbes der westlichen Länder ständig reduziert und liegt nun nur noch bei 15 %, lag früher auch schon bei 40 %. Es ist auch möglich, einen ganzen Konzern zu erben, ohne dafür einen einzigen Cent betriebliche Erbschaftssteuer zu zahlen. Rund 9,6 Billionen Euro hatten die Deutschen laut Europäischer Zentralbank 2017 auf der hohen Kante, etwa das Dreifache der jährlichen Wirtschaftsleistung. Mehr als die Hälfte davon besteht aus Immobilien, hinzukommen Aktien, Autos, Kunstwerke und natürlich Geldvermögen. Der Vermögensmedian beträgt in Deutschland rund 71.000 Euro und damit rund ein Drittel des Vermögensdurchschnitts. Dieser große Unterschied zeigt, dass Vermögen in

Deutschland ziemlich ungleich verteilt ist. Wenige Besitzer großer Vermögen ziehen den Durchschnitt nach oben, ohne dass sich in der Mitte etwas tut. Die Vermögen sind somit deutlich stärker konzentriert als die Einkommen. Die Schulden und deren Verteilung lasse ich an dieser Stelle einmal unberücksichtigt, denn letztlich müsste man das Nettovermögen betrachten.

Benachteiligt sind dabei insbesondere diejenigen Gruppen, die in den vergangenen Jahrzehnten nur kleine Vermögen aufbauen konnten, denken wir z.b. an die Bürgerinnen und Bürger aus unseren neuen Bundesländern oder an die Flüchtlinge und Vertriebenen der Nachkriegsgeneration, deren Erbmassen in den damaligen Ostgebieten kriegsbedingt häufig vollständig verloren gingen. Es ist aber auch festzustellen, dass Personen mit höheren Einkommen zu Beginn ihres Rentenalters auch über die höchsten Vermögen verfügen und damit die Einkommenshöhe auch heute noch durchaus ein Faktor für Vermögensaufbau sein kann.

Arm zu sein ist erst einmal kein Makel und keine Schande. Solange jeder die faire Chance hat, dieser Armut aus eigenen Kräften wieder zu entfliehen oder das Sozialsystem des Staates dafür sorgt, die Armut durch finanzielle Zuwendungen oder andere Maßnahmen auf das Niveau des Existenzminimums anzuheben. Innerhalb von Deutschland gilt das Grundrecht der Menschenwürde natürlich auch für arme Menschen. In meinem Verständnis sind die Grundbedürfnisse unserer Bürgerinnen und Bürger für ein Existenzminimum mindestens zu decken und diese manifestieren sich in den Rechten auf Wohnung, Nahrung, Kleidung, Bildung, Gesundheitsversorgung, Arbeit, Freizeit, Rechtsicherheit, persönlicher Sicherheit und auf Teilhabe in gewöhnlichem Umfang, wie Mitgliedschaften in Vereinen und Glaubensgemeinschaften oder z.B. auch der Teilnahme an Schulfreizeiten. Doch schon der Kino-, Theater- und Restaurantbesuch oder gar eine Urlaubsreise sind durch das Existenzminimum nicht mehr abgedeckt und in vielen armen Familien reichen das Geld oder die Kraft nicht, Kinder mit gefülltem Magen in die Schule zu schicken oder wenigstens für ein Mittagessen in der Schule Sorge zu tragen.

Selbst in Entwicklungsländern oder in autoritären Staatsgebilden können sich die reichen und mächtigen Kreise im Zweifel alles leisten und aus der eigenen Tasche bezahlen. Bildung, persönlichen Schutz, Privatärzte, gesunde Lebensmittel und Wohnumgebungen als auch jede Form von Unterstützung, die einem reichen

Menschen das Leben erleichtert und erst so richtig angenehm macht. Leisten können sich diese Schichten aber auch die Ignoranz gegenüber den armen und entrechteten Kreisen, da diese über keine Machtmittel verfügen, dieser aussichtslosen Situation zu entkommen.

Die einzige Möglichkeit, Verteilungsgerechtigkeit und das Wohlstandsniveau in der Breite der Bevölkerung zu erhöhen, stellt ein demokratisches Verfahren dar, das über einen breiten gesellschaftlichen Konsens und durch Beteiligung der Politik und des Staates als Fürsorgestaat funktioniert. Schließlich benötigen auch finanziell Schwache Hilfe und Gehör, die keine finanzkräftige Lobby hinter sich vereinen oder die ungeteilte Aufmerksamkeit der Medien genießen, wie Kinder und Jugendliche, beeinträchtigte Menschen, Arbeitslose, Rentner, kranke Menschen oder Menschen aus bildungsfernen Schichten und mit Migrationshintergrund.

Aus diesem Grunde leben wir in Deutschland in einem Wirtschaftssystem, das sich soziale Marktwirtschaft nennt. Dieses Wirtschaftssystem stellt dem kapitalistischen Wirtschaftssystem in Reinform ein Sozialsystem an die Seite. Das unmoralische Marktsystem, das eben auch Marktversagen und menschliche Verlierer produziert, wird durch das Sozialsystem in einem gewissen Maße aufgefangen, so dass benachteiligte Gruppen finanzielle und materielle Unterstützung erfahren, um zumindest ihre Grundbedürfnisse decken zu können. Durch die staatliche Bereitstellung öffentlicher Güter bekommen auch diese Gruppen kostenlosen Zugang zu Bildung, Gesundheitseinrichtungen oder Sicherheit (Polizeischutz, funktionierendes Rechtssystem). Ob dies in ausreichendem Umfang passiert und welche Hemmnisse diesbezüglich vielleicht noch vorliegen, ist eine andere Frage. Unser Sozialversicherungssystem (Kranken-, Pflege-, Renten- und Arbeitslosenversicherung), das Steuersystem als auch die Grundsicherung für Rentner und Erwerbsgeminderte sowie Arbeitslosengeld II (umgangssprachlich Hartz 4) für erwerbsfähige Leistungsberechtigte sind die Säulen unseres Sozialsystems.

Nun gibt es zwei Denkschulen, frei nach dem Motto, was war eher da, das Huhn oder das Ei. Die einen sagen, wir können soziale Gerechtigkeit nur herstellen und spendabel sein, wenn wir vorher etwas erarbeitet, geleistet und verdient haben; wo nichts da ist, kann auch nichts verteilt werden. Andere sagen, wenn die Schere zwischen arm und reich wieder etwas mehr zusammen geht, können alle Armen mehr konsumieren und das hilft den Reichen und dem Staat wieder mehr zu investieren. Ist die soziale Verteilungsgerechtigkeit demnach eher angebotsorientiert oder nachfrageorientiert? Wieder eine dichotome Betrachtung, wo beide Seiten sich ausschließen, aber auch gleichermaßen voneinander abhängig sind. Es hat demnach beides seine Berechtigung und oszilliert ständig von dem einen zum anderen Pol hin und her.

Demnach ist der Staat gefordert, durch Maßnahmen und finanzielle Unterstützungen, denjenigen unter die Arme zu greifen, deren Leistungsfähigkeit bzw. Leistungsmöglichkeit nicht ausreichen, um sich eine menschenwürdige Existenz selbstbestimmt zu sichern. Dazu zählen Kinder und Jugendliche, Migranten, Rentner, Behinderte oder Kranke, unfreiwillig Arbeitslose und arbeitswillige und arbeitsfähige Menschen, deren Arbeitseinkommen aus welchen Gründen auch immer für eine Deckung der Grundbedürfnisse und menschenwürdige Teilhabe an gesellschaftlichen Standardprozessen nicht ausreicht. **Wir dürfen annehmen, dass die Zahl dieser Bedürftigen in Deutschland weiter ansteigen wird.**

Ich befürworte im Sinne der Leistungsgerechtigkeit, dass arbeitslose und arbeitsfähige Menschen für den Erhalt der Grundsicherung auch eine Gegenleistung erbringen. Sie sollten entweder einer einkommensabhängigen Beschäftigung in zumutbarem Umfang und bei Einhaltung des Mindestlohnes nachgehen (z.B. 8 Wochenstunden) und/oder nachweislich eine gewisse Anzahl von Stunden einem gemeinnützigen Ehrenamt widmen und/oder an den weiter unten beschriebenen Aktivierungsmaßnahmen teilnehmen. Diese Regelung könnte dann auch zeitlich unbefristet sein. Menschen, die sich in einem gemeinnützigen Ehrenamt langfristig und mit vielen Wochenstunden engagieren, sind für die Gesellschaft sicherlich wichtiger, als Arbeitnehmer, die für schädliche Produkte mit negativen Folgewirkungen für Mensch und Natur tätig sind, selbst wenn sie dem Staat dann nichts kosten und sogar noch Steuern einbringen. Korrekterweise müsste man nämlich die externen Folgekosten dieser Tätigkeit noch verursachungsgerecht dem Arbeitnehmer bzw. Produkt zurechnen. In einer solchen volkswirtschaftlichen Gemeinwohlbilanz hätte der Arbeitnehmer dann wahrscheinlich einen negativen Saldo, der in einem Ehrenamt tätige Mensch aber wohl einen positiven.

Langzeitarbeitslose oder latent und offen Arbeitsunwillige müssen aus ihrer Isolation oder vielleicht auch Illegalität (Schwarzarbeit, Kriminalität) herausgeholt werden durch Maßnahmen der Aktivierung und nicht der Alimentierung. Oberste Maxime ist aber immer die Freiheit der Entscheidung der Betroffenen, an bestimmten Angeboten teilzunehmen (Qualifizierungsmaßnahmen, Fortbildung, Praktika, Teilzeitjobs, Minijobs, Ehrenämter, Therapien usw.). Man wird einen Menschen, der auf Gedeih und Verderb nicht arbeiten will, auch mit Zwang nicht zur Arbeit bewegen, sondern diesen Menschen eher weiter isolieren oder noch stärker in die Illegalität treiben. Menschen, die der Gesellschaft nichts geben wollen, obwohl sie es könnten, müssen wir dennoch ernähren und aushalten, in doppelt verstandenem Sinne, wenn wir uns einem christlichen Menschenbild verpflichtet fühlen.

Aus der Perspektive der Verteilungs- und Leistungsgerechtigkeit muss es natürlich zwingend einen spürbaren Unterschied zwischen dem Existenzsicherungsbetrag für arbeits- und aktivierungsunwillige Menschen und denjenigen Menschen geben, die arbeiten und/oder sich ehrenamtlich engagieren und dennoch eine Aufstockung ihres Einkommens benötigen. Wie hoch dieser spürbare Unterschied ausfallen sollte, müssen Experten und unsere gewählten Volksvertreter entscheiden.

Sozialer Aufstieg und Aufstieg des Sozialen

Wenn wir den Reformbedarf unserer sozialen Sicherungssysteme ernst nehmen, müssen wir früh beginnen, die Weichen richtig zu stellen. Im Prinzip beginnt es mit unserem Bildungssystem und seiner Chancengleichheit, unabhängig von der Herkunft, dem Bildungsstand der Eltern oder deren finanzieller Möglichkeiten. Das Aufstiegsversprechen der 70ger bis 90ger Jahre muss wiederbelebt werden, weil 2019 schon über 40 % der Kinder unter 5 Jahren einen Migrationshintergrund haben. Diese Kinder tragen häufig nicht nur einen schweren Ranzen zur Schule, sondern auch einige Nachteile gegenüber Kindern mit deutschem Hintergrund. Das heißt natürlich auch nicht, dass bei Kindern ohne Migrationshintergrund in jedem Falle bessere Voraussetzungen vorliegen. Was wir brauchen ist nicht ein Standesdenken, sondern die bestmögliche Nutzung der Fähigkeiten und Talente aller Kinder und die gleichverteilte Weiterentwicklung der gesamten nachwachsenden Generation. Nur so wird Bildungsferne und Arbeitslosigkeit nicht weitervererbt. Sozialer Aufstieg muss für alle möglich sein, um gerade unsere Sozialsysteme auch in Zukunft nicht zu überlasten und unsere Gesellschaft nicht endgültig in feste Milieus und Parallelgesellschaften zu spalten.

Wenn wir unserem sozialen System oder anders gesagt auch unserem sozialen Miteinander wieder einen neuen Wert beimessen und unsere auf Selbstverwirklichung und egoistische Lebensführung programmierte Gegenwart wieder etwas sozialer ausrichten, können wir unsere Zukunft deutlich liebenswerter und lebenswerter gestalten. Wie könnte so etwas konkret umgesetzt werden? Sicher nicht nur durch den Einsatz von größeren finanziellen Mitteln. Auch der zusätzliche Einsatz von uns allen für soziale Belange ist hier gefordert. Früher wurden solche Aufgaben häufig noch im großen Familienverbund erfüllt. Diesen gibt es so nicht mehr oder er verteilt sich zumindest räumlich über weite Gebiete.

Daher bin ich ein großer Befürworter eines Anreizsystems zur Förderung unseres Sozialsystems. Unabhängig von einer Bedarfsprüfung erhält jeder deutsche Bürger und jede deutsche Bürgerin mit dem Beginn einer Berufsausbildung, eines Studiums oder einer Selbständigkeit 32.000 EUR vom Staat, um damit diese Wege zu finanzieren. Dieser Betrag wird ratierlich über maximal 4 Jahre ausgezahlt. Sollten diese Ausbildungswege oder die Selbständigkeit frühzeitig beendet werden, endet auch die staatliche Berufseinstiegshilfe.

Die Mittel stammen von den 10 % vermögendsten Menschen in Deutschland und den internationalen Unternehmen, die bis dato annähernd keine Steuern in Deutschland zahlen. Mehr dazu werde ich weiter unten darlegen. Voraussetzung für dieses Startgeschenk ins Berufsleben ist, dass sich die jungen Erwachsenen zuvor für ein soziales Jahr verpflichten. Das Einsatzgebiet wählen sie selbst aus. Weiterhin Bestand hat auch das freiwillige soziale Jahr, das zum Beispiel auch Rentner nutzen könnten oder Menschen die vermögensbedingt keiner Erwerbsarbeit nachkommen müssen. Dieses Startgeschenk in das Berufsleben ist das beste Investment, das ein Staat wie Deutschland tätigen kann, denn wir haben letztlich nur unsere schlauen Köpfe, um im internationalen Vergleich hinsichtlich Lebensqualität und wirtschaftlichem Wohlstand nicht deutlich zurückzufallen. Zudem werden diese finanziellen Mittel für die Gesellschaft deutlich effizienter eingesetzt, als es die wenigen wirklich vermögenden Menschen für sich selbst tun könnten und würden, wie schon Thomas Piketty in seinem Buch Kapital und Ideologie aufzeigt.

Weiterhin stelle ich weiter unten noch eine Idee vor, wie sich erwerbstätige Menschen in einer Postwachstumsgesellschaft weitere Rentenpunkte durch persönliche Dienste an Rentnern erarbeiten können, die sie dann in ihrer eigenen Rentenphase auch wieder für sich selbst nutzen können. Außerdem können, wie weiter oben bereits dargelegt, auch arbeitssuchende Bürgerinnen und Bürger einen längerfristigen Anspruch auf Arbeitslosengeld erwerben, wenn sie sich in Vereinen, Kommunen, Verbänden, kirchliche Einrichtungen etc. mit einer gewissen Mindeststundenzahl wöchentlich sozial engagieren. All diese Maßnahmen werden im Laufe der Zeit unweigerlich dazu führen, dass unser Sozialsystem einen Aufstieg erlebt, im Image, in der Akzeptanz und, was sehr wichtig ist, auch in der personellen Ausstattung. Menschen dürfen nicht abgeschoben werden und in ihren Häusern und Milieus in der Versenkung verschwinden. Sie müssen aktiviert werden und ihrem Leben einen Sinn geben können. Das ist mit diesem Konzept gut möglich, denn auch die zeitlichen Freiräume dafür werden in einer nachhaltigen Postwachstumsgesellschaft für einen großen Teil der Bevölkerung vorhanden sein.

Darüber hinaus plädiere ich für ein Anwerbeprogramm für soziale Pflegeberufe im Ausland. Damit sollen nicht die ausgebildeten Pflegekräfte aus dem Ausland angeworben werden, sondern nur diejenigen, die eine Ausbildung in Deutschland antreten wollen. Dafür müssen sie bereits die deutsche Sprache beherrschen. Wenn sie dann die Ausbildung beendet und eine Zeit X im Pflegeberuf gearbeitet haben, erhalten sie auf Wunsch die deutsche Staatsbürgerschaft.

Weiterhin werden alle Pflegeberufe mit einer Lohnsteuerbefreiung belegt und auch die Arbeitslosenversicherung und Rentenversicherungsbeiträge entfallen für die Pflegekräfte. Damit werden die Pflegeberufe auch finanziell deutlich aufgewertet und entsprechen eher ihrer wirklichen Systemrelevanz für unsere Gesellschaft.

Dieses Maßnahmenpaket ist ein Ausdruck echter sozialer Gerechtigkeit, denn allen vier in diesem Buch beschriebenen Gerechtigkeitsbegriffen wird damit Genüge geleistet.

Armutsbeseitigung aus ganzheitlicher Sicht

Wie wir alle wissen, ist die Armutsbeseitigung auf unserem Planeten eine der wohl dringendsten und zugleich herausforderndsten Aufgaben. Dabei sind allerdings, was empirisch auch bewiesen ist, über die letzten Jahrzehnte Erfolge erzielt worden, die aber bei weitem noch nicht ausreichen und durch Kriege, korrupte Regime, Naturkatastrophen und Klimaveränderungen immer wieder konterkariert werden. Wir wissen auch, dass wir Armut nicht vollständig beseitigen werden und dass dieser Begriff immer relativ zu betrachten ist, gemessen an den durchschnittlichen Einkommens- und Vermögensverhältnissen einer Gesellschaft. Leider gibt es auch in Deutschland zu viele arme Menschen, die staatliche Unterstützung benötigen, um das ihnen rechtlich zustehende Existenzminimum zu erreichen. Fast 7 Mio. Menschen in Deutschland sind überschuldet und können ihren Kreditverpflichtungen nicht mehr nachkommen. Ein Großteil von ihnen besitzt keinerlei Vermögen, da die Schulden durch Konsum oder durch mangelnde Einkünfte zur Begleichung des Lebensunterhaltes verursacht wurden. Unabhängig von der Verschuldensfrage müssen auch diese Menschen das Existenzminimum erhalten und natürlich auch ihre Kinder, die mit den Eltern nun einmal in einem Boot sitzen. Kinderarmut ist im Grunde eine nicht zu tolerierende Situation für eine hoch entwickelte und insgesamt wohlhabende Gesellschaft wie Deutschland.

Daher müssen zumindest alle Kinder, auch unabhängig von der Bedarfssituation, ein kostenfreies Schulessen erhalten sowie kostenfreie Lehrmittel, ÖPNV-Tickets und eine kostenfreie Kita. Auch ein Vereinsbeitrag in maximaler Höhe von 100 EUR jährlich sollte inkludiert sein. Nun kann der Staat nicht immer weiter Schulden aufbauen oder für die große Mehrheit der Bevölkerung ständig die Steuern erhöhen, um Armut zu beseitigen. Beides fällt den nachfolgenden Generationen wieder auf die Füße. Der Staat muss einfach, und so einfach ist es wirklich, seine Zurückhaltung verlieren und die wirklich Vermögenden stärker belasten. Als konzertierte Aktion in ganz Europa würde dies eine ungeheure Wirkung entfalten, die garantiert nicht zu Wohnsitzwechsel, Kapitalflucht oder der Aufgabe von Standorten der Wirtschaftsunternehmen in großer Zahl führen würde. Dies ist eine Mär und dieses Glaubensbekenntnis haben uns die Vertreter dieser Denkhaltung über die letzten Jahrzehnte stets eingeflößt, so dass große Teile unserer Bevölkerung daran mittlerweile wirklich glauben. Europa ist weiterhin ein äußerst interessanter Markt und sehr attraktiver Lebensraum, der unglaublich viele Vorteile bietet gegenüber anderen Regionen der Welt. Die Regierungen Europas und die europäischen Institutionen müssen einfach die Angst und Zurückhaltung überwinden, den Vermögenden mehr abzuverlangen.

Dazu ist es unerlässlich, die Steuersysteme in Europa zu harmonisieren und Steueroasen in Europa, wie sie gerade kleinere Länder wie Luxemburg, Schweiz, Irland, Lichtenstein, aber auch die Niederlande darstellen, auszutrocknen und dadurch Privilegien für vermögende Menschen und internationale Unternehmen zu beseitigen. Wenn den europäischen Volksvertretern dies nicht gelingt, werden sie zunehmend ihre Legitimation und Unterstützung durch die breite Bevölkerung verlieren, was durch die populistischen und (rechts)radikalen Bestrebungen in fast allen Ländern Europas und auch weltweit schon mehr als deutlich spürbar ist. Es kann nicht sein, dass die 1 – 10% Eliten stets geschützt und verschont werden, während man von dem weitaus größeren Teil der Bevölkerung mehr und mehr Opfer abverlangt. Dabei sind zudem die Staatsverschuldungen in vielen Ländern viel zu hoch. So geht die Schere zwischen arm und reich immer weiter auseinander und wir enden letztlich unausweichlich in Oligarchien, Autokratien oder sogar Diktaturen, weil nicht mehr das Volk regiert, sondern die vermögenden und mächtigen Familiendynastien und Clans, wie wir es leider schon von vielen Ländern dieser Welt kennen.

Doch sicher reichen finanzielle Zuwendungen in Deutschland nicht aus, um Armut zu beseitigen. Da hilft es nur, wie schon dargestellt, in Bildung zu investieren und zu hoffen, dass damit die Armutsspirale mancher Familien durchbrochen wird. Andererseits wird es immer Menschen geben, die mit ihrer Lebensführung überfordert sind, aus welchen Gründen auch immer, und dann muss der Staat am langen Ende eben doch einspringen. Die Generation nach den Babyboomern ist die erste nach dem 2. Weltkrieg, die ihre Eltern in puncto wirtschaftlichem Wohlstand nicht übertreffen wird. Sich Wohlstand aus eigener Kraft aufzubauen, ist deutlich schwieriger geworden und vielen droht sogar die Altersarmut.

Während die inflationsbereinigten Einkommen aus abhängiger Beschäftigung in den letzten Jahren und Jahrzehnten stagnierten oder zeitweilig sogar leicht rückläufig waren und auch die Spareinlagen der „kleinen Leute" quasi keine Zinsen mehr einbrachten, konnten die Menschen mit Vermögen ihre Vermögenswerte deutlich steigern. Sowohl die Boden- als auch die Immobilienpreise sind in vielen städtischen Regionen stark angestiegen, natürlich auch die Mieten bzw. die Mieteinnahmen. In Düsseldorf z.b. haben sind die Immobilienpreise in den letzten 7 – 10 Jahren verdoppelt. Hinzu kommt, dass die Eigenkapitalrenditen im Immobilienbereich immens hoch sind, da man als Investor durch den bekannten Leverage Effekt seine Eigenkapitalrendite durch einen höheren Fremdkapitaleinsatz noch weiter steigern kann. Bei den derzeitigen Immobilienpreisentwicklungen in Ballungsräumen sind da schon mal über 30 % Eigenkapitalrendite drin. Die Unternehmensgewinne waren auch recht üppig, was sich in hohen Dividendenzahlungen und den Rekordniveaus der Aktienindizes widerspiegelt. Die Marktpreise für Gold und andere Edelmetalle sind ebenfalls massiv gestiegen, ganz zu schweigen von großen Preissteigerungen bei Kunstwerken oder Oldtimern.

Besonders zur Steigerung des Vermögens tragen aber Erbschaften bei. Wir haben eine Generation von Erben, für die es erstmals zahlenmäßig mehr Erblasser gibt als Erben und so viel Erbvermögen wie noch nie. Dies führt also nicht zu einer weiteren Verteilung von Vermögen, sondern zu einer weiteren Konzentration. Außerdem gibt es natürlich für wirklich Vermögende und Unternehmer einer gewissen Größenordnung eine ganze Reihe von Möglichkeiten zur Steuervermeidung, Steuerminderung oder gar Steuerflucht, unabhängig davon, ob diese legal, halblegal oder auch illegal sind. Nicht selten erhalten Unternehmer weitere Vorteile vom Staat und den Kommunen, damit Arbeitsplätze geschaffen werden können oder nicht wegfallen.

Viele bekannte multinationale Konzerne zahlen in Deutschland daher so gut wie keine ertragsabhängigen Steuern, da sie ihren Konzernsitz in Niedrigsteuerländern oder gar Steueroasen haben und natürlich sehr leicht über die Gestaltung von Transferpreisen und die Verrechnung von Markenrechten, Lizenzgebühren oder durch andere Konstruktionen Unternehmensergebnisse dort klein ausfallen lassen können, wo die länderspezifischen Ertragssteuern relativ hoch sind. Die eh schon sehr geringen 15 % Körperschaftssteuer plus 5,5 % Soli werden daher wohl von den wenigsten dieser Konzerne effektiv gezahlt, sondern allenfalls kleine symbolische Beträge. Das gilt für Unternehmen die bei uns riesige Flächen versiegeln mit ihren Produktions-, Verkaufs- und Logistikgebäuden wie z.b. Ikea, Starbucks, McDonald's, Amazon, Apple, Zara und Co., wie auch für Unternehmen der digitalen Welt, wo wir nach einem Bürogebäude in Deutschland schon genau suchen müssen. Beispiele hierfür sind Google, Facebook und Co. 2012 zahlte Amazon für einen Gesamtumsatz von 6,8 Mrd. EUR nur 3 Mio. Euro Körperschaftssteuer. Steuerflüchtlinge kosten der EU jährlich 1.000 Mrd. EUR. Verstärkend kommt über längere Sicht noch ein weiterer Faktor hinzu. Ohne Steuerharmonisierung kommt es in Europa automatisch zu einem Unterbietungswettbewerb für Unternehmenssteuern, weil alle Länder versuchen, damit Kapital und Investitionen aus dem Ausland anzulocken, in der Hoffnung, dass daraus Arbeitsplätze und Wirtschaftskraft erwachsen.

Diese Optionen stehen dem „einfachen Arbeitnehmer" ohne Vermögen nicht zur Verfügung. Man kann vereinfacht sagen, wer hat, dem wird gegeben, wer nichts hat, der wird irgendwann Konsumschulden haben. Daher ist es eben nicht verwunderlich, dass die Vermögenskonzentration eigentlich in allen Ländern der Welt, aber insbesondere auch in Deutschland, immer weiter zunimmt, was seriöse empirische Studien auch belegen, bei aller Schwierigkeit das Vermögen fremder Menschen, die darüber in der Regel keine Auskunft geben wollen, überhaupt annähernd richtig zu ermitteln.

Auf der anderen Seite gibt es immer mehr Menschen, für die ein Job nicht ausreicht, um das Leben für sich und die Familie zu finanzieren, obwohl es Mindestlöhne gibt, die allerdings nicht überall greifen oder leider auch umgangen werden. Dies ist natürlich ein Missverhältnis. Ich sage es mal etwas provokativ: Durch die Gnade der Geburt ein Leben in finanzieller Unabhängigkeit führen zu können ist aus der Perspektive aller vier Gerechtigkeitsbegriffe genauso ungerecht, wie durch Herkunft und fehlende Bildung niemals die Chance zu haben, finanzielle Unabhängigkeit zu erlangen. Ist es hilfreich, die Reichen ärmer zu machen und die Armen reicher?

Eigentlich müssen wir nur die Armen reicher machen. Dies geht am besten perspektivisch immer nur mit Bildung und Ausbildung und mit gerechter und fairer Entlohnung. Aber für alle Benachteiligten, die nicht mehr arbeiten können oder einfach dauerhaft keine auskömmliche Arbeit mehr finden, benötigen wir in einem Sozialstaat Solidarität und die kann nur von den Reichen kommen und zwar von den reichsten 10 % der Bevölkerung, die mehr als 56 % des Gesamtvermögens unserer Bevölkerung besitzen. Davon wiederum besitzen 2.300 Personen mehr als 100 Millionen Dollar.

Es ist überhaupt nicht einzusehen, die Mittelschicht weiter durch Steuererhöhungen zu belasten und die wirklich Vermögenden weiterhin zu verschonen. Der Staat könnte natürlich die Schulden erhöhen, aber das trifft dann letztlich auf längere Sicht auch wieder die Mittelschicht, denn von den Armen ist nichts einzufordern und die Reichen werden weiter mit allen Mitteln ihre vielfältigen Möglichkeiten nutzen, um ihre Steuerlast zu reduzieren. Es hat nichts von Klassenkampf oder ideologischer Verblendung, sondern nur von Logik und einem sozialen Gerechtigkeitsverständnis, wenn der Staat die Vermögenden stärker belastet. Das darf und muss man aussprechen, auch wenn ich es jedem Menschen von Herzen gönne, reich zu sein oder zu werden. Die Reichen sollen auch nicht arm werden, sondern nur etwas weniger reich.

Diese Umverteilung sollte so geschehen, dass die Beträge von den Vermögenden, zu denen im Übrigen auch die multinationalen Unternehmen zählen, die in Deutschland erfolgreich Geschäfte machen, auch planbar für die Stützung unseres Sozialsystems herangezogen werden können, ohne dass durch Bewertungsspielräume, Verlustabzüge oder andere Rechnereien, die Abgaben- und Steuerlast stark gemindert oder das Vermögen stark geschmälert werden kann. Es geht auch darum, sich zu seinem Vermögen offen und ehrlich zu bekennen und zu seiner Verantwortung, Ausgleich herbeizuführen, bestenfalls sogar freiwillig.

Diese Umverteilungsinitiative hat die vorrangige Zielstellung, jungen Menschen kostenfreie Kitas und Schulen zu ermöglichen sowie Studien- und Berufswege als auch eine Starthilfe in die Selbständigkeit rückzahlungsfrei zu finanzieren. Die ganze Idee steht unter dem Motto: Vermögende Menschen bahnen jungen Menschen den Weg in die Zukunft.

(1) Es wird eine Luxussteuer eingeführt mit einem Mehrwertsteuersatz von 30 % für z.B. Yachten, Privatflugzeuge, Autos mit Listenpreis größer 50 TEUR, Edelmetallschmuck, Kunstwerke, Oldtimer und ähnliche Luxusgüter, die zur Wertanlage dienen und eine Wertsteigerung erfahren können.

(2) Einkommensmillionäre zahlen jährlich eine Bildungsabgabe von 5 % auf ihr Nettoeinkommen.

(3) Dem Finanzamt bekannte Vermögensmillionäre mit einem Bruttovermögen von über 100 Millionen EUR zahlen einmal jährlich 1 Million EUR als verpflichtende Bildungsschenkung, die steuerlich nicht absetzbar ist. Vermögensmillionäre von 10 -100 Millionen EUR anteilig entsprechend weniger, vorausgesetzt ihr Vermögen ist einfach ermittelbar oder der Öffentlichkeit bekannt.

(4) Die Kapitalertragssteuer wird auf 35 % erhöht.

(5) Die Grunderwerbsteuern für nicht zu eigenen Wohnzwecken genutzte Grundstücke und Gebäude werden in den Bundesländern und Europa harmonisiert und auf 13 % festgesetzt und somit verdoppelt. Betroffen sind demnach alle gewerblichen Projekte bzw. Kapitalanlagen.

(6) Hypothekendarlehen dürfen für Kapitalanleger und gewerbliche Zwecke nur noch begeben werden, wenn der Fremdkapitalanteil 50 % nicht übersteigt, um den Leverage Effekt einzudämmen.

(7) Ausländische Unternehmen, die in Deutschland einen Umsatz größer X Millionen EUR machen oder in Deutschland einen Firmensitz haben, zahlen keine Ertragssteuern mehr, die über eine Gewinn- und Verlustrechnung ermittelt werden, dafür aber eine Mindeststeuer, die ermittelt wird aus dem in Deutschland erzielten Umsatz. Zu Grunde gelegt wird eine angenommene Mindestumsatzrendite von 2 - 3 %. Dieser kalkulatorische Ertragswert wird dann mit 25 % Körperschaftsteuer belegt. Diese Form der Besteuerung führt dazu, dass große multinationale ausländische Konzerne und Digitalunternehmen in Deutschland überhaupt erst einmal Ertragssteuern zahlen und dass diese Steuereinnahmen für den Staat auch besser kalkulierbar werden.

(8) Die Vermögenskonzentration in Deutschland ist auch auf die hohe Zahl von Familienunternehmen und deren Begünstigung durch die Erbschaftssteuergesetze von 2009 bzw. 2016 zurückzu-

führen. Etwa die Hälfte der 100 größten Unternehmen in Deutschland ist im Familienbesitz. Diese Gesetze erlauben ein nahezu steuerfreies Vererben von großen Unternehmensvermögen. Statistische Daten zeigen, die Erbschaftssteuer war umso höher, je kleiner das vererbte Vermögen war. Welche Ansätze man hier wählen kann, um auch große und erfolgreiche Familienunternehmen mehr in die Pflicht zu nehmen, entzieht sich meiner Expertise, aber ich bin mir ganz sicher, dass es hier praktikable Berechnungsmöglichkeiten geben wird, die die wirtschaftliche Weiterführung der Unternehmen auch nach einer Erbschaftssteuerzahlung nachhaltig möglich machen.

(9) Zudem könnte man auch ins Kalkül ziehen, Erbschaftssteuersätze dann überproportional zu erhöhen, wenn bereits sehr vermögende Menschen noch ein weiteres Vermögen erben. Nur so kann man dem Automatismus des permanenten Vermögenszuwachses etwas entgegenwirken. Eine noch radikalere Variante wäre, ein Maximalerbvermögen für nicht Betriebsvermögen festzulegen. Der verbleibende Restbetrag des Erbvermögens geht dann an den Staat zur Finanzierung der Bildungsaufgaben. Verschont blieben dabei die elterliche Immobilie und ein weiteres Erbschaftsvermögen in maximaler Höhe von X EUR.

Ein zentraler Punkt bei dem Thema der Steuergerechtigkeit ist natürlich, dass sich die Banken in vielen Fällen gemein machen mit Steuerflüchtlingen und ihren Steuervermeidungsbemühungen, aber auch mit mafiösen Strukturen im Zusammenhang mit Schwarzgeld und Geldern, die aus kriminellen Machenschaften stammen. Das Bankgeheimnis, die fehlende Transparenz im Bankensektor und die mehr als unzureichende Bankenaufsicht machen dies erst möglich. Solange sich auch Staaten nicht auf einheitliche Regeln bezüglich Besteuerung, Transparenzerhöhung und Vermeidung von Steueroasen einigen, werden viele Staaten weiterhin in großer Finanznot sein und ihre finanziellen Defizite permanent erhöhen müssen. Die wirklich vermögenden Kreise, die mächtigen Unternehmer und Investoren und die kriminellen Verbrecherkartelle, aber auch korrupte Staatenlenker und Diktatoren werden es ihnen ewig danken.

Alterssicherung in einer nachhaltigen Postwachstumsgesellschaft

Wir müssen bei allen Überlegungen zu einer Reform unseres Sozialsystems bedenken, dass wir auf dem Weg zu einer nachhaltigen Postwachstumsgesellschaft auch mit deutlichen Veränderungen der Parameter unseres Sozialsystems zu rechnen haben. Hierzu zählen auch der demografische Wandel und die Veränderung der Arbeitswelt durch Digitalisierung und Globalisierung, vorausgesetzt diese Trends schreiben sich weiterhin linear fort, was allerdings nicht zwangsläufig der Fall sein muss.

Unter der Annahme dieser Entwicklungslinien, wie kann da ein Sozialsystem der Zukunft aussehen, das einem christlichen Menschenbild entspricht und den genannten vier gleichwertigen Gerechtigkeitsbegriffen auch Genüge leistet?

Dies möchte ich gerne am Beispiel der Gesetzlichen Rentenversicherung (GRV) beleuchten. Im Sozialleistungssystem ist die GRV der mit Abstand größte Leistungsträger. Dabei dominieren die Ausgaben für die Versicherten- und Hinterbliebenenrenten. Die Verwaltungs- und Verfahrenskosten haben bei der GRV eine nur geringe Bedeutung von 1,4%. Im Unterschied zur privaten Renten- und Lebensversicherung arbeitet die GRV äußerst kostengünstig.

Eine nachhaltige Postwachstumsgesellschaft wird durch eine deutlich geringere Wirtschaftsleistung gekennzeichnet sein. Damit gehen logischerweise auch einher ein geringeres Produktionsvolumen und ein reduzierter Konsum. Produkte werden teurer, da in ihnen zunehmend die externen Kosten einbezogen werden, die sie verursachen. Zudem werden die Produkte langlebiger und ihr Nutzungsgrad wird sich gleichzeitig erhöhen. Mode- und trendorientierte Produkte verlieren an Bedeutung, genauso wie Gebrauchs- und Verbrauchsgüter, die man zum Leben nicht unbedingt benötigt. Zudem wird es zunehmend zu gebrochenen und flexiblen Berufsbiografien kommen mit der Folge, dass der bisherigen Organisation des Sozialsystems als Sozialversicherung, die am Lohnarbeitsverhältnis anknüpft, langfristig die Grundlage entzogen wird. In einer Arbeitswelt der losen Koppelungen lösen sich die Grenzen zwischen abhängiger Beschäftigung, echter Selbständigkeit, Scheinselbständigkeit und nichtkommerzieller Eigenarbeit bis zur

Unkenntlichkeit auf. Einkommen fließen dadurch häufig unstetig, was dann zwangsläufig zur Unterversorgung im Alter führt.

Die Nachhaltige Postwachstumsgesellschaft wird ökoeffizient im Sinne einer besseren Berücksichtigung der Ökobilanz im Laufe des Produktlebenszyklus von der Wiege bis zur Bahre oder sogar ökoeffektiv im Sinne einer Cradle to Cradle Kreislaufwirtschaft von der Wiege bis zu Wiege. Bei der Cradle to Cradle Kreislaufwirtschaft bildet man geschlossene biologische Kreisläufe für Verbrauchsprodukte und geschlossene technische Kreisläufe für Gebrauchsprodukte, die im Idealfalle ohne irreversible Abfälle und Rückstände auskommen und sich in einer permanenten Wiederverwertung befinden. Die hoch erwünschten Konsequenzen einer nachhaltigen Postwachstumsgesellschaft sind dann natürlich weniger Ressourcen-, Flächen- und Energieverbrauch, weniger Schadstoffe in Luft, Boden und Wasser, weniger klimaschädliche Treibhausgase und weniger Abfälle, Rückstände und Müll auf unserem Planeten. Im Idealfall kommt es zu Rückbau und Renaturierungen und einer Steigerung der Biodiversität.

Logische Konsequenz ist dann aber auch, dass der Zeitbedarf für vergütete Arbeitsleistungen deutlich sinken wird und damit auch das Einkommen und die finanziellen Transferleistungen für das Sozialsystem. Wenn alles auf einem niedrigeren Niveau verläuft, ist das erst einmal nicht problematisch. Aber schon heute sind die Sozialsystembestandteile nur schwer finanzierbar und dazu kommen dann noch die wahrscheinlich zu erwartenden oben beschriebenen Entwicklungen.

Die staatliche Rente wird heute hälftig von den Arbeitgebern und Arbeitnehmern finanziert. Die verbleibende Lücke von ca. 25 % des gesamten Rentenvolumens schließt der Staat mit Steuermitteln, z.B. auch aus der Ökosteuer. Dieser Steueranteil wächst von Jahr zu Jahr leicht an, wird aber auch zur Deckung beitragsfremder Leistungen herangezogen wie z.B. Mütterrente, Anrechnungszeiten von Studium, Wehr- und Zivildienst, Integration der ostdeutschen Rentner in das Rentensystem nach der Wiedervereinigung und einiges mehr. Heute finanzieren 2 Arbeitnehmer einen Rentner. Kinder, die im Jahre 2010 geboren wurden, werden mit 50 %iger Wahrscheinlichkeit 100 Jahre alt werden, vorausgesetzt es gibt keine Natur- und Umweltkatastrophen, Kriege, Pandemien oder andere gesellschaftliche Strukturbrüche. Bei einem tatsächlichen Renteneintrittsalter von derzeit 61,2 Jahren in Deutschland bei gleichzeitig rückläufigen Beitragsjahren der Beitragszahler wird das derzeitige umlagefinanzierte Rentensystem so nicht aufrechtzuerhalten sein.

Auch die betriebliche Altersvorsorge ist rückläufig und für die private Altersvorsorge bleiben vielen Haushalten immer weniger Sparmöglichkeiten. Die Eigenheimquote ist in Deutschland ebenfalls relativ niedrig, verglichen mit anderen europäischen Ländern, so dass auch aus dieser Quelle künftig kein großer Beitrag für die Altersabsicherung zu erwarten sein wird, zumal die Baukosten und Grundstückspreise wohl auch weiterhin deutlich ansteigen werden.

Die Menschen in einer Postwachstumsgesellschaft haben also weniger Einkommen, mehr Lebenszeit und mehr arbeitsfreie Zeit. Hoffentlich hat sich auch ein Bewusstseinswandel durchgesetzt, dass das Streben nach unbegrenztem materiellem Wohlstand kein vorrangiges Lebensziel mehr sein kann. Durch staatliche Interventionen, die von Anreizen, über Kontingente, Preisfestsetzungen, Steuern bis hin zu Verboten und Geboten reichen werden, wird der Wandel zu einer nachhaltigen Postwachstumsgesellschaft zudem befördert, und damit werden alle nicht nachhaltigen Prozesse und Produkte immer weniger erschwinglich und verschwinden mit der Zeit aus den Märkten. Durch die Beschränkung auf das Wesentliche und auf langlebige Produkte, wird die auf Massenproduktion ausgerichtete Wegwerfgesellschaft überwunden. Wie heißt es so schön: Wer viel hat, hat auch viel Gepäck. Verständige und vernünftige Menschen konzentrieren sich auf gesunde Lebensmittel, ein gesundes Wohnumfeld und Mobilität, Kommunikation und Freizeitaktivitäten, die die Umwelt weit weniger belasten und schädigen, als die heutige ungebremste Wachstumsgesellschaft. Es besteht eine gute Chance, dass ein überwiegender Teil der Menschen in Deutschland zu der Erkenntnis und Einsicht gelangen, es ist nicht die Menge der materiellen Dinge, die mein Leben bereichern, sondern es sind meine Familie, meine Freunde, meine Nachbarn, meine guten Taten, meine gewonnenen Eindrücke und Erfahrungen, mein Leben in Gemeinschaft und meine Erlebnisse, Abenteuer und Überraschungen, von denen ich auch später noch gerne erzähle und profitiere.

Was machen wir dann mit der gewonnenen Lebenszeit und der freiwerdenden Arbeitszeit? Wir stützen das Sozialsystem in dem hier betrachteten Fall das Rentensystem. Jeder Rentner erhält neben seiner nach Leistungsgerechtigkeit bemessenen Versichertenrente und/oder der auf Verteilungsgerechtigkeit beruhenden Grundsicherung (z.b. Sockelrente siehe weiter unten), sogenannte digitale oder analoge Stundenscheine für einen gewissen Zeitraum und in einer gewissen Menge. Dies ist quasi ein Recht auf eine Leistungserbringung durch die erwerbsfähigen Bürgerinnen und Bürger. Diese Dienstleistungen könnten z.b. in folgenden Bereichen für die Rentner/innen erbracht werden: Fahr- und Beschaffungsdienste, Pflegedienste, die keine Fachexpertise benötigen, Dienstleistungen in Haushalt und Garten; Freizeitdienstleistungen oder Verwaltungs- und Organisationsdienstleistungen.

Mit der Erbringung der Leistung geht das Recht des Stundenscheines auf den Leistungserbringer über und dieser spart sich auf seinem Rentenkonto 2 für seine eigene Rente entsprechende Stunden an, die diese Person dann später als Rentenempfänger wieder selbst für den Bezug einer Dienstleistung im Sinne der Generationengerechtigkeit nutzen kann. Denkbar wäre natürlich auch der Verkauf dieser Rechte oder gar der Handel solcher Rechte. Allerdings ist die Idee eine andere, als eine rein wirtschaftliche Transferleistung zu etablieren. Es geht hier nämlich um gelebte Solidarität in einem auf Gemeinwohl ausgerichteten demokratischen System, das dem Sozialsystem eine Stellung einräumt, das ihm auch gebührt. Es geht nicht darum, sich durch Geldmittel von sozialen Verpflichtungen freikaufen zu können, sondern darum, den materiellen Teil unserer leider viel zu stark auf Geld, Besitz und Vermögen ausgerichteten Welt zu ersetzen durch Fürsorge und soziale Nähe, durch immaterielle Werte, wie Nächstenliebe, Hilfsbereitschaft, Verständnis und Empathie, letzten Endes durch sinnhaftes Tun.

Neben den finanziellen Transferleistungen sind also soziale Transferleistungen ein probates Mittel, die Gesellschaft näher zusammenzuführen und echte Solidarität zu leben und im gleichen Atemzug unser Sozialsystem zu stützen und weiter auszubauen. Eine solche Idee zu organisieren und zu implementieren, scheint mir mit Hilfe unserer digitalen Möglichkeiten recht einfach realisierbar zu sein. Wenn selbst Partnervermittlungen heute Hochkonjunktur haben und Portale für alle möglichen Formen von Dienstleistungen existieren, wird es wohl auch kein Problem sein, ein schlüssiges, funktionsfähiges und akzeptiertes Umlagesystem für soziale Transferleistungen zu konzipieren und zu etablieren.

Auch die finanziellen Transferleistungen sollten unter den zu erwartenden Bedingungen eine andere Ausgestaltung erfahren. Dies gilt für alle Teile des staatlichen Sozialversicherungssystems. Betrachten möchte ich an dieser Stelle allerdings nur die Alterssicherung. Die zukünftigen finanziellen Belastungen müssen auf mehr Schultern verteilt werden. Alle Bürgerinnen und Bürger sollten für das Sozialversicherungssystem aufkommen, unabhängig vom Erwerbsstatus und der Zugehörigkeit zu einer bestimmten Berufsgruppe. Dies gilt somit auch für alle Selbständigen, Landwirte und freiberuflich Tätigen, wie auch für Beamte, wobei während einer längeren Übergangszeit die bereits erworbenen Pensionsansprüche geschützt bleiben. Zudem werden alle 7 Einkunftsarten unabhängig von der Art und Quelle zur Finanzierung der Altersversicherung herangezogen.

Das Rentenmodell der katholischen Verbände, das auch als Cappuccinomodell bezeichnet wird und aus drei Ebenen besteht, scheint mir besonders geeignet, den Reformbedarf abzudecken. Die Erwerbstätigenversicherung, als umlagefinanziertes, solidarisches und leistungsbezogene System der gesetzlichen Rentenversicherung bleibt weiterhin bestehen und soll noch gestärkt werden. Die Entwicklung des Rentenniveaus wird wieder deutlicher an die Lohnentwicklung gekoppelt. Die Absicherung des Risikos der Erwerbsminderung bleibt erhalten. Es wird ein generelles Ehegatten-Rentensplitting eingeführt. Kindererziehungs- und Pflegezeiten werden erhöht und deutlich besser bewertet. Für Kindererziehung werden 6 Jahre angerechnet, Pflegezeiten werden mit mindestens 0,5 bis 1 Entgeltpunkten unabhängig vom Bezug von Pflegeleistungen bewertet und auch nach Renteneintritt anerkannt. Die Finanzierung der mittleren Ebene des Cappuccinos, quasi des Milchkaffees, erfolgt weiterhin paritätisch aus Beiträgen der Arbeitnehmer/innen und Arbeitgeber/innen vom Bruttolohn.

Die erste Schicht des Rentenmodells bildet die Sockelrente, der Espresso. Die Sockelrente ist eine solidarische Bürgerversicherung für alle Einwohnerinnen und Einwohner, die in Deutschland leben und steuerpflichtig sind. Sie garantiert eine Mindestsicherung unabhängig von der Erwerbsbiografie. Es findet keine Bedarfsprüfung statt. Die Höhe der Sockelrente beträgt für alle im Rentenalter und bei Erwerbsminderung mindestens 467 EUR monatlich ohne Kosten für das Wohnen (Stand Januar 2018). Sie wird finanziert aus Beiträgen auf die Summe aller positiven Einkünfte und/oder aus Steuermitteln. Beide beschriebenen Ebenen zusammen (Erwerbstätigenversicherung und Sockelrente) führen nach 40 Beitragsjahren und durchschnittlichem Verdienst zu einer Rentenhöhe von 1.298 EUR brutto monatlich (Stand Januar 2018), also zu demselben Betrag wie auch im heutigen System. Allerdings setzen die Werte erst auf der Höhe der Sockelrente an und liegen dann immer auf einem höheren Niveau als heute bis es sich bei 40 Jahren Beitragszeit auf denselben Wert angleicht. Damit reduziert sich die Gefahr der Altersarmut deutlich.

In dem Rentenmodell der katholischen Verbände bildet der Milchschaum die dritte Schicht des Cappuccinos, nämlich die betriebliche und private Altersvorsorge. Die betriebliche Altersvorsorge muss wieder ausgebaut werden und zum Regelfall für alle Erwerbstätigen werden. Die private, kapitalgedeckte Altersvorsorge bleibt eine freiwillige Zusatzvorsorge, die nicht staatlich gefördert wird und vollständig in der Eigenverantwortung der Bürgerinnen und Bürger liegt. Die entsprechenden Finanzprodukte sollten allerdings unter staatlicher Aufsicht stehen und eine Transparenz und Sicherheit bieten, dass die ersparten Einlagen abzüglich nachvollziehbarer Verwaltungskosten mindestens gesichert sind und bleiben und bestenfalls dann noch eine Laufzeitrendite erzielen.

Soziale Gerechtigkeit und Nachhaltigkeit sind Geschwister

Nachhaltigkeit beschreibt und erklärt ein Konzept, dessen Ziel es ist, menschliches Handeln in den einzelnen Systembereichen einer Gesellschaft so auszurichten, dass diese Systeme auch langfristig überlebensfähig sind und ihre Funktionsfähigkeit und Anpassungsfähigkeit an Umweltbedingungen bewahren. Unser heutiges Handeln darf unsere Zukunft nicht gefährden. Dabei rückt der Dreiklang von Suffizienz, Effizienz und Konsistenz in den Blickpunkt. Die Konsistenz ist dabei jedoch deutlich tonangebend und zugleich am anspruchsvollsten zu spielen. Bei begrenzten Ressourcen und Umweltbelastungsmöglichkeiten sollten wir die Suffizienz steigern und weniger von allem machen, weniger konsumieren, weniger produzieren, weniger Müll hinterlassen, Verbräuche (Wasser, Flächen, Energie, Rohstoffe etc.) senken und Schadstoffe in Luft, Wasser und Boden sowie CO_2 reduzieren. Dies wird mit Verzicht und Freiheitseinschränkungen verbunden und ist daher bei vielen Menschen nicht attraktiv, vielleicht sogar provokativ, allerdings ist die Suffizienz ein zentrales Merkmal der Postwachstumsgesellschaft. Wie können Menschen die eh schon wenig besitzen noch auf etwas verzichten? Eine gute Frage, auf die ich später noch zurückkommen werde.

Die Effizienz hingegen ist in der Ökonomie und auch bei den Menschen allgemein hoch anerkannt und schon lange en vogue. Ohne Opfer bringen zu müssen, insbesondere Konsumopfer, wird die Effizienz gesteigert, indem einfach weniger verbraucht wird bei gleichem Nutzen. In Produkte fließt weniger Material ein bei gleicher Stabilität, weniger Strom ein bei gleicher Lichtstärke oder weniger Benzin ein bei gleicher Geschwindigkeit. Dies ist natürlich ein zentrales Merkmal von Innovation und damit letztlich auch ein Wachstumstreiber und passt nur zu einer nachhaltigen Postwachstumsgesellschaft, wenn es dabei nicht zu unerwünschten Reboundeffekten kommt. Diese entstehen, wenn die Verbrauchseinsparungen zu Kosten- und Preissenkungen führen, die erneut eine Verbrauchssteigerung attraktiv erscheinen lassen.

Das tragfähigste nachhaltige Konzept einer Postwachstumsgesellschaft stellt die Konsistenz oder Ökoeffektivität dar. Am einfachsten zu beschreiben ist dieses Wirkprinzip z.B. in der Ökonomie durch eine Kreislaufwirtschaft (Cradle-to-Cradle Prinzip). Dort gibt es im technischen Kreislauf idealtypisch keine Abfälle oder Reststoffe mehr, sondern nur noch Rohstoffe, die immer wieder in den Prozess von Produktion, Nutzung und Aufbereitung einfließen. Im biologischen Kreislauf gibt es die Stufen Produktion, Verbrauch und Verrottung. Hier gehen die Produkte nach dem Verbrauch rückstandslos in den natürlichen Kreislauf zurück, indem z.B. biologische Verpackungen und Kleidungsstücke oder Essensreste vollständig und in kurzer Zeit verrotten. Diese geschlossenen Kreisläufe beschreiben allerdings einen hehren Anspruch, weil über den gesamten Entstehungs- und Lebenszyklus eines Produktes diese Kreisläufe logischerweise auch für alle für dieses Produkt zum Einsatz kommenden Produktions-, Lager-, Verpackungs- und

Transportmittel gelten müssten. So schwer eine vollständige Umsetzung dieser Kreisläufe ohne Reststoffe und Schadstoffe auch sein mag, der Weg ist das Ziel und wir müssen uns möglichst alle auf dieses Ziel verständigen.

Michael Braungart, der Erfinder des oben beschriebenen „Cradle-to-Cradle"-Prinzips (von der Wiege zur Wiege) verweist auf die Notwendigkeit, den Begriff der Nachhaltigkeit zu öffnen auch für die soziale Dimension: „Den Menschen als Naturschädling zu betrachten, nährt zugleich Resignation und Zynismus. Die Tätigkeit des Menschen, seine Sozialität, soll und kann der Welt nützen. Erst durch den Menschen wird die Welt für den Menschen zu einem guten Ort. Die Natur allein, der romantische Traum von einem naturidentischen Leben ist ein Alptraum."

Was sind nun eigentlich die Kreisläufe im sozialen System? Auf der kleinsten Ebene betrachtet geht es um Handlungs- und Kommunikationskreisläufe, die sinnhaft aufeinander bezogen sind, beide Kreisläufe dürfen nicht durchbrochen werden, damit das soziale System in seiner Vielfalt, Komplexität und Dynamik erhalten bleibt und dauerhaft überlebt. Bei der Kommunikation sind dies die Schritte Erkunden – Plädieren – Verständigen. Dies sind Grundbausteine aller sozialen Systeme, bei denen Menschen untereinander in Beziehung stehen. Diese sichern den sozialen Frieden und Zusammenhalt, den Kompromiss, letztlich die soziale Gerechtigkeit in den Dimensionen Verteilungsgerechtigkeit, Chancengerechtigkeit, Leistungsgerechtigkeit und Generationengerechtigkeit. Auf der Handlungsebene ist es der Kreislauf rund um das Thema helfen und helfen lassen mit den Schritten Hilfsbedarf formulieren – Hilfsangebot konzipieren – Hilfe (zur Selbsthilfe) geben – Hilfe annehmen, egal ob auf privater, familiärer, ehrenamtlicher, staatlicher oder beruflicher Ebene. Die Handlungsebene setzt den Aushandlungsprozess der Kommunikation in konkrete Systeme sozialer Sicherung um, die auf staatlicher Ebene, aber auch auf allen anderen Ebenen ins Leben gerufen werden oder bereits existieren.

In unserem sozialen System, in dem Menschen durch Handlungen und Kommunikation miteinander sinnhaft in Beziehung stehen und zusammen Gesellschaft bilden, geht es vornehmlich nur um die soziale Gerechtigkeit als Wertmaßstab. Die Nachhaltigkeit und Soziale Gerechtigkeit sind dabei Geschwister und haben denselben Genpool.

Was hat nun z.B. die Leistungsgerechtigkeit mit Nachhaltigkeit gemein. Per se erst einmal gar nichts. Leistungsgerechtigkeit im herkömmlichen Sinne verstanden bedeutet nur, wer mehr leistet, indem er anspruchsvollere, intensivere, qualitativ hochwertigere oder einfach mehr Arbeit verrichtet, soll auch mehr Arbeitseinkommen erhalten. Doch wieviel Einkommen darf Kapital erzielen oder unternehmerisches Tun, das sich aus Kapitaleinsatz und Arbeitseinsatz des Unternehmers zusammensetzt? Da fällt die Bewertung der Leistungsgerechtigkeit noch schwerer als bei einem bloßen Vergleich von Tätigkeiten aus abhängiger Beschäftigung.

Die nachhaltige Leistungsgerechtigkeit ist dagegen anders definiert. Eine Arbeitsleistung wird dann umso höher bewertet, je stärker sie dem Nachhaltigkeitsprinzip entspricht. Werden innerhalb des Wirtschaftssystems und des sozialen Systems Produkte erstellt oder Dienstleistungen erbracht, die nachhaltig sind für das Ökosystem und das menschliche Zusammenleben, so ist die Arbeitsleistung höherwertiger einzuschätzen als bei nicht nachhaltigen Dienstleistungen und Produkten. Nachhaltiges Verhalten sollte in den Anfängen durch den Staat gefördert und bessergestellt werden. Dies führt dann nach und nach aus Effizienz- und Suffizienzgesichtspunkten zu einer neuen Ausrichtung dieser Systeme im Sinne einer nachhaltigen Postwachstumsgesellschaft.

Wenn es früher durch die Arbeiterbewegung gelang, das Soziale System und damit auch die Gesellschaft zu modernisieren und gerechter zu machen, dann wird es heute die Nachhaltigkeitsbewegung sein, die unsere Gesellschaft verändert. Auch bei der Verteilungsgerechtigkeit wird es nicht mehr nur um Umverteilung von reich zu arm gehen oder von leistungsfähig zu bedürftig, sondern eben auch von nicht nachhaltig zu nachhaltig. Weniger von allem, was Natur und Mensch ausbeutet, zerstört und schädigt, mehr von dem, was Natur und Mensch bewahrt und gesund erhält. Was dies bedeutet, weiß im Grunde jeder Mensch, der guten Willens ist und mit offenen Sinnen durch die Welt geht.

Wenn wir lernen, in nachhaltigen Kreisläufen zu denken und zu handeln, können wir viele Prozesse im ökologischen, wirtschaftlichen, sozialen und klimatischen Zusammenhängen zum Besseren wenden und unsere Zukunft lebens- und liebenswerter gestalten. Nur das verbrauchen, was das Ökosystem wieder erzeugen kann, Rohstoffe nutzen und immer weiter nutzen, möglichst ohne Müll und Reststoffe zu hinterlassen, Energie nur aus regenerativen

Quellen gewinnen, nur so viel Treibhausgase in die Luft blasen, wie der Planet ohne Erderwärmung kompensieren kann, nur Hilfe erwarten, wenn man auch bereit ist, Hilfe zu geben, stets offen und lernfähig sein, immer wieder plädieren, erkunden und sich verständigen, um Kompromisse zu finden und den sozialen Frieden zu wahren.

Sind es nicht die schwächsten und ärmsten Menschen, die bei einer Postwachstumsgesellschaft noch weitere Einbußen hinnehmen müssen, wenngleich sie heute in der Regel schon deutlich nachhaltiger leben als der privilegierte und vermögende Teil der Gesellschaft? Das muss nicht zwangsläufig so sein. Nachhaltige Produkte werden zunächst staatlich gefördert und werden so erschwinglicher. So wird beispielsweise auf Bioprodukte keine Mehrwertsteuer erhoben, der öffentliche Personennahverkehr kostenfrei für Berufspendler und Schüler, Ökostrom günstiger als Strom aus fossilen Quellen und ökologische Wohngebäude, die energieautark und vollständig recyclebar sind, durch eine Quadratmeterprämie des Staates für den sozialen Wohnungsbau gefördert und dafür für einen gewissen Zeitraum X mit einer Mietpreisbremse versehen.

Andererseits geht es darum, auf die Produkte auch möglichst diejenigen Kosten zu verrechnen, die im Laufe seiner Lebenszyklusphasen Erzeugung, Nutzung/Verbrauch und Entsorgung/Wiederverwendung/Recycling wirklich von diesen verursacht wurden. Dazu zählen auch die externen Kosten, die der Allgemeinheit angelastet werden, wie Schadstoffemissionen und -einträge in Luft, Erdböden und Wasser, CO2- Emissionen, Folgekosten des Flächenverbrauchs, des Energieverbrauchs oder des Wasserverbrauchs, wie Gesundheitsschäden bei den Produktnutzern und Beschäftigten des Unternehmens und insbesondere die wahren Kosten, die mit der Beseitigung der Endprodukte nach Nutzungsende verbunden sind und derjenigen Neben- und Beiprodukte einschließlich der Produkt- und Transportverpackungen, die bei der Produktentstehung, -lagerung, und -verteilung entstanden sind. Diese Internalisierung externer Kosten ist natürlich äußerst schwierig zu berechnen und ohne einen immensen Verwaltungsaufwand wohl nicht zu bewältigen. Daher schlage ich für den ersten Schritt eine praktikable Lösung vor, die das Nachhaltigkeitsniveau eines Produktes nach einfachen Kriterien bewertet und nicht im Detail berechnet, je nachdem wie hoch seine endgültige Belastung für Mensch und Natur einzuschätzen ist.

Bei Rohstoffen wird beispielsweise bewertet, ob diese nachwachsend, vollständig recyclebar, teilweise recyclebar, verrottbar oder nur begrenzt verfügbar bzw. nicht ersetzbar sind. Bei Endprodukten stellt sich die Frage, ob diese reparierbar bzw. weiterverwendbar, teilweise oder vollständig recyclebar, verrottbar, verbrennbar oder nicht zu beseitigen sind. Ähnliche Kategorien gibt es beim Flächenverbrauch. Hier sind die Nachhaltigkeitskategorien schützbar, landwirtschaftlich nutzbar, renaturierbar, sanierbar, endgültig versiegelt und unbewohnbar zu nennen. Bei Wasser und Gewässern sind es die Kategorien unverschmutzt, filterbar, klärbar, verschmutzt und umgekippt/tot. Für Energieverbrauch gibt es die Kriterien regenerativ dezentral, regenerativ zentral, fossil dezentral, fossil zentral und atomar.

Bei diesen beispielhaften Kriterien und den in diesem Zusammenhang noch nicht genannten Kriterien ist natürlich auch die gesamte Verbrauchsmenge der Einsatzstoffe, Hilfsstoffe und Betriebsstoffe ein Maßstab zur Bewertung von Nachhaltigkeit. Durch eine Nachhaltigkeitszertifizierung oder nennen wir es einfach Ökozertifizierung, die es bekanntlich in einer ähnlichen und nicht ganz so detaillierten Form von Bio- und Ökosiegeln schon gibt, werden Unternehmen und ihre Produkte nach diesen Nachhaltigkeitskategorien bewertet, beispielsweise in 4 oder 5 Nachhaltigkeitsklassen. Diese werden dann mit unterschiedlich hohen Umweltsteuern versehen, die die heutige Mehrwertsteuer ersetzen. Vollständig nachhaltige Produkte, von denen es heute noch viel zu wenige gibt, machen wir uns da nichts vor, würden ohne Beaufschlagung einer Umweltsteuer auskommen. Ein solcher Fall wären etwa Bioäpfel von der Streuobstwiese, die im eigenen Hofladen direkt nach der Ernte ohne Kühlung und Verpackung verkauft werden. Die schlechteste Nachhaltigkeitsklasse läge dann bei 25 % Umweltsteuer, während nicht nachhaltige Luxusgüter, wie oben dargestellt, mit einem Spitzensteuersatz von 30 % beaufschlagt würden. Unterhalb von 25 % lägen dann noch 2 – 3 weitere Umweltsteuerkategorien.

Diese Umweltsteuer würde zu einer spürbaren Verteuerung für nicht nachhaltige Produkte führen, so dass die Lücke zwischen einem vollständig nachhaltig produzierten Produkt zu seinem nicht nachhaltigen Pendant für denselben Verwendungszweck so groß wird, dass die Preisdifferenz allein schon kaufentscheidend für viele Konsumenten sein wird, ganz zu schweigen von dem guten Gefühl, etwas erworben zu haben, was nicht die Zukunft zerstört. Bei dieser Form der Verteilungsgerechtigkeit verteilen wir nicht nur Geld um, sondern eben auch Güter zugunsten der nachkommenden Generationen und ihrer ökologischen und klimatischen Bedingungen, mit denen diese dann leben müssen.

Wenn wir auch in der Postwachstumsgesellschaft weiterhin nicht um einen materiellen Ausgleich zwischen arm und reich herumkommen werden, so bekommen in einer nachhaltigen Postwachstumsgesellschaft doch auch andere Faktoren, wie schon weiter oben mehrfach dargestellt, eine größere Bedeutung für die Lebensqualität und die Zufriedenheit der Menschen. Diese immateriellen Werte spielen sich in sozialen Zusammenhängen ab und bieten beispielsweise Raum für Teilhabe, Verantwortungsübernahme und ehrenamtliches Engagement. Aber auch Angebote zur Sinnfindung, persönlichen Bildung und geistigen Erbauung sowie zur Entspannung und Gesunderhaltung zählen unbedingt dazu. Hierfür muss es eine Chancengerechtigkeit geben, die allen Menschen einen Zugang zu diesen immateriellen Werten ermöglicht. Auch diese Sachverhalte sind Merkmale für soziale Gerechtigkeit und soziale Nachhaltigkeit. Selbstverständlich bildet auch die Generationengerechtigkeit ein zentrales Element dieser sozialen Nachhaltigkeit. Unsere nachfolgenden Generationen dürfen nicht um Optionen beraubt werden, die unsere heutige Generation noch hat. Dies bezieht sich auf alle Lebensbereiche, aber natürlich besonders auf diejenigen Bedingungen, die unsere Zukunft erst lebens- und liebenswert machen.

DAS VERKEHRSSYSTEM – EINE INTELLIGENTE VERBINDUNG

In einer modernen Gesellschaft ist das Bedürfnis der Menschen nach Mobilität genauso grenzenlos, wie das Bedürfnis nach Liebe und dem permanenten Konsum von Waren und Dienstleistungen.

Wenn meine Großeltern in den ersten Dekaden des 20. Jahrhunderts von Mobilität sprachen, wobei dieser Begriff natürlich nicht gebraucht wurde, dann meinten sie, es ist möglich von zu Hause zu einem anderen Punkt zu gelangen, entweder zu Fuß, mit dem Fahrrad, dem Pferdefuhrwerk oder der Eisenbahn und vor allen Dingen mit viel Mühe und viel Zeitaufwand. So verließ man nur selten und meistens auch nur gezwungenermaßen den Dunstkreis des Kirchturmes seiner Heimatgemeinde zum Arztbesuch, zur Hochzeitsfeier, zur Beerdigung oder um dringende Besorgungen in der nahegelegenen Kreisstadt zu machen. Es gab Menschen, die haben ihr Dorf oder ihre Stadt während ihres gesamten Lebens nicht einmal verlassen. Eine Reise zu weiter entfernten Orten, gar anderen Ländern, war dem Durchschnittsbürger aus Kosten- und Zeitgründen eh nicht möglich, es sei denn, man kratzte seine gesamten Ersparnisse zusammen und ging auf große Reise, auf Schiffsreise ins gelobte Land nach Amerika, um ein neues und besseres Leben zu beginnen.

Heute, 100 Jahre später, hat die Mehrzahl aller Grundschulkinder schon einen Flug in ein entferntes Land hinter sich, mindestens innerhalb von Europa, meistens aber auch auf anderen Kontinenten. Die finanziell besser gestellten Menschen machen Wochenendtrips zur Erholung und Zerstreuung in die Metropolen dieser Welt und auch ansonsten 2 – 4 Urlaubsreisen pro Jahr. Beruflich bringt die Globalisierung für hochqualifizierte Jobs mit sich, dass Reisetätigkeiten schon fast die Regel darstellen, mindestens innerhalb Deutschlands, aber oft auch weltweit. Die Menschen pendeln von ihren ländlichen Wohnsitzen aus den Speckgürteln der Metropolregionen oder auch von weiter entfernt zu ihren Arbeitsplätzen innerhalb der Städte und zwar täglich, so dass z.B. Düsseldorf 258.000 Berufspendler verkraften muss. So wächst die Einwohnerzahl der Stadt während der Arbeitszeit um fast 50 %.

Menschen, mit der Sehnsucht Neues zu entdecken, dem schnöden Alltag zu entfliehen und dem permanenten Wunsch nach Konsum und Mehrkonsum, verstopfen mit ihren Verkehrsmitteln unsere Straßen, Lufträume, Wasserwege, Schienen und Weltmeere und damit nicht zuletzt unsere Ballungsräume und Städte. Nichts von dem ist überraschend, sondern einfach eine logische Konsequenz unseres individuellen Verhaltens. Dies gilt in Deutschland auch unabhängig von der Bevölkerungsentwicklung, in anderen Ländern kommt diese allerdings noch erschwerend hinzu.

Laut Güterkraftverkehrsstatistik wurden 2016 in Deutschland 257 Mio. Lastfahrten durchgeführt mit 23,732 Mrd. Kilometern.

151 Mio. Fahrten waren Leerfahrten. Nicht zu vergessen sind die Zusteller, Lieferservices und Lieferanten, die im Nahverkehr Geschäfte und Privathaushalte versorgen, durch den immer weiter zunehmenden Trends online zu kaufen und sich Speisen mundgerecht an die Wohnungstür liefern zu lassen.

Um es zusammenzufassen: Verkehr ist immer und überall, Mobilität und Verkehr sind die Treiber von wirtschaftlichem Wachstum und Auslöser persönlicher Glücksmomente. Ob Arbeit, Reisen und Freizeit, die Pflege persönlicher Kontakte oder die Beschaffung von Gütern und Dienstleistungen, ohne Verkehr und Lösungen für die Sicherstellung von Mobilität geht es nicht, doch es geht auch nicht weiter so.

Ohne durchdachte, intelligente und vernetzte Lösungen für einzelne Mobilitätsproblemfelder wird es nicht gehen. Dafür müssen wir unvoreingenommen alle unsere heute und künftig zur Verfügung stehenden technologischen Möglichkeiten nutzen und auch die Chancen, die in einer noch weiteren Digitalisierung unserer Verkehrsträger und Verkehrssysteme liegen, ausschöpfen. Denn ohne massive Verkehrswende werden wir weder das Klima retten, noch die Menschen befreien von Todesfällen und erheblichen Erkrankungen durch Unfälle, Lärm, Stress und Emissionen.

Alle neuen Verkehrs- und Mobilitätskonzepte, die im Zusammenhang mit einer Verkehrswende ins Leben gerufen werden, sollten aus meiner Sicht den Zielen der beschriebenen Vision dienen und deutlich zur Senkung der Emissionen beitragen, bestenfalls vollständig emissionsfrei sein. Im Einzelfall wird ein solches Konzept natürlich bedarfsgerecht je Verkehrsregion durchaus auch unterschiedlich ausgestaltet werden müssen.

In der Transformationsphase werden Verzicht und Mühe belohnt

In der Postwachstumsgesellschaft wird und muss es darum gehen, möglichst wenig Transportmittel zu produzieren, sie möglichst wenig zu nutzen, jedoch den Nutzungsgrad je gefahrenem km und die Lebensdauer des Fahrzeugs in Jahren zu erhöhen.

Daher sollte man durch staatliche Anreize die Transformationsphase zu neuen Verkehrskonzepten anstoßen, unterstützen und fördern, damit die Mobilitätskosten der einzelnen Bürger und Bürgerinnen nicht steigen oder vermeintliche Unannehmlichkeiten durch finanzielle Entschädigungen kompensiert werden. Grundsätzlich ist sowieso fraglich, ob z.b. vier Autos bei einer vierköpfigen Familie weniger Mobilitätskosten erzeugen als alternative Ansätze der Fortbewegung in Städten und auf dem Land, die auf öffentlichen Verkehrsmitteln beruhen oder auf Gemeinschaftslösungen, wie Mitfahrgelegenheiten, Bürgerbussen, Car Sharing Angeboten und anderen Konzepten, für die keine eigenen motorisierten Fahrzeuge benötigt werden.

Folgende gesetzliche Regelungen für eine Verkehrswende mit finanzieller Anreizfunktion für die Verkehrsteilnehmer kann ich mir gut vorstellen:

(1) Auf jede erwachsene Person darf nur ein Auto zugelassen sein. Verzichtet die gesamte Familie auf ein zweites, drittes und Xtes Auto, ist der ÖPNV für alle Familienmitglieder in allen Städten und Regionen kostenfrei. Wenn die gefahrene Kilometeranzahl für Privatwagen am Ende des Jahres unter X km liegt, kann ein Steuerfreibetrag von X EUR geltend gemacht werden. Wird ein Auto länger als X Jahre gefahren, gibt es eine staatliche Prämie für einen Neuwagen in Höhe von X EUR. Diese Subventionen werden nur solange durch den Staat gewährt, bis die neuen Verkehrskonzepte und die damit verbundenen zuvor festgelegten Nachhaltigkeitsziele einen gewünschten Umsetzungsgrad erreicht haben.

(2) Für private Flug- und Schiffsreisen gibt es ein persönliches Kontingent an Nutzungsrechten für X Jahre. Nutzungsrechte sind handelbar und können gekauft bzw. verkauft werden. Die Gesamtzahl aller Kontingente in Deutschland werden über die Zeit sukzessive immer weiter reduziert.

(3) Jedes Unternehmen einer bestimmten Größenordnung muss ihrer Belegschaft einen bestimmten Anteil an Homeoffice Tagen von den gesamten Jahresarbeitstagen ermöglichen und dies staatlichen Stellen nachweisen.

Neue Verkehrskonzepte für Innenstadtbereiche und Ballungsräume

Es steht außer Frage, dass ein Verkehrsträger der Zukunft emissionsfrei und geräuscharm daherkommt, zumindest in den städtischen Bereichen. Welche Antriebsformen diese Merkmale letztlich gewährleisten, sollte ohne dogmatische Verengung auf die derzeitig im Fokus stehende Elektrifizierung der Antriebe erfolgen. Auch hier werden wir die gesamten systemischen Zusammenhänge von der Rohstoffgewinnung, Energieerzeugung über die Produktion der Fahrzeuge, den Fahrzeugbetrieb bis hin zu seiner Entsorgung sowie die Infrastruktur der Energiebereitstellung im Blick behalten müssen, um gemessen an Nachhaltigkeits-, Effizienz- und Kostengesichtspunkten die sinnvollsten Formen einer emissionsfreien Mobilität zu realisieren. Wollten wir z.B. in Deutschland alle ca. 47 Mio. PKW nach und nach in eine Elektroflotte transformieren, so schätzen die Experten, benötigen wir um die 30 % mehr Stromerzeugung aus regenerativen Quellen. Auch wenn dies viel klingt, scheint es aber durchaus im Bereich des Möglichen zu liegen.

Weitaus schwieriger sind jedoch die Rohstoffprobleme zu lösen, die mit den derzeit gängigen Lithium-Ionen-Batterien verbunden sind. Lithium, Kobalt und vor allen Dingen Kupfer, von dem 20-30 kg in einer E-Auto-Batterie verbaut werden, sind nicht unbegrenzt verfügbar oder können heute, wie zukünftig, nur unter erheblichem finanziellen und die Umwelt belastenden Aufwand abgebaut und verarbeitet werden. Es scheint sehr fraglich, ob eine weltweite Elektrifizierung unserer Mobilität auf dieser Technologiebasis nicht an Rohstoff-, Kosten- und Belastungsgrenzen stößt. Auch gibt es bislang noch ein echtes Entsorgungsproblem für die Batterien und ein brennendes Elektrofahrzeug lässt sich so gut wie gar nicht löschen. Erhebliche zusätzliche Forschungsbemühungen und neue Ansätze scheinen hier unumgänglich zu sein, um den ganz großen Wurf zu landen auf dem Weg zu einer emissionsfreien individuellen Mobilität. Eine Feststoffbatterie, die derzeit von der südkoreanischen Firma Samsung und anderen Unternehmen entwickelt wird, bietet schon vielversprechende neue Ansatzpunkte, aber auch die Wasserstofftechnologie zeigt sicherlich weitere Potentiale auf.

Unsere Innenstädte platzen durch den immer weiter steigenden Individualverkehr schon lange Zeit aus allen Nähten. Wir kommen nicht rein, finden keinen Parkplatz und kommen nicht raus. Es kann keine Antwort sein, durch weitere Parkräume und Verkehrswege immer noch mehr Flächen zu versiegeln. Hier greift das klassische Ertragsgesetz, wonach die Erträge nicht immer weiter steigen, je mehr Arbeiter man aufs Feld schickt. Das Gegenteil ist der Fall, die Erträge neben ab einem gewissen Punkt wieder ab. An diesem Punkt sind wir in vielen Städten mit unserer individuellen Verkehrseffizienz schon lange angelangt.

Die Autos müssen daher raus aus den Städten und versiegelte Flächen sollten wieder umgewidmet oder renaturiert werden, damit die Städte kühler werden und bessere Atemluft bekommen. Es könnten Ruhezonen, Spielplätze, Gärten und Wege für Fußgänger und Zweiradfahrer entstehen, aber gleichzeitig auch neue Formen für individuelle Mobilität, wie z.B. Seilbahnen, Rufbusse sowie autonom fahrende Stadtbusse (hopp on hopp off Prinzip), neue Car Sharing Angebote und in der ferneren Zukunft vielleicht auch Personendrohnen. Auch alle Formen von menschen- oder motorbetriebenen emissionsfreien Zweirädern machen im Stadtgebiet viel Sinn, um individuelle Mobilität zu gewährleisten.

Stadtbusse, Straßenbahnen, U-Bahnen und S-Bahnen könnten erweitert und mit den anderen Formen individueller Mobilität im Stadtbereich intelligenter vernetzt werden. Hamburg z.B. hat sich beim öffentlichen Nahverkehrsausbau das ehrgeizige Ziel gesetzt, dass jeder Bürger der Stadt innerhalb von 5 Minuten ein Mobilitätsangebot nutzen kann, d.h. die Wartezeit für einen öffentlichen Verkehrsträger an einer beliebigen Haltestelle auf dem Stadtgebiet beträgt höchstens 5 Minuten. Damit könnten alle Fahrpläne entfallen. Ob sich das wirklich realisieren lässt, wird die Zukunft erweisen. Doch auch schon ein 10 Minuten Takt wäre aus meiner Sicht ein großer Erfolg für den ÖPNV.

Definierte Innenstadtbereiche werden vollkommen autofrei, lediglich gewerblicher Liefer- und Dienstleistungsverkehr, Rettungs-, Müll-, Kranken- und Polizeiwagen sowie Taxis haben Zugang. Auch eine definierte Anzahl von freigegebenen Car Sharing Fahrzeugen dürfen sich im Innenstadtbereich bewegen und haben ihre kostenfreien Stellplätze.

Der Individualverkehr in den Städten findet nur noch auf zwei Rädern statt oder mittels Car Sharing Fahrzeugen, Taxis oder Rufbussen. Der öffentliche Stadtverkehr, der auf festen Fahrplänen und Routen beruht, ist für alle Bewohner des Stadtbereiches kostenfrei. Die Digitalisierung und autonomes Fahren ermöglichen in mittlerer Perspektive eine ampelfreie Stadt. An den Rändern der autofreien Innenstädte entstehen Park and Ride Plätze, die mit ÖPNV und Car Sharing Angeboten gut angebunden sind. Diese Parkplätze sind nur zu nutzen, wenn sich mindestens X Personen in dem Auto, das zur Anreise auf den Parkplatz genutzt wurde, befinden.

Verkehrskonzepte zwischen Ballungsräumen bzw. Metropolregionen

Es liegt in der Natur der Sache, dass Ballungsräume Menschen, Güter und Dienstleistungen magisch anziehen. Mit anderen Worten: Menschen aus den umliegenden Regionen fahren täglich in diese Ballungsräume zur Arbeit, machen ihre Besorgungen, kommen als Urlauber oder Tagestouristen oder nutzen das umfangreiche kulturelle Angebot und vielfältigen Möglichkeiten, die nur eine Großstadt bieten kann. In der Regel sind es der öffentliche Nahverkehr mit Bus und Bahn und der Individualverkehr mit Privatwagen, die diese Mobilitätsanforderungen bedienen.

Zu den sogenannten Stoßzeiten des Berufsverkehres oder zu Ferienzeiten kommen unsere Straßen regelmäßig an ihre Kapazitätsgrenzen, nachts und an den Wochenenden sieht es meist noch besser aus. Der Investitionsstau der vergangenen Jahrzehnte führt heute im Brücken- und Straßenbau, insbesondere hinsichtlich erforderlicher Sanierungsmaßnahmen, zu einer extrem hohen Anzahl von Baustellen, die zum Teil auch sehr lange bestehen bleiben müssen. Unfälle sorgen auch nicht gerade für eine Entspannung der allgemeinen Verkehrssituation. 2018 wurden 745.000 Staus registriert mit einer Gesamtlänge von 1.528.000 km, im Schnitt bildete sich damit in Deutschland täglich eine Blechlawine von 4.200 km. Auch einen großen Beitrag an dieser Entwicklung hat der dramatisch angestiegene Schwerlastverkehr, der in der Regel nicht nur eine komplette Fahrspur belegt, sondern auch die Straßenoberfläche um den Faktor 15.000 stärker beansprucht als ein PKW.

Es gibt also in bestimmten Regionen und zu bestimmten Zeiten zu wenig Straße für zu viele Fahrzeuge, aber das soll und darf nicht bedeuten, dass wir noch weitere Flächen für Straßenbau benötigen. Zunächst einmal müssen wir alles daransetzen, den Nutzungsgrad der Fahrzeuge insbesondere zu den Stoßzeiten zu erhöhen. 2016 gab es z.b. 151 Mio. LKW-Leerfahrten mit insgesamt 6,5 Mrd. km Fahrtstrecke, und ich möchte nicht mutmaßen, wie viele PKWs nur einen Insassen an Bord hatten, wenn wir den Berufsverkehr betrachten. Für diese Fälle sind wir heute mit Sicherheit in der Lage, intelligentere Lösungen bereitzuhalten als bisher. Park and Ride Parkplätze an den Auffahrten der Autobahnen, die in Ballungsräume führen, könnten beispielsweise Ausgangspunkte für Mitfahrgemeinschaften, private Busangebote oder den üblichen öffentlichen Regional-/Nahverkehr werden, die die Nutzung von Verkehrsträgern vor den Ballungsräumen nach und nach verdichten. So dürften an einem Tag nur die geraden Nummernschilder diese Autobahnen benutzen und an anderen Tagen die ungeraden. Eine solche Maßnahme würde das Verkehrsaufkommen schon einmal mindestens halbieren.

Auf der Schiene sollten die Hauptverbindungen zwischen Ballungsgebieten ebenfalls besser genutzt und getaktet werden, zu diesem Zweck ist eine Beschleunigung der Fahrten natürlich auch hilfreich.

Der unzweifelhaft erforderliche Umbau unserer Wirtschaft zu einer Postwachstumsgesellschaft, wird auch den Massenkonsum reduzieren und alle damit verbundenen Verkehre. Wenn die Verbraucher und Konsumenten künftig immer mehr auf Nachhaltigkeit, Sparsamkeit, Konsumverzicht, lokale Produktion und saisonale Produkte setzen, wird sich dies auch unmittelbar positiv auf die Anzahl der LKW auf unseren Straßen auswirken. Zudem werden heute noch rund 80 % der Güter auf der Straße transportiert. Schienen und Wasserwege müssen daher besser an die Straßen angebunden werden. An wichtigen Knotenpunkten verteilt über die Gesamtfläche Deutschlands benötigen wir weitere Containerbahnhöfe und Containerhäfen, um größere Transportmengen über weite Strecken wirtschaftlicher und umweltfreundlicher zu transportieren als ausschließlich per LKW über die Straßen. Dazu müssen allerdings auch die Schiffe mit besseren Abgasfiltern ausgestattet werden und nicht billiges und schädliches Schweröl als Antriebsmittel nutzen.

Verkehrskonzepte für den ländlichen Raum

Wie können wir im ländlichen Raum besser Mobilität organisieren als bisher? Es gibt heute schon viele gute Beispiele, wie so etwas funktionieren kann. Bürgerbusse und Bürgertaxis, die von Ehrenamtlern in ihrer Freizeit gefahren werden und es nicht mobilen Menschen ermöglichen, Einkäufe, Arzttermine und private Besuche wahrzunehmen. Auch Rufbusse im Eigentum der Kommunen sind denkbar, um z.b. größere Personengruppen wie Schüler, Sportler, Vereine usw. zu befördern. Privatwagen können in einer intakten Nachbarschaft gemeinsam angeschafft und geteilt werden. Privatleute könnten auf bestimmten Plattformen Mitfahrgelegenheiten für Einkaufsfahrten oder bestimmte Routen anbieten.

Es ist kein Naturgesetz, dass man auf dem Land unweigerlich abgeschnitten ist von räumlicher Beweglichkeit. Es bedarf nur anderer Abstimmungsprozesse und Informationsplattformen, mehr Gemeinschaftssinn und Hilfsbereitschaft, um sich auch ohne eigenes Auto oder Führerschein Mobilität zu bewahren, selbst dann, wenn der öffentliche Nahverkehr annähernd völlig zum Erliegen gekommen ist. Es erfordert zugegebenermaßen aber auch etwas mehr Mühe, als an der Haltestelle vor der eigenen Haustür nur auf die nächste Bahn oder den nächsten Bus zu warten. Doch dafür gewinnt man auch einiges. Man gewinnt neue Kontakte, man gewinnt einen stärkeren sozialen Zusammenhalt, man wirkt der eigenen Vereinsamung entgegen und nicht zu vergessen, man gewinnt individuelle Mobilität auch auf dem Lande. Doch wir müssen an dieser Stelle feststellen, ohne Individualverkehr werden wir auf dem Lande Mobilität nicht organisieren können. Wir müssen diesen nur intelligenter aufstellen und effizienter nutzen, um allen Bewohnern Mobilität zu ermöglichen. Wir können ländliche Regionen nicht aufgeben. Auch hier muss ein lebens- und liebenswertes Leben möglich bleiben oder werden, denn wir werden den Verstädterungsprozess nicht immer weiter vorantreiben können, da die

Infrastruktur von Megastädten ihre Belastungsgrenzen fast überall auf der Welt bereits weit überschritten hat. Wenn die weltweite Bevölkerung noch weiter ansteigt, müssen diese zusätzlichen Menschen auch in ländlichen Regionen ihren Platz zum Leben finden können.

Fernverkehre und Internationale Verkehre

Es ist nicht zuletzt eine unmittelbare Folge der ständig zunehmenden Globalisierung, dass heutzutage Lebensmittel, Rohstoffe, Vorprodukte und Bauteile, aber auch Fertigerzeugnisse über den ganzen Erdball transportiert werden. So lassen sich komparative Kostenvorteile nutzen, und so werden z.B. aus deutscher Perspektive Fernseher oder Jeans immer billiger, gemessen an den dafür aufzubringenden Arbeitsstunden eines Durchschnittsverdieners. Die knapp 8 Milliarden Menschen auf unserem Planeten wollen alle in irgendeiner Weise versorgt werden und das ist auch ihr gutes Recht. Leider gelingt dies noch viel zu selten bei Lebensmitteln und auch bei anderen Konsum- und Produktionsgütern. Würden alle Nationen unseres Planeten in einem solchen materiellen Überfluss und materiellen Wohlstand leben, wie wir es in Deutschland tun, dann wäre unser Planet schon lange vollständig aus allen Gleichgewichten geraten und kollabiert. Doch wer will es den sich entwickelnden Ländern verübeln oder vergönnen, ein besseres materielles Wohlstandsniveau erreichen zu wollen, auch wenn dies natürlich nicht mit den Bemühungen für eine weltweit nachhaltige Postwachstumsgesellschaft in Einklang zu bringen ist.

Umso mehr müssen die großen Wirtschaftsnationen das Ruder rumreißen und ihre materielle Wachstumsorientierung massiv zurückdrehen, um den noch wenig entwickelten Ländern unserer Erde auch die Teilhabe an materiellem Wohlstand zu ermöglichen und damit mehr soziale Gerechtigkeit zwischen den Ländern zu erreichen. Dabei sollten wir aber tunlichst vermeiden, dass diese Länder die gleichen Wege gehen und dabei dieselben Fehler machen wie wir. China zeigt, wie dies mit einer radikalen Kehrtwende zu einer emissionsfreien individuellen Mobilität per Entscheid und Dekret der kommunistischen Staatsführung auch möglich werden kann. Nur sind nicht alle Länder autoritär verfasst und können dies über die Köpfe ihrer Bevölkerung hinweg einfach anordnen, in diesem Falle zugegebenermaßen sogar zum Nutzen der gesamten Weltbevölkerung.

Die internationale Arbeitsteilung wird in der Regel durch die unterschiedlichen Kostenstrukturen, die begrenzte Verfügbarkeit bestimmter Rohstoffe bzw. Ressourcen und die Absatzmärkte mit großen und kaufkräftigen Bevölkerungsgruppen in den jeweiligen Weltregionen verursacht. Die Folge sind dann manchmal die kompliziertesten Logistikketten und abstrusesten Warenbewegungen. Ein Automobil mit seiner hohen Zulieferpyramide vom OEM zum Tier-1 bis Tier-X Supplier und mit häufig mehr als 10.000 Einzelteilen macht die ganze weltweite Liefervernetzung besonders deutlich. So verteilten sich die Entwicklungs- und Fertigungsprozesse von Einzelteilen, Bauteilen, Modulen, Systemen und letztlich dem komplett montierten Fahrzeug über unseren ganzen Planeten, ganz zu schweigen von der internationalen Vermarktung der Enderzeugnisse. Damit gehen logischerweise auch unendlich viele Transportprozesse und internationale Verkehre rund um den Globus einher. Bedarfsgerechte Belieferungsformen wie Just-in-Time oder Just-in-Sequenz führen letztlich dazu, dass die Lagerhaltung quasi nicht mehr stationär ist, sondern mobil wird. Zwischenlager sind jetzt auf der Schiene, auf dem Wasser und auf der Straße unterwegs und, wenn es ganz dringend ist, sogar in der Luft.

Diese internationale Arbeitsteilung und damit verbundenen Verkehre werden wir auch in einer Postwachstumsgesellschaft nicht vermeiden können, wollen wir doch alle nicht in die technologische Steinzeit zurückfallen und wieder zu Fuß gehen.

Mehr Nachhaltigkeit können wir in diesem Zusammenhang aber dadurch erzielen, dass wir auf die richtigen Verkehrsmittel setzen und diese gleichzeitig immer emissionsärmer machen. Bei dem Verkehrsartenvergleich mittels der sogenannten Lebenswegabschnitte der Verkehrsmittel im Güterfernverkehr unter den Aspekten Verkehrsmittelnutzung (Energieverbrauch und Auspuffemissionen), Energiebereitstellung (Kraftstoffe und Strom), Fahrzeugbereitstellung (Herstellung, Wartung und Entsorgung) und Infrastrukturbereitstellung (Bau, Unterhalt und Betrieb) ergibt sich nach einer Studie, die das Bundesumweltamt 2020 beauftragt hat, folgende Rangfolge der Umweltfreundlichkeit der Verkehrsmittel: Schienengüterverkehr vor Binnenschifffahrt vor

mittelgroßen LKWs und weit abgeschlagen folgen Flug international und Flug national.

Massengüter, Schüttgüter, Gase oder Flüssigkeiten lassen sich
über weite Strecken oft nur wirtschaftlich über das Meer transportieren. Daher müssen wir dringend unser ganzes Know-how einsetzen, Containerschiffe und Tanker emissionsärmer zu machen,
da immer noch viel zu viel mit Schweröl gefahren wird. Dies gilt
natürlich auch für die mittlerweile unzähligen großen Kreuzfahrtschiffe. Venedig und andere top Destinationen für den Tourismus
können davon ein trauriges Lied singen. Der Wechsel zu Schiffs-
diesel und schwefelärmeren Treibstoffen, besseren Abgasfiltern,
die Umrüstung auf verflüssigtes Erdgas (LNG), das Anbringen von
Segeln und Zugdrachen und in einigen Jahren vielleicht ein Was-
serstoffantrieb, zeigen Wege zu mehr Nachhaltigkeit auf. Die neue
Seidenstraße von China nach Europa, die von der chinesischen
Führung massiv vorangetrieben wird, könnte Güter auf der
Schiene noch schneller und nachhaltiger von Asien nach Europa
befördern und natürlich auch wieder zurück nach Asien.

Alle Prognosen sagen, der Güterfernverkehr und der internationale Handel werden noch weiter drastisch ansteigen. Dies allerdings nur, wenn wir der nachhaltigen Postwachstumsgesellschaft
keine Chance geben und unsere Wachstumsstrategien durch unser
tägliches Handeln und politische Entscheidungen einfach unre-
flektiert und in heutiger Form auch in der Zukunft fortsetzen. Dies
können wir uns aber nicht mehr leisten, denn die bereits mehrfach
in diesem Buch beschriebenen Folgen des Massenkonsums in der
Erscheinungsform übersättigter Märkte und Bäuche, überquellen-
der Müllhalden und kaum noch erträglicher Belastungen für
Mensch, Natur und Klima sind nicht nur in der westlichen Welt
unübersehbar und dramatisch angestiegen.

Ob wir diesen exzessiven Trend weiter fortsetzen, entscheidet
letztlich erst einmal jeder Mensch als Verbraucher und Konsument
für sich selbst. Wichtig wäre aber auch, dass die externen Kosten,
die mit der gesamten Logistikkette eines Produktes und allen seinen Folgen für die Umwelt verbunden sind, internalisiert werden,
also dem Produkt verursachungsgerecht und kostensteigernd zu-
gerechnet werden. Diese Internalisierung externer Kosten würde
dann wohl Südfrüchte so teuer werden lassen, dass die bekannte
Flugananas kaum noch ihren Absatz findet.

Es steht außer Frage, der internationale Handel hat Vorteile für alle Handelspartner, sonst würde er nicht dauerhaft zustande kommen und sich global so stark entwickelt haben. Es ist auch nichts dagegen einzuwenden, wenn er mit Maß und Mitte erfolgt und nicht einen Handelspartner als Geschädigten zurücklässt, wie zu Kolonialzeiten üblich und auch in der heutigen Zeit nicht unüblich. Sozialstandards und Umweltstandards sollten dabei überall auf der Welt gleichermaßen gewahrt werden. Verantwortlich dafür sind alle Akteure und Institutionen, die Handel organisieren und betreiben, also Politiker und Unternehmer gleichermaßen. Fairness gegenüber Mensch und Natur sollte das Leitmotiv eines wirtschaftlichen Handels werden und zwar weltweit. Ein hehrer Anspruch, der an eine Utopie grenzt, die wir aber nicht per se als unrealisierbar vom Tisch wischen sollten.

Es muss der Weltgemeinschaft daran gelegen sein, auf diesem Weg voranzuschreiten, wenn wir die beschriebene Vision wirklich ernst nehmen. Wie können wir diese Fairness weltweit überwachen und durchsetzen? Das ist die wahre Herkulesaufgabe, zumal wir wissen, wie viele Länder noch heute durch korrupte Regierungen, Autokraten oder Diktatoren geführt werden. Letztlich bräuchte es wohl eine Weltregierung, die gestützt auf Executive, Judikative und Legislative befähigt und legitimiert ist, die weltweit gültigen Gesetze, Regeln und Standards auch durchzusetzen und bei Zuwiderhandlungen zu sanktionieren. Ob man eine föderale Struktur der Welt nach dem Vorbild unserer funktionierenden Demokratien errichten und dabei zugleich die nationale Eigenstaatlichkeit in notwendigem Umfang bewahren kann, muss sich möglichst schon bald erweisen. Es ist die wahre Schicksalsfrage für unsere Menschheit. Kann dies gelingen? Wird es gelingen? Es muss gelingen! Die Frage ist nur, wieviel Zeit uns dafür noch verbleibt.

Es ist wie in allen systemischen Betrachtungen, die Partikularinteressen der Einzelnen stehen den Globalinteressen größerer Einheiten häufig entgegen. Aber es gibt eben auch gute Gründe, die Globalinteressen zu wahren, auch wenn sie aus Sicht einzelner zu abstrakt oder zu weit entfernt von ihren individuellen Lebens- und Erfahrungswelten sind. In einer dualistischen oder dichotomen Denkweise braucht jeder jeden auf jeder Ebene. Ein System besteht eben aus vielen Elementen und Teilsystemen, die alle in Beziehungen zueinanderstehen. Wenn die Probleme größer werden, müssen auch die Ansätze zu ihrer Lösung komplexer und dynamischer werden. Mit anderen Worten: Wollen wir das Klima, die Natur und den Menschen retten, helfen uns viele gute Einzellösungen im Verkehrssystem wie auch in allen anderen hier betrachteten Systemen, aber es braucht eben auch eine übergreifende systemische und weltpolitische Lösung, die alles in den Blick nimmt, über Staatsgrenzen, kulturelle und regionale Grenzen hinweg.

Was können wir noch tun, wenn wir z.B. an Personenfernverkehre denken, um nachhaltiger zu agieren? Diese werden vornehmlich aus touristischen, geschäftlichen oder familiären Gründen vorgenommen. Wie auch bei den Güterverkehren, gibt es bezogen auf den Personenkilometer hinsichtlich der durchschnittlichen Emissionen der einzelnen Verkehrsmittel eine klare Rangfolge. Flugreisen verursachen bei Kurzstreckenflügen 50 % mehr Treibhausgase als PKWs und übertreffen die Emissionen der Eisenbahn um das 7fache. Laut einer Studie des International Council on clean Transportation hat die kommerzielle Luftfahrt 2018 etwa 918 Millionen Tonnen CO_2 emittiert, das entspricht 2,5 % der weltweiten CO_2 Emissionen, und das sind in etwa 100 Millionen Tonnen CO_2 mehr, als ganz Deutschland binnen dieses Jahres in allen Bereichen ausgestoßen hat. Dies klingt zunächst einmal nach gar nicht so viel, wenn das jedoch jeder CO_2-Emittent von sich behauptet, senken wir den Gesamtwert der Belastung schlichtweg niemals. Bei den touristischen Reisen gibt es naturgemäß keinen Zwang unbedingt Flugreisen unternehmen zu müssen, schon gar nicht Billigflüge auf Kurzstrecken mehrmalig im Jahr. Daher erscheint mir eine Kontingentierung hier sinnvoll, wie weiter oben schon ausgeführt. Auch Billigflüge wird es nach der Pandemie bei der derzeitigen finanziellen Lage vieler Fluggesellschaften, falls sie überhaupt noch überleben, in der uns bekannten Form so wohl nicht mehr geben.

Viele Geschäftsreisen können, wie wir in der Pandemie gelernt haben, größtenteils ersetzt werden durch Videokonferenzen und andere Formen der Kommunikation, ohne dass das Geschäftsleben ernsthaft darunter leidet. Nicht wenige Geschäftsreisen sind aus meiner Erfahrung ja doch eher nice to have, um Incentives zu bieten, nette Stunden zu verbringen, etwas Besonderes zu erleben oder Kontakte zu pflegen. Ich möchte an dieser Stelle nicht missverstanden werden. Eine echte Notwendigkeit für Flugreisen wird es

immer geben, aber nicht in dieser Menge und zu diesen Dumping-
preisen, die vor allen Dingen zu Lasten der Umwelt und der Menschen gehen, die unter Flugschneisen und in der Umgebung von
Flughäfen leben. Die Entwicklung innovativer Flugzeuge mit weniger Schadstoffausstoß und Geräuschemissionen bei gleichzeitig
niedrigerem Kerosinverbrauch zielt auch in eine nachhaltige Richtung. Jedoch die nachhaltigste Form des Fliegens ist es immer
noch, nicht zu fliegen.

Überhaupt sind Flugzeuge und Kreuzfahrtschiffe sehr klimaschädliche Verkehrsmittel für die Urlaubsreise. Zum einen verursachen sie im Vergleich zu anderen Verkehrsmitteln hohe Treibhausgasemissionen pro   Personenkilometer . Zum anderen werden mit ihnen meist auch sehr große Entfernungen zurückgelegt.
Ein Flug von Deutschland auf die Kanarischen Inseln und zurück
zum Beispiel verursacht pro Person rund 1,9 Tonnen CO_2-Äquiva-
lente. Damit verursacht man mit einer Flugreise schon mehr Treibhausgasemissionen als ein durchschnittlicher Deutscher pro Jahr
für Auto, Bus und Bahn (rund 1,5 Tonnen CO_2-Äquivalente). Auch
Kreuzfahrten sind verantwortlich für besonders hohe Kohlendioxi-
demissionen. Bei einer 7-tägigen Mittelmeerkreuzfahrt fallen beispielsweise pro Person ebenfalls rund 1,9 Tonnen CO_2-Äquivalente
an, wobei meistens noch die Flüge zur An- und Abreise hinzuge-
rechnet werden müssen.

Wie wäre es denn einmal mit einer kombinierten Bahn-Fahr-
radreise, mit wenig Gepäck und viel körperlicher Bewegung, vielen
Eindrücken und Erlebnissen und schönen Unterkünften entlang
der Wegstrecke oder einfach nur mit einer mehrtägigen Wande-
rung entlang den tausenden von Kilometern bestens gepflegter und
ausgeschilderter Wanderrouten durch die schönsten Landschaften
Deutschlands oder Europas. Auch beim Urlaub muss es nicht immer schneller, höher und weiter sein, um sich gegenseitig mit seinen vermeintlich exklusiven, extraordinären und extravaganten
Urlaubserlebnissen und Urlaubsabenteuern zu übertreffen. Auch
ein Segeltörn oder eine beschauliche Hausbootreise auf kleinen
Flüssen oder auf Seenlandschaften sind eine schöne Form eines
sanften und nachhaltigen Tourismus. Es gibt also eine Menge Alternativen zu den herkömmlichen Arten des Massen- und Pau-
schaltourismus. Probieren wir sie doch einfach einmal aus, denn
das Klima Deutschlands im Sommer ist in den letzten Jahren auch
mediterran geworden und macht es irgendwie gar nicht mehr erforderlich, aus Temperaturgründen in den Süden zu fliegen.

DIGITALE SYSTEME – WACHSTUM OHNE GRENZEN?

Analog ist out, das Mittel der Wahl ist digital. Die Digitalisierung ist in der letzten Zeit in aller Munde. Diesem Begriff kann man sich nicht mehr entziehen, wenngleich die Zeit der Digitalisierung schon vor einigen Dekaden ihren Anfang nahm. Ich kann mich noch erinnern, wie ich meine erste Digitaluhr bekam, ganz zu schweigen von dem ersten Commodore 64 Heimcomputer. Seitdem steigert sich die Leistungsfähigkeit von Prozessoren Jahr für Jahr exponentiell, die Speicherkapazitäten der Endgeräte, sei es mobil oder stationär, und die Miniaturisierung aller Bauteile und Geräte findet scheinbar ebenfalls keine Grenzen. Moderne Prozessoren haben eine Taktfrequenz im Gigahertz-Bereich. Ein Gigahertz beinhaltet sage und schreibe eine Milliarde Zyklen pro Sekunde. Damit sind wir im Ultrahochfrequenzbereich von Dezimeterwellen. Es gibt aber auch noch Extremhochfrequenz (EHF) im Bereich von Millimeterwellen. Welche Potentiale da noch schlummern, kann ich nicht beurteilen. Digitale Systeme sind damit die wesentlichen Treiber von Effizienz, Beschleunigung, Komplexität, Transparenz und Flexibilität.

Die Digitalisierung ist schon seit geraumer Zeit ein Megatrend, der genau wie die Globalisierung die gesamte Welt umspannt und Informationen über das World Wide Web in jedem Winkel der Erde schnell und für die Endanwender leicht nutzbar macht. In vielen Gebrauchs- und Konsumgütern, wie auch bei Infrastruktur und Gebäuden finden sich digitale Bausteine und Anwendungen. Nahezu alle Prozesse unseres Lebens können heute unterstützt werden durch digitale Lösungen, die uns Menschen entlasten oder in bestimmten Fällen leider auch belasten. Hier kann man nicht mehr von einer Evolution der Wirtschaftsentwicklung sprechen, sondern eher von einer Revolution. Nach Kondratjew ist dies der 5. Zyklus der Weltwirtschaftsentwicklung seit der Erfindung der Dampfmaschine und dem Entstehen der Textilindustrie zu Beginn des 19. Jahrhunderts. Diese Revolution ist eine Smart Revolution. Begriffe wie Smart City, Smart Home, Smart Kitchen, Smart TV, Smart Health, Smart Production, Smart Mobility, Smart Working, Smart Car und nicht zuletzt Smart Phone geben ein sichtbares Zeugnis dafür. Für alle diese Smart Solutions gibt es unglaublich viele Anwendungsfelder und vor allen Dingen auch Anwender, die eben auch diesen Trend erklären und verursachen, der sich mit sehr großer Wahrscheinlichkeit noch weiter fortsetzen wird. Wenn die künstliche Intelligenz weitere Anwendungsfelder erobert und die Robotik sich noch weiterentwickelt, scheinen Grenzen des digitalen Wachstums nicht in Sicht.

Die Digitalisierung ist nicht mehr zurückzudrehen, ob man es will oder nicht. Sie ist wie im Falle aller Entwicklungen auf unserem Planeten Fluch und Segen zugleich. Es kommt wie immer darauf an, wie man diese Entwicklungen für sich nutzbar macht, in welcher Intensität man die Nutzung betreibt und in welche finanzielle, körperliche und geistige Abhängigkeit man sich dabei begibt. Uns begegnet heute die Digitalisierung schlichtweg in allen Lebensbereichen der Arbeits- und Privatwelt. Es handelt sich um einen Catch All Term. Wer nicht mit der Zeit geht, geht mit der Zeit. Doch wenn der Wind stärker weht, bauen die einen Mauern und die anderen Windmühlen. Neben den vielfältigen Risiken eines solchen Megatrends gibt es eben auch vielfältige Chancen. Diese gilt es für das Thema Nachhaltigkeit und Umsetzung der Vision zu ergreifen.

Wider Informationsterror, aber für selektive Informationsnutzung

Terror verbreitet Angst und Schrecken. Es ist der Inbegriff des Bösen und das krasse Gegenteil zu Frieden, Ruhe, Einklang und Harmonie. Das schreckliche am Terror ist, dass er keinen Regeln folgt, er sich oft nicht ankündigt und man sich damit auch nur schlecht seiner Wirkung entziehen kann. Wenn ich es etwas drastisch ausdrücke und überzeichne, sind wir heute alle in der einen oder anderen Form auch dem Terror von Informationen ausgesetzt. Informationen sind bekanntlich Daten, die in einen bestimmten Kontext gestellt Bedeutung erlangen. 26081964 sind Daten, 26.08.1964 ist die Information über ein Geburtsdatum und werden noch weitere Informationen über einen Namen hinzugefügt, entsteht Wissen über eine bestimmte Person: Geburtsdatum von Andreas Perk 26.08.1964.

Heute werden wir aufgrund der Digitalisierung geradezu mit Informationen, nützlichen wie unnützen bombardiert, dauerhaft, jederzeit und überall. Sich diesem Bombardement zu entziehen, fällt uns allen schwer, denn wir wollen, ja müssen doch wissen, was auf der Welt geschieht, was uns andere Menschen in Bild, Ton und Schrift mitteilen wollen. Der Information Overload ist somit schnell erreicht und der Mensch ist zunehmend überfordert, zwischen Informationsschrott, wichtigen und wesentlichen Informationen oder zwischen Fakten und Fake News zu unterscheiden. Der Zwang, immer auf dem neuesten Informationsstand zu sein, mitreden zu können, um in den eigenen sozialen Gruppen nicht ausgegrenzt zu werden, ist enorm. Unsere mobilen und stationären Endgeräte der modernen Kommunikation machen es irgendwie erforderlich, immer online zu sein, um stets Erreichbarkeit zu signalisieren und im Ernstfall oder auch eigentlich immer schnell antworten zu können, sei es aus privaten oder beruflichen Gründen. Die Informationsangriffe erreichen uns auf vielen Wegen, ob wir es wollen oder nicht. Über Social Media Plattformen, an denen wir teilnehmen, über Emails, WhatsApp, das World Wide Web, TV, Radio, Bücher, Zeitschriften und Zeitungen, Postwurfsendungen, Video Walls, Werbeplakate, Telefonanrufe und tatsächlich auch im direkten analogen Gespräch Face to Face. Eine geeignete Verteidigungsstrategie gegen unerwünschte Informationsangriffe auf allen diesen Ebenen ist so gut wie gar nicht möglich, denn wir wollen uns ja nicht endgültig aus der modernen Welt verabschieden und gänzlich aussteigen. Die Digitalisierung hat, wenn es um die Verbreitung von Bildern, Videos oder Texten geht, unsere gesamten Informations- und Kommunikationswege durchdrungen bzw. erst neu geschaffen.

Wir können heute alles, was an Wissen und Informationen vorhanden ist, schnell ausfindig machen. Selbst wenn man noch nicht in jedem Falle auf die benötigte Information direkt zugreifen kann, lassen sich doch die Quellen der Information und des Wissens immer schnell finden, sei es durch entsprechende Verzeichnisse, Statistiken, Organisationen oder Experten, die wiederum leicht ausfindig zu machen sind. Bücher werden digitalisiert und archiviert, prozedurales Wissen, was früher von Mensch zu Mensch weitergegeben wurde, kann heute in Video Tutorials abgegriffen werden. Länder und Städte, die man früher mit eigenen Augen gesehen und eigenen Füßen beschritten hat, können jetzt über Google Earth und Street View besichtigt werden, Empfehlungen und Tipps von

Freunden für einzelne Reiseziele, Restaurants und Produkte finden wir heute in Bewertungsportalen, die von tausenden echten und gefakten Nutzern gespeist werden.

Es ist heute überhaupt kein Problem mehr, Massendaten (Big Data) zu sammeln, sei es von menschlichen Bewegungen, Kaufverhalten, Internetnutzung, Kommunikation, Überwachung, Zahlungsverkehr und, und, und. Unternehmen tun dies, auch Behörden, wissenschaftliche Institute und andere private und öffentliche Einrichtungen. Ob sie dabei Gutes oder Böses im Schilde führen, bleibt nicht selten offen.

Doch aus diesen Daten Informationen und Wissen zu generieren ist die wahre Herkulesaufgabe. Dies können Algorithmen allein wohl kaum leisten. Ohne die menschliche Gabe, intuitiv, systematisch und analytisch Daten zu bewerten, wird es letztlich nicht funktionieren, denn auch Algorithmen und künstliche Intelligenz müssen irgendwie entstehen und programmiert werden. Mehr Daten sind damit nicht immer besser. Vielmehr kommt es auf die richtigen und problemadäquaten Daten an. Wenn dann keine Handlungen und Maßnahmen erfolgen, hilft selbst die beste Daten- und Informationslage nichts. Ein besonders tragischer Beispielfall dafür ist der Terroranschlag von Anis Amri, der aufgrund der Informationslage leicht hätte verhindert werden können. Informationsinterpretation und -bewertung muss in letzter Instanz immer ein Mensch vornehmen, da dieser auch Handlungen initiieren, legitimieren und verantworten muss.

Wir müssen lernen, uns eine Medienkompetenz anzueignen, durch die wir seriöse Quellen von unseriösen unterscheiden können, die eine dosierte Mediennutzung ermöglicht und eine selektive auf konkrete Informationsbedürfnisse ausgerichtete Nutzungsweise. Nicht alle „Bad News" sind wichtig für uns und haben eine konkrete Bedeutung für unser Leben, nicht jeder Influencer hat wirklich etwas zu sagen, und nicht in jedem Chatforum und auf jeder Social Media Plattform müssen wir uns tummeln. Es gibt eben nicht nur die Freiheit zur Informationsbeschaffung, wie sie in aufgeklärten Demokratien meistens vorhanden ist, sondern auch die Freiheit vor Informationsbeschaffung, um uns zu schützen vor zu viel belanglosem und nutzlosem Informationsmüll, vor der Verletzung unserer Persönlichkeitsrechte und der Aufhebung unserer Anonymität.

Wir können uns dieser reaktiven Nutzung von Informationen widersetzen, indem wir behutsam Informationen konsumieren, bewusst entscheiden, welche sozialen Medien wir nutzen, wie häufig wir uns über neueste Ereignisse informieren und wie schnell wir auf Informationen und Kommunikationsprozesse reagieren. Auch eine gewisse Informations-Enthaltsamkeit ist möglich, ohne gleich aus sozialen Netzen herauszufallen oder als verschollen oder gar tot zu gelten. Dies können Menschen bestätigen, die schon einmal Handy Fasten „durchgemacht" haben. Wir benötigen nicht hunderte Kundenkarten oder Bonusaktionen, um unser Kaufverhalten dem Handel und den Produzenten transparent zu machen, und unsere Adressdaten und persönlichen Daten brauchen wir auch nicht notwendigerweise für Verlosungen und Kundenbefragungen bekannt zu machen.

Informationsnutzung darf auch gerne aktiv und selektiv erfolgen, möglichst aus seriösen Quellen stammen und damit von seriösen Personen oder Experten. Informationen sollten zudem valide sein, aktuell, und deutlich werden lassen, ob es sich um persönliche Einschätzungen, Bewertungen und Stellungnahmen handelt oder um einen nach klarer Datenlage gesicherten Erkenntnisstand. Sich aus verschiedenen Quellen unterschiedlicher Provenienz zu informieren, macht aus meiner Sicht auch viel Sinn, um nicht die selektive Wahrnehmung zu befördern, die letztlich immer die bereits vorhandene eigene Sichtweise verstärkt und den Blick auf neue oder andere Aspekte verstellt. Auch sollte man die Intentionen einer Information, wann immer möglich, entschlüsseln: Was bezweckt der Vertreiber der Information? Geht es ihm um Selbstdarstellung, um ein Verkaufsargument, um die gute Sache oder die Wahrheit? Ist eine Aussage vom Robert-Koch-Institut geprägt von der Sorge um die Gesundheit unserer Bevölkerung oder von den wirtschaftlichen Sorgen der Pharma- und Gesundheitsindustrie oder auch von beidem? In den meisten Fällen wird man dieses wohl niemals eindeutig ergründen können, weil in unserer heutigen Welt viele Interessen miteinander verwoben sind und in der Regel vielfältige Abhängigkeiten unter den verschiedenen Parteien existieren.

Es bleibt festzuhalten: Nicht die Verfügbarkeit von Informationen in ihrer Fülle und Verschiedenartigkeit schon in Bezug auf einzelne Inhalte und Sachfragen stellt das Problem dar, sondern die selektive Nutzung und Bewertung von Informationen. Diese Kompetenz müssen wir uns wohl alle irgendwie erarbeiten, wenn wir nicht im Informationsmoloch untergehen und in einer Entscheidungs- und Handlungslosigkeit erstarren wollen. Wenn zwei Experten drei Meinungen vertreten, ist es letztlich an mir selbst, eine Auswahl zu treffen, bei aller Unsicherheit und allem verbleibenden Risiko, letztlich doch falsch zu liegen. Eine Information richtig einzuschätzen, erfordert immer auch eine gewisse Alltagsklugheit, Erfahrung und einen guten Realitätssinn. Mehr Informationen führen auch nicht zwangsläufig zu mehr Sicherheit in der Entscheidung oder Handlung oder gar zu mehr Zufriedenheit und Glücksempfinden. Nicht selten stelle ich mir die Frage: Wer ist eigentlich glücklicher, der Gebildete oder der Unwissende? Wenn mir bewusst ist, was ich nicht weiß, ist dies oftmals schmerzhafter, als nicht zu wissen, was man nicht weiß.

Doch welche Informationen, die uns digital zur Verfügung gestellt werden, wären denn eigentlich für unsere Themenstellung besonders relevant. Welche Informationen dienen letztlich dazu, nachhaltiges Verhalten der Menschen zu befördern oder zu ermöglichen und über welche digitalen Systeme und Produkte könnte dies geschehen? Welche Informationen und welches Wissen dienen uns unmittelbar dazu, unsere Welt auch zukünftig liebens- und lebenswert zu erhalten?

Eine Ökokennzeichnung von Produkten und Dienstleistungen wäre z.B. eine solche Information. Der Produktlebenszyklus lässt sich modellhaft unterscheiden in Produktentstehung (Rohstoffgewinnung und -verarbeitung, Vorproduktion, Entwicklung, Fertigung, Lagerung, Transport), Produktnutzung (Lebensdauer, Nutzungsintensität, Wartungs- und Pflegeintensität) und Produktentsorgung (Verbrennung, Recycling, Endlagerung, Verrottung). Es geht um folgende Größen, die die Nachhaltigkeit eines Produktes beschreiben. Verbräuche an Flächen, Energie, Rohstoffen, Wasser und Emissionen in Luft, Wasser und Böden sowie Immissionen in Böden, Wasser und Menschen. Auch von großer Bedeutung ist der Wiederverwertungsgrad. Anhand all dieser Werte und Informationen könnten Fachleute Bewertungen für die Nachhaltigkeit eines Produktes oder auch eines Prozesses vornehmen. So wie es ein Institut für Normung gibt, gäbe es dann eines für eine weltweit gültige Ökokennzeichnung, die z.B. über einen QR Code dargestellt wird und am Produkt selbst abrufbar ist. Es geht hier nicht um die letzte Genauigkeit, sondern um einen nachvollziehbaren fairen Vergleichsmaßstab zwischen ähnlichen Produkten mit unterschiedlichem Nachhaltigkeitswert. Ein Stuhl, der nur aus Holz besteht, manuell von einem Tischler gefertigt wurde, ohne Metall, Kunststoffe und chemische Lacke auskommt und sich somit voll und rückstandslos in der Natur wieder zersetzt, hätte einen höheren Nachhaltigkeitswert, als ein Stuhl aus mehreren Werkstoffen und Verbundstoffen, der nicht vollständig recycelbar ist oder verrotten kann und durch eine automatisierte Fertigung erstellt wurde.

Wie bereits in anderen Kapiteln dieses Buches dargestellt, möchte ich an dieser Stelle gerne noch einmal an wirklich nützliche Informationsangebote erinnern, die bereits existieren oder erstmalig digital über das World Wide Web für alle Menschen zugänglich gemacht werden könnten:

(1) Bewertungs- und Vergleichsportale für nachhaltige Produkte und Dienstleistungsangebote

(2) Portale zum Verkaufen, Tauschen, Verschenken, Verleihen, Mitbenutzen von gebrauchten und neuen Produkten und Dienstleistungen

(3) Unabhängige Gesundheits- und Ernährungsinformationen für ein nachhaltiges und gesundes Leben

(4) Gebrauchs- und Handlungsanweisungen für nachhaltige Produkte und nachhaltiges Verhalten

(5) Aktuelle Statistiken, Kennzahlen und Messwerte zu den wichtigen Nachhaltigkeitszielen unserer Vision und ihrer zeitlichen Entwicklung

(6) Projektinformationen über politische Projekte und deren Umsetzung auf kommunaler, Landes- und Bundesebene

(7) Wissensdatenbanken für Forschung, Wissenschaft und Alltagsgebrauch (Künstliche Intelligenz, neuronale Netze, Wikipedia, intelligentes Recherchetool)

(8) Nachrichtenportale und Nachrichtensendungen für besonders positive Nachrichten mit Beispielcharakter

(9) Persönliche Gesundheitsinformationen über Smart Watch und andere Datenquellen

(10) Persönliche CO2- und Energiebilanz durch Pflege von Einkaufslisten, Energieverbräuchen, Bewegungsdaten etc.

(11) Automatische Liquiditätsanzeige durch bargeldloses Zahlen mit Kreditkarte, EC-Karte, Handy und Zugriff auf Kontobewegungen und Zahlungsvorschauen

Von zentraler Bedeutung ist natürlich, dass die persönlichen Daten auch in jedem Falle persönlich bleiben, wenn die Dateneigentümer diesen Wunsch haben. Wie dies in unserer heutigen digital vernetzten Welt sicherzustellen ist, kann ich als Laie leider nicht einschätzen.

Wider Konsumterror, aber für sinnvolle Vereinfachung des Lebens

Die Digitalisierung findet heute bekanntlich in allen Feldern des Lebens ihren Einsatz. Insbesondere trägt sie auch dazu bei, dass Produkte schneller, effizienter und kostengünstiger hergestellt und natürlich auch schneller, effizienter und kostengünstiger gelagert, verkauft und verteilt werden können. Die zum Teil dramatischen negativen Folgen unserer ungebremsten Massenproduktion und unseres schier unersättlichen Massenkonsums sind hinlänglich bekannt und können in allen Regionen unserer Welt besichtigt werden, vorausgesetzt man verstellt nicht seinen Blick darauf. Eine entscheidende Folge ist auch, dass die Automatisierung und Digitalisierung zunehmend menschliche Arbeit durch Kapital ersetzt. Maschinen, Computer und künstliche Intelligenz machen den Menschen und seine Arbeitskraft, auch seine Entscheidungen, in immer mehr Bereichen überflüssig oder zur Randerscheinung.

Ohne die Betrachtung von Nützlichkeit, Sinnhaftigkeit und Nachhaltigkeit von Produkten und Produktion sowie der Grenzen menschlichen Konsumverhaltens kommen wir leider in der Zukunft nicht mehr aus. Es geht jetzt eben nicht mehr nur um die Wirtschaftlichkeit und die monetären Wirkungen von Produktion und Konsum, sondern immer auch um die Frage des was, warum und wofür. Nur so können wir Konsumterror von echtem Konsumnutzen unterscheiden. Brauchen wir diese Produkte wirklich und wofür eigentlich oder kompensieren sie nur unsere Defizite in unserm Gefühlsleben oder dienen sie gar als Mittel für die bloße Zurschaustellung unserer finanziellen Möglichkeiten?

Es liegt auf der Hand, es gibt Produkte, die unser Leben deutlich erleichtern und vereinfachen. Daher haben sie sich auch schnell und weltweit verbreitet. Viele dieser Produkte sind heute auch maßgeblich durch digitale Lösungen gesteuert, angetrieben oder erst nutzbar. Zu diesen gehören motorgestützte Fahrzeuge, Maschinen, denken wir z.B. an Waschmaschinen oder Mähroboter, Heizsysteme oder elektronische Geräte wie Handys, Computer und TV. Alle haben unzweifelhaft einen hohen Nutzen für uns Menschen, machen auch irgendwie Sinn, sind in der Regel aber noch nicht nachhaltig produziert und schon gar nicht rückstandslos recycelbar oder gar in den natürlichen Kreislauf zurückführbar. So ersticken wir zunehmend im Wohlstandsmüll, vergiften Mensch und Natur und beuten unsere Ressourcen unwiederbringlich aus. Dies sind nun einmal die unerwünschten Nebenwirkungen der sinnvollen Vereinfachung unseres Lebens.

Wenn wir uns nicht bald intelligenter verhalten und mehr in Kreisläufen denken und handeln, die mit unserer Natur und den Menschen in Einklang zu bringen sind, bleibt der Begriff Nachhaltigkeit nur ein Lippenbekenntnis und ein Marketinglabel ohne echte Wirkung, von unsinnigen Erzeugnissen, Wegwerfartikeln und Überproduktionen ganz zu schweigen. Für manche Menschen ist es leider auch sinnvoll, 50 T-Shirts im Schrank zu haben, von denen nur drei getragen werden. So eine Sinnhaftigkeit können wir uns alle aber künftig nicht mehr leisten. Ich bin davon überzeugt, ein bedachter, mündiger und verantwortungsvoller Mensch kann schon recht gut unterscheiden, was letztlich mit Blick auf unsere langfristige Existenzerhaltung sinnvoll und nützlich ist und was eben eher nicht. Sharing Economy, Circular Economy und Smart Working sind Begriffe und Konzepte, die uns in Zukunft daher noch deutlich mehr beschäftigen werden als heute.

Wider Überwachungsterror, aber für Regelungskreisläufe

Eine bekannte Begleiterscheinung der Digitalisierung ist der schleichende und versteckte Verlust unserer Anonymität. Die Konsequenzen sind offensichtlich. Der Mensch wird immer transparenter hinsichtlich seines Verhaltens, seiner Vorlieben, seines Bewegungsradius und seiner Aktivitäten. „The Big Brother is watching you", die Frage ist nur, wer ist „The Big Brother"?

Ist es der totalitäre Staat, der versucht, seine Bürger unter Kontrolle zu halten, indem er die Befindlichkeiten, Stimmungen, Motive und das Verhalten seiner Untertanen genau beobachtet, um dann womöglich ein Sozialkreditsystem für wohlfeiles Verhalten zu etablieren, das Regimetreue belohnt und Regimekritik sanktioniert? Aber auch Geheimdienste und der Verfassungsschutz in westlichen Demokratien bedienen sich der mannigfaltigen Möglichkeiten der Digitalisierung, um ihren hoffentlich legalen und legitimen Überwachungsaufgaben nachzukommen. Nicht zu vergessen die Überwachungskameras, die in öffentlichen und privaten Gebäuden installiert sind und zunehmend an Plätzen und Orten, wo das öffentliche Leben pulsiert. Sind es vielleicht die Unternehmen und Branchenverbände, die das Konsumverhalten ihrer Kunden analysieren, um sie dann in ihrem Sinne durch gezielte, auf den einzelnen Kunden individuell zugeschnittene Marketingmaßnahmen zu beeinflussen? Oder sind es Versicherungen und Krankenkassen, die so ihre Beiträge abhängig von dem gesundheitlichen Status ihrer Kunden erheben können? Es sind also möglicherweise wirtschaftliche, staatliche, kommunale oder gar kriminelle Akteure, die uns auf Schritt und Tritt, wie ein Schatten, verfolgen, um uns in ihrem Sinne zu steuern und zu beeinflussen.

Es ist heute mit den modernen Methoden von Big Data sehr leicht möglich, ein exaktes Profil von jeder Person zu erstellen, wenn es gelingt, die bargeldlosen Zahlungen an der Kasse und im Online-Handel auszuwerten, die Handydaten abzugreifen und die Zugriffe und Verläufe des Internetzuganges aufzuzeichnen. Wenn sich die „Zielperson" zudem noch intensiv mit Social Media befasst und sich regelmäßig auf Twitter, Instagram, Facebook, WhatsApp und Co. herumtreibt, ist es für die Betreiber solcher Plattformen zumindest technisch ein Klacks, eine komplette Biografie ihrer

Nutzer zu erstellen. Ganz zu schweigen von Google Home und Amazon Alexa, die ebenfalls tief in unsere Privatleben eindringen. Unternehmen wie einstmals Cambridge Analytica können dann so einiges aus diesen Daten herausholen, um z.b. das Wählerverhalten maßgeblich zu beeinflussen. Einige Biografen aus der Vorzeit des Internets würden da wohl neidisch auf diese Möglichkeiten schauen, die heute die Digitalisierung mit sich bringen. Das Leben hinterlässt nicht nur sichtbare Spuren in den Gesichtern der Menschen, sondern auch Spuren in den digitalen Systemen, die diese Menschen zunehmend nutzen. Da Speicherkapazitäten für Massendaten scheinbar keine Grenzen mehr finden, kann man sich nicht mehr sicher sein, wer die persönlichen Daten und Informationen verwendet und zu welchem Zweck diese letztlich genutzt werden. Bei der Speicherung der Daten in Clouds und auf Servern rund um den Erdball geht einem dann die Kontrolle über die eigenen Datenbestände schnell verloren. Urheberrecht bei Musik, Text und Bild dann noch durchzusetzen, scheint quasi unmöglich.

Doch die Digitalisierung beinhaltet auch große Chancen für ein Monitoring der Kernziele unserer Vision zum Zwecke der nachhaltigen Sicherung einer lebens- und liebenswerten Welt. Digitalisierung und digitale Systeme tragen ganz maßgeblich dazu bei, Überwachungsmöglichkeiten in Form von Regelkreisläufen zu etablieren. Diese sind ganz besonders dafür erforderlich, um zu schauen, ob die in diesem Buch betrachteten Systeme weiter auf dem Weg sind, Natur und Mensch zu schädigen oder aber zu entlasten, mit anderen Worten, ob sich unsere Systeme nach und nach mit dem Ökosystem versöhnen oder dieses unwiederbringlich zerstören? Dies gilt auf allen Betrachtungsebenen der Systeme ganzheitlich, aber auch auf der Ebene seiner einzelnen Elemente und ihrer Beziehungen untereinander, im Kleinen auf der Ebene von Haushalten, Maschinen und Individuen, genauso wie auf Unternehmensebene, Kommunalebene, Länderebene oder auch des gesamten Landes.

Auf allen diesen Ebenen können Überwachungssysteme auf Basis von Regelungskreisläufen sinnvolle Anwendungen sein, die uns zeigen, ob wir unsere Systeme in die richtige Richtung steuern mit Blick auf unsere Kernziele der Vision. Das Denken in Kreisläufen ist eine wichtige Kerndisziplin in der Systemtheorie. Dabei ist alles Ursache und Wirkung zugleich. Damit verliert der Mensch als alleiniger Macher und Steuermann an Bedeutung, denn er ist auch selbst Teil des Systems und seiner Struktur. Wir müssen verstehen, wie die Systemstruktur ein bestimmtes Verhaltensmuster erzeugt. Bei dem Füllen eines Wasserglases würde eine vollständige Kausalitätsaussage dann in etwa so lauten: Meine Absicht, das Glas zu füllen, setzt ein System in Gang, das Wasser ins Glas fließen lässt, solange der Pegel niedrig ist, und dann den Fluss unterbricht, wenn das Glas voll ist. Mit anderen Worten, die Struktur verursacht das Verhalten.

Die Realität besteht aus Kreisen, Regelungskreisläufen und Rückkoppelungsprozessen und nicht aus geraden Linien. Diese Regelungskreisläufe zeigen auf, wie Handlungen sich wechselseitig verstärken oder kompensieren. So können Hebelwirkungen entstehen, bei denen ein Verstärkungskreis in Gang gesetzt wird, zeitliche Problemverschiebungen auftreten, bei denen die Lösungen von gestern die Probleme von heute sind, oder es kann sich ein ausgleichender und stabilisierender Rückkoppelungskreislauf ergeben, der sich um einen Gleichgewichtswert bewegt.

Die Überwachung als Regelungskreislauf kann von großem Nutzen sein für unsere betrachteten Systeme. Doch ohne Zielwerte sind Regelungskreisläufe nicht funktionsfähig. Diese Zielwerte gilt es in einem gemeinsamen demokratischen Prozess zu finden und zu vereinbaren, gegebenenfalls auch neu zu justieren, wenn neue Erkenntnisse und Ereignisse dies erforderlich machen. Dieses Vorgehen bedeutet viel Mühe und Aufmerksamkeit, aber es ist unerlässlich, will man diese komplexen Systeme verstehen, sie nicht sich selbst überlassen und im Bedarfsfalle regelnd eingreifen.

Wenn es um Nachhaltigkeit geht, spielen die Aspekte Effizienz, Konsistenz und Suffizienz eine zentrale Rolle. So kann man Regelungskreisläufe modellieren, überwachen und steuern, die zum Beispiel die Energie- und/oder Verbrauchseffizienz von Rohstoffen, Böden, Produkten, Maschinen, Fortbewegungsmitteln, Häusern oder gar ganzen Städten abbilden.

Bei der Produktion von Gütern und Dienstleistungen müssen Wirtschaftskreisläufe eingerichtet werden, die möglichst wenig Abfälle und Emissionen hinterlassen, einen hohen Wieder- und Weiterverwendungsgrad beinhalten und damit möglichst keinen negativen Effekt auf unsere Ökosysteme ausüben. Dieses Konsistenzkonzept richtet sich auf naturverträgliche Technologien, welche die Stoffe und Leistungen der Ökosysteme nutzen, ohne sie zu zerstören. Dieser Ansatz klingt zumindest theoretisch gut und logisch, bedeutet aber in der Realität eine kaum zu bewältigende Herkulesaufgabe. Dennoch versuchen sich einige Unternehmen mittlerweile ernsthaft, dieses Themas anzunehmen. Hierbei leisten digitale Systeme bei der Messung, Steuerung und Regelung solcher Kreisläufe unverzichtbare Dienste.

Auch im Falle der Suffizienz, also einem geringeren Ressourcenverbrauch durch eine Verringerung der Nachfrage nach Gütern, insbesondere nach stark umweltunverträglichen Produkten, können digitale Systeme sehr hilfreich sein. Durch die weiter oben bereits angesprochene Ökokennzeichnung könnte ein Wirtschaftskreislauf in Gang gesetzt werden, der die für Mensch und Natur schädlichsten Erzeugnisse durch Verteuerung oder Verbraucheraufklärung nach und nach aus den Märkten aussteuert oder den Verbrauch auch von weniger schädlichen Erzeugnissen auf ein umweltverträglicheres Maß reduziert (siehe z.B. Fleischverbrauch). Doch auch ein Verbot von umweltschädlichen Produkten und Produktionen ist durchaus denkbar, vor allen Dingen dann, wenn die politischen Entscheidungsträger eine Mehrheit ihrer Wähler und Bürger hinter sich wissen, wie im Falle des Atomausstiegs oder des FCKW Verbotes.

Die Wachstumsgrenzen der Digitalisierung

Auch die Digitalisierung muss sich dem Knappheitsdiktat unseres Planeten unterwerfen. Wie jedes Produkt, sind auch digitale Systeme, in welcher Ausprägung auch immer, Produkte, die Rohstoffe und Energie verbrauchen und zu schlechter Letzt als Elektroschrott enden. Wenn wir mit Laptops, Smartphones und dem Internet im eigentlichen Sinne Grenzenlosigkeit verbinden und die Leistungsfähigkeit von Prozessoren, Übertragungsraten, Speicherkapazitäten und grafische Darstellungsformen über die letzten Jahrzehnte schier grenzenlose Steigerungsraten erlebten, so dürfen wir dennoch davon ausgehen, dass diese Entwicklung nicht unbegrenzt weitergehen wird. Digitalisierung dient dabei nicht zwangsläufig als Motor für Nachhaltigkeit, aber sinnvoll eingesetzt, kann sie zumindest, wie oben bereits dargelegt, eine intelligente Motorsteuerung sein.

Betrachten wir einmal nur das Internet. Mit im Jahr 2020 ca. 5,5 Mrd. Nutzern von Endgeräten und dem zunehmend veränderten Nutzerverhalten hin zu Videos und Streamingdiensten, wird der Energieverbrauch künftig explodieren. Heute schon machen Videos 69 % des Internetverkehrs aus. Streamingdienste verursachen damit allein 300 Millionen Tonnen CO_2 im Jahr. Forscher des Shift Projects haben herausgefunden, wer heutzutage eine Stunde Game of Thrones auf dem Tablet streamt, könnte für die gleiche Energie einen Elektrobackofen für eine halbe oder ganze Stunde bei voller Power laufen lassen. Nach eigenen Angaben von 2018 verbraucht der Konzern Google 5,7 Terrawattstunden (TWh) pro Jahr, das ist so viel wie ganz San Francisco. Ein Drittel der Internetnutzung machen Datenbanken aus. Der Energiebedarf von Rechenzentren in Deutschland liegt momentan ungefähr bei 10 bis 15 TWh. In CO_2 Äquivalente umgerechnet entspricht dies ungefähr den gesamten CO_2 Emissionen des Flugverkehrs in Deutschland, natürlich vor der Corona Pandemie. Internet und Kommunikationstechnologie verbrauchten in Deutschland 2015 laut Bundesregierung rund 8 % des gesamten Nettostrombedarfs, heute wahrscheinlich schon deutlich mehr. Dabei handelt es sich nicht nur um Grüne Energie und diese ist bekanntlich auch nicht unbegrenzt zu erschließen. Im Zweifel liegt es auch an uns allen, mit der Digitalisierung verantwortungsvoll umzugehen und mit der intensiven Nutzung unserer modernen Kommunikationsmedien dem Nachhaltigkeitsgedanken keinen Bärendienst zu erweisen.

In einem Smartphone stecken heute neben Kunststoffen, Glas und Keramik auch Edelmetalle, wie Gold und Kupfer und sogenannte kritische Rohstoffe, die zu den seltenen Metallen und Erden zählen. Häufig ist der Abbau dieser Rohstoffe mit sozialen und umweltbezogenen Kollateralschäden verbunden und hinterlässt in den betroffenen Ländern somit sichtbare negative Spuren. Genauso wie der Elektroschrott, der nach dem Ableben der Smartphones in milliardenfacher Ausprägung entsteht. Überhaupt erfolgt das Ableben der Smartphones in der Regel viel zu früh. Zum einen sind die immensen technologischen Entwicklungssprünge dafür verantwortlich, aber im schlimmsten Fall auch die geplante Obsoleszenz, die die Hersteller zur Sicherung ihrer Absatz- und Umsatzzahlen versteckt in die Produkte einbauen. Auch wenn es mittlerweile beachtliche Bemühungen gibt, wertvolle und damit seltene Rohstoffe durch Recycling zurückzugewinnen, so bleibt doch ein Großteil des Smartphones mit seinen verbundenen Werkstoffen als unverwertbarer Müll zurück.

Ein systemisches Problem stellen für digitale Systeme die sogenannten Rebound-Effekte dar. Diese entstehen dadurch, dass durch intelligente Systeme eingesparter Stromverbrauch zunächst zu sinkenden Strompreisen und/oder -kosten führt. Dies animiert Nutzer aber auch dazu, sich wieder mehr Stromverbraucher anzuschaffen oder ein Teil der Effizienzsteigerung durch Mehrverbräuche aufgrund längerer Nutzungszeiten wieder aufzuzehren.

Ein aus meiner Sicht deutlich zu wenig betrachtetes Problemfeld stellt zudem der Elektrosmog dar, der mit der Digitalisierung einhergeht. Die elektrischen, magnetischen und elektromagnetischen Felder haben auf den menschlichen Organismus, seine Zellstrukturen und Energieflüsse mit Sicherheit einen Einfluss und eine Wirkung. Seit Einstein wissen wir schließlich, dass sich Energie in Materie und Materie in Energie umwandeln lassen. Ob Elektrosmog auch bleibende Schäden hinterlässt, wissen wir derzeit nicht wirklich. Manche Studien sagen ja, andere nein. Was wir aber wissen ist, dass Menschen, die unter Hochspannungsleitungen wohnen, mit deutlich höherer Wahrscheinlichkeit an Krebs erkranken. Auch DECT Schnurlostelefone stehen unter Verdacht, schädlich zu sein. Langes Telefonieren mit dem Smartphone wird Kindern ebenfalls nicht empfohlen. In unseren Häusern, haben wir zudem WLAN, Bluetooth und Strahlung durch PC, Laptop, TV, Mikrowelle und Induktionsfelder. Mobilfunkmasten werden von vielen Anwohnern auch nicht gerade mit gesundheitlicher Unbedenklichkeit verbunden, unabhängig ob sie im G2 oder G5 Standard arbeiten. Der Mensch ist heute von natürlicher Strahlung und von menschengemachter Strahlung rund um die Uhr und rund um den gesamten Erdball umgeben, selbst wenn wir uns in manchen Gebieten und für manche Anwendungen noch in Funklöchern befinden. Wie sich das alles auf den menschlichen Organismus auswirken wird, wissen wir allenfalls erst in mehreren Jahren und Jahrzehnten. Denken wir an die vielen Schadstoffe, die erst in den letzten Jahren und Jahrzehnten in der Öffentlichkeit bekannt wurden, aber schon lange in Umlauf und Anwendung waren. Die Liste ist schier endlos von Asbest über Formaldehyd bis BPA und Mikrokunststoffe. Überhaupt wissen wir über die Wirkung von Kunststoffen auf den menschlichen Organismus viel zu wenig und Kunststoff umgibt uns bekanntlich, ebenso wie Strahlung, immer und überall. In manchen Fällen kann man Strahlung sicher vermeiden oder abschwächen, aber mit fortschreitender Digitalisierung wird auch die Strahlungsexposition immer weiter zunehmen. Ob es jemals ernstzunehmende, aussagefähige und unabhängige Studien zu Mobilfunkstrahlung geben wird, bezweifele ich eher. Der Nutzen ist so immens groß, dass gesundheitliche Bedenkenträger dieser Technologie wohl wenig Gehör finden würden beim Bundesamt für Strahlenschutz, bei Politikern, Wirtschaft und auch den vielen Millionen bis Milliarden Nutzern. Man könnte auch sagen: Auf diesem Planeten ist nichts kostenlos, alles hat seinen Preis. In vielen Fällen liegt dieser in der schleichenden Verschlechterung unserer Gesundheit, auch wenn wir in Deutschland statistisch immer älter werden, so werden wir doch immer seltener gesund alt.

Wenn wir zunehmend alle Lebensbereiche der Digitalisierung unterwerfen, sind wir bei einem Blackout nicht mehr in der Lage, Lebensmittel zu beschaffen, Fahrzeuge zu bewegen, Häuser zu betreten, Informationen zu gewinnen oder ein bestimmtes geografisches Ziel anzusteuern. Mit anderen Worten: Wir überantworten unser gesamtes Lebensschicksal einer Kombination von Nullen und Einsen, die bei einem Blackout völlig nutzlos werden oder bei einem Virusbefall ordentlich durcheinandergeraten. Ich glaube, den wengisten von uns ist wirklich bewusst, dass wir bei einem längeren und flächendeckenden Stromausfall quasi in die Zeit vor der Elektrifizierung der Menschheit zurückgeworfen wären. Das kann und will ich mir gar nicht vorstellen. Stromversorgung sollte nicht nur regenerativ, sondern auch sicher sein. Wie kann man dies erreichen? Ich bin diesbezüglich wahrlich kein Experte, aber logisch wäre eine stärkere Entflechtung der Stromversorgung von zentralen Versorgern und vor allen Dingen auch eine stärkere Dezentralität und Unabhängigkeit der Stromerzeugung von unseren vier größten Stromproduzenten in Deutschland. Mehr Stromerzeugung in der Nähe der Verbraucher/Selbstverbraucher und bestenfalls mehr Lösungen zur dezentralen Stromspeicherung wäre hier wohl ein gangbarer Weg.

Die heute noch hauptsächlich genutzten Stromspeichermedien für Endverbraucher sind meistens Batterien auf Lithium-Ionen-Basis, die in der Regel in Hausbatterien, Elektroautos und Handys verbaut werden. Die bekannten Folgen für Natur und Umwelt habe ich weiter oben schon beschrieben. Auch die eingebrachten Rohstoffe sind nicht grenzenlos verfügbar und die echte Wachstumsphase beginnt ja gerade erst. Andere Speichermedien sind bis dato noch nicht marktreif und unterliegen letztlich alle auch vergleichbaren Folgen für die Ökobilanz unseres Planeten. Stromerzeugung und Stromspeicherung ist aber das Lebenselixier der ständig und rasant voranschreitenden Digitalisierung. Dies wird nach dem, was wir heute wissen, auch immer so bleiben. Die Dosis macht bekanntlich das Gift, und unbegrenztes Wachstum verstärkt auch bei der Digitalisierung den Giftcocktail, der uns unmittelbar heute schon betrifft, aber auch langfristig noch zu schaffen machen wird.

Zusammenfassend sind es nicht nur die negativen mentalen Folgen für die Menschen, die in der oben dargestellten ungezügelten Digitalisierung unserer Welt liegen und letztlich in ihren schlimmsten Ausprägungen in Informationsterror, Überwachungsterror und Konsumterror enden können. Auch unsere körperliche Gesundheit kann direkt durch damit verbundene Strahlung, Klimafolgeschäden und Umweltschäden leiden.

Es ist also dringend geboten, die Digitalisierung nicht nur als bloßes Heilsversprechen zu verstehen, sondern sie sinnvoll und nutzbringend für die Umsetzung unserer nachhaltigen und visionären Ziele einzusetzen und dabei Maß und Mitte stets zu wahren.

Harald entführt uns in das Jahr 2045

Hallo zusammen, ich bin Harald und 25 Jahre alt. Was für ein Name in den heutigen Zeiten. Meine Eltern haben wohl einen kleinen geistigen Aussetzer gehabt, als sie mich nach meiner Geburt mit diesem Namen bestraften. Na ja, eines ist sicher. In meiner Generation heißt niemand Harald. Positiv ist, dass jeder sofort weiß, wer gemeint ist, wenn von Harald die Rede ist. Klar, einen Nachnamen habe ich auch noch. Müller, ja Müller ist auch nicht viel besser. So heißen dafür rund 400.000 Menschen oder noch mehr in Deutschland. Aber einen Harald Müller, den gibt's nur einmal. Wisst ihr, warum ich diesen schönen deutschen Vornamen trage? Klar, wegen meiner Eltern. Aber was hat sie bewogen diesen auszuwählen? Ich will's Euch verraten. Mein Dad hat 2020 ein Buch von Harald Welzer gelesen. Das war so ein Soziologieprofessor, der hatte damals ein Buch geschrieben mit dem Titel „Selbstdenken – Eine Anleitung zum Widerstand". Die Erstausgabe war wohl schon 2014 erschienen, aber mein Vater war nie der Schnellste und brauchte immer seine Zeit, bis er sich mit Dingen und Themen beschäftigte, die schon länger up to date waren. Die Lektüre hat meinen Vater scheinbar so tief beeindruckt und irgendwie berührt, dass er dieses Buch als Wendepunkt für sein Leben betrachtete und dann diesen Wendepunkt mit meiner Geburt und diesem katastrophalen Namen endgültig krönte.

Damals waren die Zeiten wirklich nicht so leicht, erzählte mir mein Daddy schon häufiger. Europa und natürlich Deutschland, das damals noch viel eigenständiger war als heute, waren in einer fetten Krise. Es gab eine Pandemie, einen Corona Virus, der die ganze Welt für fast zwei Jahre nahezu lahmlegte, eine Klimakrise, eine Wirtschaftskrise und eine Demokratiekrise.

Echt schlimme Zeiten, sagt Daddy, aber es gab wenigstens keinen Krieg und kein Hunger. Letzten Endes hat die Demokratie überlebt und ist sogar echt aufgeblüht. Doch eines hat sich wirklich total verändert. Es konnte ja auch nicht so weitergehen und das hat Welzer in seinem Buch schon so beschrieben. Die Industrialisierung, die Digitalisierung und die Globalisierung mit ihrer grenzenlosen Wachstumsorientierung gibt es seit ungefähr 2023 so nicht mehr. Die jüngste Generation ist auf die Barrikaden gegangen, um unseren Planeten zu retten vor der Selbstzerstörung durch ein

Denken des schneller, höher, weiter, des Wachstums ohne Grenzen und ohne Rücksicht auf Mensch und Natur. In der westlichen Welt, in denen Demokratien vorherrschten, war dies angesagt und die Mehrheit der Bürger stand voll dahinter, und so kam es zu einer Transformation der Gesellschaft über die folgenden Jahre.

Man sagt da wohl Paradigmenwechsel. Heute leben wir im Jahre 2045 schon lange in einer Postwachstumsgesellschaft in der Epoche der Nachhaltigen Moderne. Alles hat sich irgendwie total verändert. Ich kann meine Eltern auch gar nicht richtig verstehen, wie konnte man nur so denken und handeln. Wir leben, um zu arbeiten und uns möglichst viel anschaffen zu können, um dann möglichst viel von der Welt zu sehen in der wenigen Zeit, die uns für Urlaub bleibt und es dabei richtig krachen zu lassen. Viel Einkommen viel Ehr. Irgendwie drehte sich alles um materielle Dinge und natürlich ums Geld.

In diesen Generationen ist der Geist der Menschen immer mehr auf der Strecke geblieben und zunehmend verkümmert. Immer weniger Menschen waren gläubig im Sinne einer Religion und selbst an den Nächsten hat man nicht mehr richtig geglaubt, allenfalls an die Kompetenz von guten Juristen, um sein gutes Recht durchzusetzen. Jeder dachte immer an den eigenen Vorteil, sagte Mom. Scheinbar ist in diesen Zeiten sehr viel schiefgelaufen, aber keiner wollte den ersten Schritt unternehmen und wirklich neue Wege gehen. Bis die neue Partei Die Visionären gegründet wurden und immer mehr Zulauf bekamen. Die haben dann tatsächlich dafür gesorgt, dass ein ganz neues Gesellschaftsmodell mit veränderten Systemen in einem umfangreichen Volksabstimmungsprozess zur Wahl gestellt wurde. Da hat wohl auch geholfen, dass viele Menschen in der Pandemiezeit feststellten, dass die Welt auch weiter existiert, wenn nicht alle Maschinen, Computer und Menschen immer unter Volllast glühen. Ja, man konnte sogar zur Ruhe kommen und sich auf andere Dinge konzentrieren, für die vorher scheinbar keine Zeit blieb.

Das war wie ein Big Bang, wie das Drücken eines Resetknopfes, der alle Prozesse, die in Deutschland das gemeinschaftliche Leben bestimmten, zur Disposition stellte und unter dem Aspekt der Nachhaltigkeit neu definierte, justierte und ordnete. Die Transformation hat dann einige Jahre gedauert, aber ich kenne es gar nicht mehr anders, als nach den Maximen der Nachhaltigkeit zu leben.

Für unsere Generation steht nicht mehr das Besitzen im Vordergrund, sondern das Nutzen. Simplifier und Minimizer sind die wahren Helden unserer Zeit, frei nach dem Motto weniger ist mehr. Sie sind Vorbilder für die ganze Gesellschaft, hoch dekoriert und verehrt. Wer auch ein hohes Ansehen genießt, sind Sinnstifter, Inspirer, Learning Coaches und Prediger, die uns dabei helfen, unseren Geist zu schulen und weiterzuentwickeln. Ich möchte gerne einmal Personal Health Coach werden und studiere daher an der Sustainability University Bielefeld das Fach Health Prevention and CAM (Complementary and Alternative Medicine). Ich selber habe seit meiner Geburt auch einen Gesundheitscoach. Er unterrichtet mich und anfangs meine Eltern immer über die neuesten Trends und Erkenntnisse im Gesundheitsbereich, begleitet und berät mich bei der Vermeidung von Krankmachern und motiviert mich aktiv und dauerhaft Krankheitsprävention zu betreiben. Ich kann ihm alles sagen und er mir auch. Mein Personal Health Coach ist so zu einem meiner wichtigsten Menschen im Leben geworden. So einen Job möchte ich auch gerne einmal machen. Den finde ich sehr sinnvoll und erfüllend.

Ihr merkt schon, dass ich viele englischsprachige Begriffe benutze. Das ist heute in Europa, aber auch auf der ganzen Welt normal. Die Weltgemeinschaft hat sich auf ein bilinguales Schulsystem geeinigt. Alle haben Lern – und Lehrzeiten in der Muttersprache und in Englisch und zwar immer abwechselnd von Tag zu Tag. Als Schüler bin ich heute Lernender und Lehrender zugleich.

Schulen im eigentlichen Sinne, so wie früher, gibt es nicht mehr. Es gibt Learning Areas, wo sich Alt und Jung treffen können, um voneinander, aber auch durch Nutzung spezieller digitaler Angebote lernen zu können. Heute ist das Lernen eher ein Selflearning oder ein Teamlearning Prozess, der uns das ganze Leben begleitet. Es gibt Lernplattformen im Word Wide Web, die für alle Menschen, egal ob Laien, Schüler, Studenten oder Experten kostenlos zur Verfügung stehen. Dort kann man für alle denkbaren Themen entweder Überblickswissen oder Detailwissen in beliebiger Tiefe und Breite, quasi konkretes Problemlösungswissen, explorieren. In diesen Tutorials kann man selbst entscheiden, in welcher Form das Wissen vermittelt werden soll, in Videos, Audios oder Skriptform oder in allen Varianten zugleich. Das ganze System ist unglaublich mächtig und benutzt künstliche Intelligenz, um auf die Fragen, Bedürfnisse und den Kenntnisstand der Anwender und

Nutzer möglichst optimal eingehen zu können. Außerdem ist in den Lernforen immer hinterlegt, welche anwendungsbezogenen Projekte in der Nachbarschaft oder wo auch immer laufen, in denen man sein erworbenes theoretisches Wissen ausprobieren und festigen kann, indem man es in konkreten Projekten nutzbringend für die Gesellschaft anwendet. Das ist die beste Form von Learning by Doing, und das finde ich echt spitzenmäßig. Außerdem kann man dem System immer entnehmen, welche Experten für welche Themen verfügbar sind und kann diese dann digital oder auch persönlich zu vereinbarten Sprechzeiten kontaktieren.

Lehrer im klassischen Sinne, wie sie mein Dad noch erlebt hat, gibt es nicht mehr. Lehrer von heute konzipieren Tutorials, pflegen die Lernplattformen, schulen in der Nutzung der digitalen Medien und Systeme zur Wissensexploration und bieten Lernarenen an, wo gemeinsames Teamlernen ermöglicht wird. So was wie Noten gibt es auch schon lange nicht mehr. Bewertungen gibt es höchstens für Projekterfolge, die der Gemeinschaft nutzen und die die Nutznießer dieser Projekte als liebevolles Dankeschön in die Bewertungsportale einpflegen.

Universitäten sind heute reine Forschungseinrichtungen, die im Dienst der Nachhaltigkeit auf allen Felder menschlicher Existenz forschen. Dort kann man sich einschreiben und solange studieren, wie man das wünscht. Besonders talentierte und interessierte Studenten bleiben an der Uni, um als Forscher tätig zu sein, andere vertiefen ihr Wissen und transformieren es in einem Anwendungsbezug für die Gesellschaft, indem sie sich selbständig machen oder für ein Unternehmen tätig werden. Klassische Berufsbilder, wie früher, gibt es heute gar nicht mehr so richtig. Menschen machen viele Berufe und Tätigkeiten und lernen permanent neue spannende Dinge hinzu.

Außerdem werden Routinetätigkeiten heute oft durch menschenähnliche Roboter erledigt. In Pflegeeinrichtungen verabreichen sie Medikamente mit deutlich mehr Sicherheit und Genauigkeit als Menschen es können. Sie bringen Speisen und Getränke, füttern auch, nur mit der emotionalen Ansprache, dem Mitgefühl und der Nächstenliebe hapert es doch deutlich bei Ihnen. Dafür gibt es dann Gott sei Dank noch qualifiziertes Personal menschlicher Art. Aber auch Reinigungs- und Entsorgungstätigkeiten übernehmen Pflegeroboter, genauso wie auch das Vorlesen von Büchern, das Abspielen von Musik und das Kommunizieren mit Angehörigen, für die sie als optisches und akustisches Medium dienen.

Menschliche Roboter kommen inzwischen auch in vielen anderen Anwendungszusammenhängen zum Einsatz, wo sich Menschen als Arbeitskräfte aus Sicherheitsgründen, Eintönigkeitsgründen oder Beschwerlichkeitsgründen nicht finden lassen, oder ein Mensch in dieser Exaktheit und Zuverlässigkeit nicht agieren kann.

Mein Dad ist technisch und handwerklich sehr geschickt. Er führt schon seit 20 Jahren einen Repair Upcycling and Recycling Shop auch RUR Shop genannt. Er repariert technische Geräte und digitale Systeme oder bereitet sie für die Recycling Unternehmen auf. Produkte müssen heute ja bekanntlich modular so gestaltet sein, dass man sie immer reparieren oder sortenrein in einzelne Bestandteile zurückführen kann. Grundsätzlich gibt es eine lebenslange Garantie auf die Produkte durch die Hersteller. Gehen sie dennoch irgendwann kaputt, sorgen die RUR Shops und großen Recycling Unternehmen dafür, dass die Produkte weiterleben oder ihre Bestandteile in eine andere Verwendung oder Nutzung übergehen können. Gerne fertigt mein Dad auch, quasi in seinem zweiten Geschäftsfeld, aus benutzten Hufeisen dekorative Objekte für Heim und Garten oder neue Gebrauchsgegenstände. Daraus werden z.B. Feuerkörbe, Grillgestelle, Zaunelemente, Rankgitter oder einfach nur dekorative und beleuchtete Plastiken wie Weihnachtsbäume oder Rentiere. Er verkauft diese Produkte online oder auf Privatmärkten und ist damit sehr erfolgreich.

Daddy arbeitet nur noch halb so lange, wie mein Opa es noch tat. Auch ist sein Einkommen wahrscheinlich nur halb so hoch, wie Opas Einkommen oder noch niedriger. Das Einkommen reicht aber locker, um das Leben entspannt zu führen und sich alles leisten zu können, was er wirklich benötigt. Er besitzt heute lange nicht mehr so viele Dinge wie mein Opa. Vor allen Dingen produziert mein Dad lange nicht so viel Müll, wie mein Opa es noch tat, in manchen Monaten so gut wie gar keinen.

Heute haben die Menschen einen Zeitwohlstand, den sie für viele Tätigkeiten verwenden können, auch für soziale Arbeit auf ehrenamtlicher Basis. Für diese Arbeit gibt es zwar kein Geld, aber ganz viel gesellschaftliche Anerkennung, Sinnstiftung und viel Leben im Miteinander und Füreinander, außerdem nicht zu vergessen die Sozialpunkte, die, wie auch die Arbeitspunkte, zusammen in die Rentenpunkte einfließen und für die finanzielle Altersabsicherung benötigt werden. Meistens kommt zu den Arbeitsjahren noch die gleiche Anzahl von Sozialjahren hinzu, da viele Menschen große Freude und unglaubliches Engagement in ihre Ehrenämter stecken.

Habe ich schon erzählt, dass ich in meiner Nachbarschaft kürzlich eine besondere Ehrung bekommen habe? Ich wurde zum Top Minimizer gekürt. Wisst ihr was das ist? Ich bin vor 4 Jahren in ein Tiny House gezogen, in ein Neubaugebiet, das nur für Tiny Houses zugelassen ist. Darüber erzähle ich euch gleich noch mehr. Aber den Preis habe ich bekommen, weil ich seit einem Jahr mit 1.500 Teilen in meinem Leben auskomme. Damit führe ich in meiner Nachbarschaft die Rangliste an. Ich sage Euch was: Ich vermisse nichts und fühle mich sehr wohl dabei. Einen Vorteil hat das Tiny House. Es passen vermutlich gar nicht viel mehr als 1.500 Teile hinein.

Aber das Ganze funktioniert natürlich auch nur, weil ich sehr rege an der Tausch-, Leih- und Nutzungsbörse in unserer Nachbarschaft teilnehme und viele meiner Sachen dort zur Verfügung gestellt habe. Als Gegenleistung kann ich andererseits dann kostenfrei Dinge nutzen, die ich nur selten brauche und die ziemlich teuer in der Anschaffung sind, wie z.B. Autos, Rasenmäher oder Werkzeuge. Diese Börse ist ein Segen, es gibt da wirklich alles, was man so hin und wieder benötigt. Meine neueste Errungenschaft, die ich auch sehr oft nutze und selbst besitze, ist mein Helibike. Pfiffige Erfinder haben die Drohnen, die schon vor weit mehr als 20 Jahren auf den Markt kamen, weiterentwickelt für Menschen bis 100 kg. Diese Dinger fliegen mit Strom bis zu einer Höhe von 100 Metern und besitzen ein Fallschirmsicherheitssystem für Notlandungen. Außerdem lassen sie sich mit ihren 3 Rädern auch auf der Straße als Elektrobike fahren. Die neue Batterietechnik macht es möglich. Lange ist es her, dass diese vorsintflutlichen Lithium-Ionen-Akkus auf dem Markt waren. Mit meinem Helibike kann man zwar nur tagsüber und bei gutem Wetter sicher fliegen, aber das reicht mir völlig aus. Mit dem Ding komme ich auf dem direkten Weg fast überall hin. Auf den Ladebürgersteigen, die das Sonnenlicht in

Strom umwandeln, kann ich kurz auf einer Induktionsschleife stehen und nach wenigen Minuten ist der High Tech Power Akku wieder aufgefüllt.

Persönliches Einkaufen ist schon sehr lange total verpönt und gilt als reine Zeitverschwendung. Was man benötigt und nicht selbst hergestellt oder lokal in der Nachbarschaft erzeugt werden kann, wird über Portale bestellt und von Lieferserviceunternehmen in die Ingoing Spaces der Wohnhäuser eingestellt. Das ist für gekühlte und gefrostete Waren genauso möglich, wie für alle anderen Produkte auch, quasi wie früher ein Briefkasten nur mit Gefrier- und Kühlfach und mehr Raum zum Abstellen. Alles läuft mit genormten Umlaufbehältern, die von der Industrie und den Lieferanten genutzt werden müssen. Einwegverpackungsmaterialen kommen nur noch dort zum Einsatz, wo es gar nicht anders möglich ist. Diese lassen sich dann aber kompostieren und müssen qua Gesetz innerhalb eines Jahres rückstandslos verrotten.

Ach ja, zurück zu den Tiny Houses. Vor 4 Jahre habe ich ein Tiny House gekauft in einem Baugebiet auf dem Gelände eines großen Nahrungsmittelunternehmens, das schließen musste, weil Industrienahrung überhaupt nicht mehr angesagt ist. Die Werksgebäude wurden abgerissen, viele Materialien davon in der Recyclingindustrie aufbereitet und das Grundstück für die Bebauung und den Gartenbau rekultiviert und renaturiert. Dann wurde ein Baugebiet freigegeben mit Grundstücksparzellen von 600 qm. Da wurden ca. 1000 Tiny Houses errichtet und alle Eigentümer sind verpflichtet, einen Nutzgarten anzulegen. Daher gab es die Parzellen von der Stadt auch zu einer symbolischen Pacht von einem EUR pro Monat gestellt.

Mein Tiny House habe ich als Bausatz gekauft und mit Freunden zusammen aufgebaut. Es kostet so viel, wie mein Dad in einem halben Jahr verdient. Es hat 35 qm Wohnfläche auf zwei Ebenen mit zwei Räumen plus Bad. Alle verbauten Materialien sind ökologisch unbedenklich und vollkommen abbaubar oder recyclebar.

Die Häuser sind mit Photovoltaikwänden und Photovoltaikdächern ausgestattet und produzieren mehr Strom, Heizwärme und Kühlung, als sie über das gesamte Jahr benötigen. Überflüssige Stromerzeugung geht in den Nachbarschaftsspeicher und steht zur Verfügung, wenn die Sonnenenergie für die Versorgung nicht ausreicht. In der Mitte dieses Baugebietes gibt es die Social Area, allerdings sind nicht alle üblichen Einrichtungen vorhanden, weil die Nachbarschaft eher klein ist. Dennoch sind in allen neu gebauten Nachbarschaften mindestens Gemeinschafts- und Veranstaltungsräume zu finden, wie auch Häuser für Kleingewerbe, Handwerker und RUR Shops, eine Tausch-, Leih- und Nutzungsbörse sowie Räumlichkeiten für körperliche und geistige Dienstleistungen. Auch zwei gastronomische Betriebe findet man bei uns, wie auch einen Kindergarten und mehrere Lernarenen.

In größeren neuen Nachbarschaften gibt es in den Social Areas auch Sport- und Wellnesseinrichtungen, Pflege- und Krankenhäuser, Verwaltungen und Nachbarschaftsparlamente, Privatmärkte, Kirchen und Glaubenshäuser oder Universitäten.

Aus den älteren Stadtteilen verschwinden Einzelhandelsgeschäfte fast vollständig und auch Bürogebäude werden zunehmend umgewidmet, da Desk Work mittlerweile von den meisten Beschäftigten vom Homeoffice aus praktiziert wird. Auch die Imbisse und Fast-Food-Restaurants sind im Stadtbild kaum noch vorhanden, denn auch das schnelle und genussfreie Essen, womöglich im Stehen oder Gehen, wie es mein Dad noch praktizierte, ist mittlerweile völlig out. Wir haben jetzt viel mehr Zeit, unseren Geist und Körper zu verwöhnen, nette Geselligkeit zu pflegen und dabei ein gutes, gesundes und leckeres Essen zu genießen.

Dadurch, dass es so gut wie keine Einzelhandelsgeschäfte und Bürogebäude mehr gibt, wurden die Städte verkehrsmäßig enorm entlastet. Straßen und Parkflächen wurden umgestaltet in Grünanlagen, Spiel- und Erholungsflächen, Begegnungsstätten für Freiluftveranstaltungen, als Raum für Kunstausstellungen, als Marktplätze und für die Außengastronomie von Restaurants. Performancekünstler und Musiker finden an vielen Stellen ein Plätzchen für ihre Darbietungen. Selbst Gewerbetreibende und Handwerker lassen sich offen in die Karten schauen und verlagern ihr Tun an guten Tagen vor ihre Werkstätten und kleinen Betriebe. Friseure bieten an sonnigen Tagen einen Outdoorhaarschnitt an und das Fitnessstudio lässt dann bestimmte Kursangebote auf ihrem großen Parkplatz vor dem Studio stattfinden, da dort niemand mehr parkt. Allenfalls auf dem Flachdach des Studios werden noch Landeplätze für Helibikes benötigt.

Durch den Abriss von großen Bürogebäuden, für die sich keine Nutzungsmöglichkeiten mehr finden ließen, wurden viele Städte durchsichtiger und luftiger, übersichtlicher und lebenswerter. Das bunte Treiben auch ohne die hektische Geschäftigkeit, die in den Jahrzehnten zuvor dort noch herrschte, wurde zu einem bestimmenden Merkmal des Stadtlebens und das intensive menschliche Miteinander gibt mir ein sehr positives Lebensgefühl. Darum gehe oder fliege ich auch immer wieder gerne in die Stadt, weil dort ein entspanntes und doch spannendes Leben pulsiert und ich dort immer jemanden treffe, den ich kenne oder noch kennenlernen werde.

Ein Großteil der Lebensmittelerzeugung und -versorgung sowie der Erstellung handwerklicher Erzeugnisse erfolgt im Jahre 2045 lokal, denn Produkte aus fernen Ländern und aus Übersee sind sehr teuer geworden, seit vor 20 Jahren in Europa ein Gesetz erlassen wurde, nachdem externe Kosten für Produkte zu internalisieren sind. Das bedeutet, Umweltverbrauch und Umweltverschmutzung werden mit einer Ökosteuer belegt und verteuern damit Produkte spürbar, die viele Rohstoffe verbrauchen, viele Produktionsstufen beinhalten und hohe Logistik- und Lagerkosten verursachen. Die Ökonorm stellt hier einen sehr komplizierten, aber dennoch für jeden transparenten Bewertungskatalog auf und ermittelt so aus der Ökobilanz des Endproduktes die Steuerbemessungsgrundlage. Danach ergibt sich dann der Steuerbetrag, der früher noch Mehrwertsteuer hieß.

So sind die Nutzgärten in die Städte zurückgekehrt, auf die Flachdächer, an die Hauswände als hängende, vertikale Gärten und in die Vorstadtgebiete, wo immer mehr Industrieunternehmen, die nicht nachhaltige Produkte produzierten, schließen mussten und nun die Flächen wieder frei wurden für Ackerbau und eben diese Nutzgärten. Dadurch kommen in die städtischen Regionen wieder Kühle, gute Luft und viele Klein- und Kleinstlebewesen zurück und natürlich auch ein besseres Lebensgefühl, was ich echt krass finde. Ich muss Euch sagen, von der Idee der solidarischen Landwirtschaft bin ich auch total begeistert. Es wundert mich nicht, dass dadurch Biobetriebe immer mehr die konventionelle Landwirtschaft verdrängen. Moderne Systeme der Direktvermarktung sind heute schnell zu implementieren und viele Menschen sind gerne bereit, in ihrer Freizeit für die solidarische Landwirtschaft unentgeltlich tätig zu sein.

Flächen, die früher für die Erzeugung von Viehfutter benötigt wurden, werden immer mehr genutzt, um Feldfrüchte, Getreide und Obst anzubauen, die auf dem menschlichen Speiseplan stehen. Auch neue spannende Sorten werden nun angepflanzt, die aus anderen Teilen der Welt stammen und durch modernste Techniken des ökologischen und nachhaltigen Landbaus jetzt auch in unseren Breiten gedeihen. Dies wurde alles möglich, weil in Deutschland inzwischen über 80 Prozent der Menschen reine Vegetarier sind, genau wie ich.

Natürlich gibt es in unserer Zeit auch Massenprodukte oder Hightech Produkte, die im großen Stil industriell gefertigt werden, wie auch schon zu Zeiten der Wachstumsgesellschaft. Die Produkte sind heute aber viel langlebiger ausgelegt, umweltschonender erzeugt und nahezu vollständig recyclebar. Um Innovation z.B. in technische Produkte zu bekommen, tauscht man heute nur noch bestimmte Module aus, lässt aber andere Bauteile oder auch den äußeren Körper des Produktes bestehen. So etwas nennt sich modulare Produktinnovation und ist ein Schwerpunktgebiet im derzeit sehr beliebten Studiengang Nachhaltige Produktentwicklung.

Übrigens, ich bin kürzlich in unser Nachbarschaftsparlament hineingelost worden. Das finde ich echt spannend. Ich werde jetzt für ein Jahr zusammen mit den anderen Vertretern unserer Nachbarschaft politische Entscheidungen vorbereiten und dann zur Abstimmung bringen. Außerdem vertrete ich unsere Nachbarschaft im Stadtparlament. Wer weiß, vielleicht gefällt es mir so gut, dass ich diesem Ehrenamt noch mehr Zeit widme, als für diese Aufgabe eh vorgesehen ist, dann werde ich nicht ganz so intensiv studieren. In jedem Fall sammele ich viel Erfahrung und einige Sozialpunkte für meine Altersversorgung.

Ach ja, in meiner Freizeit reise ich sehr gerne, liebend gerne auch in die Ferne auf andere Kontinente. Das ist mein derzeit größtes Problem. Meine Familie und ich haben die staatlichen Flugkontingente für die letzten drei Jahre schon aufgebraucht. Jetzt muss ich an der Kontingentbörse schauen, ob ich noch welche erwerben kann, aber ich vermute, die werden schweineteuer sein oder gar nicht angeboten. Mal sehen, sonst muss ich halt den Urlaub in Deutschland machen und da ist es bekanntlich ja auch sehr schön.

Ich kann euch sagen, ich habe einen ziemlich großen Freundes-
und Bekanntenkreis, schon allein durch die enge und intakte Nachbarschaft, aber auch durch meine sozialen Engagements und
meine vielen Besuche in der Nutzungsbörse, auf den Privatmärkten der Stadt und durch meine Mitarbeit in der solidarischen Landwirtschaft von Bauer Brindöpke. Außerdem bin ich in der Uni auch
in einige Projektgruppen und in den Think Tank zu dem Thema
„Nutzen Künstlicher Intelligenz für Personal Health Coaching"
eingebunden.

Meine Mum erzählt mir immer, dass vor 25 Jahren Kinder und
Jugendliche aber auch Erwachsene permanent mit Social Media
beschäftigt waren und sich mit Video Gaming und Surfen im Internet die feie Zeit vertrieben. Dies gilt schon seit fast 20 Jahren als
völlig überholt, als Zeitverschwendung und Vergeudung von Ressourcen. Heute gilt es als chic und trendy, wenn man gemeinsam
schöne Momente erlebt, anderen etwas Gutes tut oder nützliche
und nachhaltige Dinge zusammen erdenkt und erschafft. Besonders hipp ist derzeit das gemeinsame Kochen in den Gemein-
schaftsküchen der Social Areas in den Nachbarschaften, die momentan den klassischen Restaurants immer mehr Konkurrenz machen und ihnen langsam aber sicher den Rang ablaufen.

Seit einigen Jahren zahle ich fast nur noch mit unserem Teuto.
Das ist unsere nachhaltige Regionalwährung in Ostwestfalen. Der
EURO existiert zwar auch noch, den brauche ich aber nur noch
sehr selten. Weit mehr als 1.000 Unternehmen, davon viele Liefer-
unternehmen, Handwerksunternehmen und Dienstleistungsunter-
nehmen, die alle meistens als Genossenschaften tätig sind, haben
sich inzwischen dieser Währung angeschlossen. Alle führen nur
nachhaltige Produkte und Dienstleistungen und arbeiten gemäß
den gängigen Nachhaltigkeitsstandards. Sie werden jährlich von
der Europäischen Behörde für Ökonormung nach den gültigen
Ökonormen zertifiziert. Der Teuto dient nur zur Zahlungsabwick-
lung und die Geldscheine, ob digital oder analog, haben ein sechs-
monatiges Verfallsdatum. So wird der Wirtschaftskreislauf für regionale und nachhaltige Produkte und Dienstleistungen gestärkt
und in Gang gehalten, und unsere Region Ostwestfalen wächst
wirtschaftlich gesehen noch enger zusammen. Unternehmen können sich natürlich auch untereinander zinsfreie Kredite in Teuto
geben. Mit dem Teuto kann jedoch nicht spekuliert werden, es gibt
dafür keine Zinsen und er kann nicht gehortet werden, denn er

dient, wie schon gesagt, eben nur als Zahlungsmittel, das möglichst schnell wieder ausgegeben werden soll. Eine coole Idee, die aber schon vor vielen Jahrzehnten erstmalig in bestimmten Regionen in Deutschland umgesetzt wurde, doch erst in unserer Epoche der Nachhaltigen Moderne haben sich Regionalwährungen in bestimmten Regionen als vorrangiges Zahlungsmittel durchgesetzt.

Abschließend möchte ich Euch noch mitteilen, die Klimakrise und die Demokratiekrise, die sich so um das Jahr 2020/21 deutlich abzeichnete, konnten tatsächlich in den Folgejahren abgewendet werden. Es kam nicht zu der befürchteten Erderwärmung, die Durchschnittstemperaturen sanken tatsächlich sogar um fast ein Grad. Weil die Weltwirtschaftsleistung massiv nach unten gefahren, Rohstoffe gespart und Altprodukte bzw. Müll in großem Umfang recycelt wurden, gingen die Emissionen zurück, der Raubbau der Natur ebenso, auch der Wasser- und Flächenverbrauch konnten drastisch reduziert werden. Es wurden in der Tat auch viele Flächen renaturiert und für die Natur und die menschliche Ernährung zurückgewonnen. Da es den Menschen emotional immer besser ging und viele Ungleichheiten nach und nach abgebaut werden konnten, festigten sich auch demokratische Prozesse und Strukturen weltweit. Heute gibt es nur noch 30 Länder, die wir nicht als Demokratie bezeichnen können. Im Übrigen ist Europa heute für alle wesentlichen politischen Entscheidungen verantwortlich, Deutschland ist quasi heute so eigenständig wie vor 25 Jahren die Bundesländer von Deutschland, die es jetzt nicht mehr gibt. Als kleinste politische Einheiten gelten heute Regionen, Städte und Nachbarschaften. Gerade in diesen Einheiten ist die direkte Beteiligung an politischen Prozessen und Entscheidungen von allen Bürgern sehr viel höher als noch vor 25 Jahren.

Um ehrlich zu sein, es gibt natürlich auch einige schlechte Tage für mich und wir können in unserer Gesellschaft in Deutschland und Europa noch vieles besser machen, aber ich finde mein Leben im Jahre 2045 alles in allem sinnvoll, abwechslungsreich, spaßig und sehr interessant. Ich lebe in einer l(i)ebenswerten Welt.

SCHLUSSWORT

Man darf bei sich selbst anfangen, denn die Summe der richtigen Handlungen von uns allen ist schon das Ganze und oft auch noch viel mehr. Außerdem: Eine kleine Ursache, eine kleine Maßnahme kann eine große und ungeahnte Wirkung entfalten. Dies lehrt uns die Chaostheorie in Bezug auf komplexe und chaotische Systeme. Ein erster Schritt auf dem richtigen Weg ist immer die Voraussetzung, einmal ein weit entferntes und ambitioniertes Ziel auch zu erreichen.

Zeitfracht Medien GmbH
Ferdinand-Jühlke-Straße 7
99095 Erfurt, Deutschland
produktsicherheit@kolibri360.de